TEILKIRCHEN UND PERSONALPRÄLATUREN

KANONISTISCHE STUDIEN UND TEXTE

begründet von
DR. ALBERT M. KOENIGER †
o.ö. Professor des Kirchenrechts und der Kirchenrechtsgeschichte
an der Universität Bonn

fortgeführt von
DR.DR. HEINRICH FLATTEN
o.ö. Professor des Kirchenrechts und der Kirchenrechtsgeschichte
an der Universität Bonn

herausgegeben von
DR. GEORG MAY
Professor für Kirchenrecht, Kirchenrechtsgeschichte und
Staatskirchenrecht an der Universität Mainz

Band 38

PEDRO RODRÍGUEZ

Teilkirchen und Personalprälaturen

VERLAG B.R. GRÜNER — AMSTERDAM 1987

TEILKIRCHEN UND PERSONALPRÄLATUREN

VON

PEDRO RODRÍGUEZ

VERLAG B.R. GRÜNER — AMSTERDAM 1987

Original Titel:

IGLESIAS PARTICULARES Y PRELATURAS PERSONALES
Pedro Rodríguez

ISBN 90 6032 295 9
Printed in the Netherlands

Pedro Rodríguez

TEILKIRCHEN UND PERSONALPRÄLATUREN

Theologische Erörterungen anläßlich
einer neuen kanonistischen Institution

INHALTSVERZEICHNIS

Seite

II. Kapitel

Der neue Codex und die Geschichte seiner Redaktion

ZWEITER TEIL

Systematisch-theologische Betrachtungen der Personalprälaturen

III. Kapitel

Das theologisch-kanonistische Wesen der Personalprälaturen gemäß den sie regelnden Canones

IV. Kapitel

Gesamtkirche und Teilkirchen

V. Kapitel

Die Personalprälaturen im Aufbau der Kirche

ANHANG

Zum Geleit

Die Herausgabe einer im Original in spanischer Sprache verfaßten wissenschaftlichen Studie in einer anderen Sprache, in unserem Falle der deutschen, und dies in der renomierten Reihe „Kanonistische Studien und Texte", ist gewiß ein seltenes und kein leichtes Unterfangen, eher eine Herausforderung. Jedoch ermutigte mich, dies in Angriff zu nehmen, auch die zunächst nebensächlich erscheinende Tatsache, daß innerhalb weniger Monate neben der ersten spanischen Auflage eine zweite erschien und ebenfalls eine italienische und englische Version veröffentlicht wurden.

Dazu tritt eine weitere Überlegung: Das sachlich umfassend erörterte Thema ist von einer nicht zu unterschätzenden Aktualität und Bedeutung für das rechte Verständnis des nachkonziliaren Lebens der Kirche. Bei der detaillierten Erörterung der Personalprälaturen, einer vom II. Vatikanum gewünschten und nun vom neuen Codex eingeführten Rechtsfigur der hierarchischen Verfassung der Kirche, wird gleichzeitig ein Teilbereich der Ekklesiologie (Verhältnis Gesamtkirche-Teilkirche, Primat-Kollegialität, exousia-diakonia) erhellt.

Papst Johannes Paul II. weist auf die Bedeutung des Themas in seiner Apostolischen Konstitution *Sacrae disciplinae leges* hin: „Von den Elementen aber, die das wahre und eigentliche Bild der Kirche ausmachen, sind besonders diese zu erwähnen: Die Lehre, nach der die Kirche als Volk Gottes (vgl. Konst. *Lumen Gentium*, Art.2) und die hierarchische Autorität als Dienst dargestellt werden (ebd., Art.3); außerdem die Lehre, die die Kirche als *Communio* ausweist und daher die gegenseitigen Beziehungen bestimmt, die zwischen Teilkirche und Gesamtkirche sowie zwischen Kollegialität und Primat bestehen müssen"[1].

Wie bekannt, haben sich gerade die deutschsprachigen Bischöfe und Fachleute durch ihr Mitwirken beim II. Vatikanum und bei der Reform des kanonischen Rechtes erhebliche „Urheberrechte" erworben. Somit wird sich für dieses Buch vom deutschsprachigen Publikum her ein besonderes Interesse ergeben.

---

1) JOHANNES PAUL II., Ap. Konst. *Sacrae disciplinae leges* vom 25.1.1983, AAS 75 (1983) Teil II, deutsch in: *CIC* lat.-dt. Ausg. 2.Aufl., 1984, Kevelaer, S.XXI.

P. Rodríguez hat die interdisziplinäre Materie, aus dem ekklesiologisch-kirchenrechtlichen Bereich, theologisch und nicht juristisch erarbeitet.

Möge diese Publikation, basierend im wesentlichen auf den Aussagen des Zweiten Vatikanischen Konzils und seiner Ausführungsbestimmungen sowie des Codex von 1983 und seiner, soweit derzeit veröffentlichten, redaktionellen Genese (Schemata, Protokolle der CIC-Reformkommission usw.), regen Anstoß geben zu einer fruchtbaren und unvoreingenommenen Sachdiskussion des dargelegten Themas.

Es verbleibt mir, einigen Mitarbeitern herzlich zu danken. Zuerst für die Übersetzung des nicht leichten spanischen Originaltextes, diese besorgte Stephan Puhl. Für die vielen Anregungen und die mühsamen Schreib- und Korrekturarbeiten danke ich den Herren Dr. Ferdinand Plümmer und RRef. Stefan Berzdorf. Zudem wäre diese Veröffentlichung nicht ohne die Ermutigung und Zustimmung von Prof.Dr.theol.,Lic.iur.can. Georg May zustande gekommen.

Rudolf Schunck
Köln, den 14. September 1986
Am Fest der Kreuzerhöhung

Der Autor:

Pedro Rodríguez, geboren am 19.7.1933 in Catagena (Spanien), ist Ordinarius für Dogmatische Theologie und Direktor der Abteilung für Ekklesiologie an der Universität von Navarra (Spanien). Er ist Schriftleiter der von der Theologischen Fakultät heraugegebenen Zeitschrift *Scripta Theologica*. Er ist Mitglied der Päpstlichen Akademie vom Hl.Thomas. Sein wissenschaftliches Interesse gilt vor allem der Ekklesiologie und der Ökumenischen Theologie; dazu veröffentlichte er u.a. folgende Werke: Fe y vida de fe (1974); Progresismo y liberación (1975); Iglesia y Ecumenismo (1979); El Catecismo Romano: fuentes e historia del texto y de la redacción (1982); El manuscrito original del Catecismo Romano (1985); Vocación, trabajo, contemplación (1986). Auf deutsch erschienen u.a. folgende Artikel: Das prophetische Amt des Bischofs, in: Das Amt des Bischofs, Hrsg. W.Mogge (Köln 1972); Die Welt als sittliche Aufgabe, in: Die Person im Anspruch sittlicher Normen, Bd. 10 der Reihe „Sinn und Sendung“, Hrsg. K.M. Becker (St. Augustin 1981); Die Kirche als Heilsgemeinschaft, in: Das europäische Erbe und seine christliche Zukunft, Hrsg. N.Lobkowicz (Köln 1985).

Vorwort*

Die Personalprälaturen stellen im Vergleich zum Codex von 1917 eine institutionelle und juristische Neuheit dar. Sie wurden im Zusammenhang mit der vom II. Vatikanischen Konzil unternommenen ekklesiologischen und pastoralen Erneuerung im Entwurf konzipiert und fanden eine anfängliche juristische Ausformung in den ersten Jahren nach dem Konzil. Die neue Rechtsfigur erhielt weltweiten Widerhall, als das Opus Dei zwei Monate vor der Promulgation des neuen Codex, nämlich am 28. November 1982, als erste und bisher einzige Personalprälatur errichtet wurde[1].

Daß es sich bei der im Codex geregelten Rechtsfigur um ein kanonistisches und theologisches Novum handelt und daß dieses seinen Ursprung in der Ekklesiologie des Konzils hat und daß schließlich diese Rechtsfigur erstmals Anwendung fand, um dem theologischen und pastoralen Phänomen des Opus Dei gerecht zu werden, all dies ist mehr als Grund genug für mein wissenschaftliches Interesse an dem Thema. Meine unmittelbare Aufgabe als Direktor der Abteilung für Ekklesiologie an der Universität von Navarra war freilich nicht allein Ausganspunkt für diese Arbeit. Vielmehr wurde sie ebenfalls angeregt durch die freundliche Einladung von Prof. Amadeo de Fuenmayor, dem Dekan der Fakultät für Kirchenrecht an der Universität von Navarra, der mich im Mai 1983 einlud, vor einer Gruppe von Professoren dieser Fakultät den theologischen Gesichtspunkt zum Wesen der Personalprälaturen darzulegen. Jene Sitzung und die anschließende Debatte führten dann zu meinem Entschluß, das Thema durch einen systematischen interdisziplinären Dialog persönlich zu vertiefen[2].

---

* Anmerkung des Übersetzers: Die hier vorgelegte deutsche Übersetzung wurde nach der 2. spanischen Auflage von *Iglesias particulares y Prelaturas personales*, Pamplona 1986, vorgenommen.

[1] Die Ap.Konst. *Ut sit* vom 28. November 1982, durch die das Opus Dei als Personalprälatur errichtet wird, wurde am 19. März 1983 – nach der Promulgation des Codex – ausgeführt und in *Acta Apostolicis Sedis* vom 2. Mai 1983 veröffentlicht: AAS 75 (1983) 423-425.

[2] Ein erstes Ergebnis, zu dem ich gemeinsam mit Prof. Fuenmayor gelangte, erschien in P. RODRIGUEZ – A. DE FUENMAYOR, *Sobre la naturaleza de las Prelaturas personales y su inserción dentro de la estructura de la Iglesia*, in „Ius Canonicum" 24 (1984) 9-47.

Das jetzt von mir vorgelegte Buch ist in dieser Atmosphäre des Dialogs und der Reflexion entstanden. Sein Anliegen ist es, die Daseinsberechtigung und das theologische Wesen der Personalprälaturen im Rahmen der Gesamtkirche und in ihrem Verhältnis zu den Teilkirchen zu untersuchen. Damit beabsichtige ich, ein kaum erforschtes Gebiet freizulegen, die Fragestellungen klarer abzustecken und einen Vorschlag zur Deutung des Phänomens vorzulegen, der sowohl aus theologischer als auch aus kanonistischer Sicht zufriedenstellen möchte.

Meine Untersuchung über die Personalprälaturen hat mich zu folgenden Ergebnissen geführt:

- Es handelt sich um Institutionen „de iure ecclesiastico“, die zur hierarchischen Verfassung der Kirche gehören;
- aufgrund ihres theologisch-kanonistischen Wesens unterscheiden sie sich von den Teilkirchen;
- sie bestehen jeweils aus einem „coetus fidelium“, der strukturell der immanenten Beziehung zwischen Amtspriestertum und dem allgemeinen Priestertum der Gläubigen entspricht;
- und sie sind pastoral als Dienste an der „communio ecclesiarum“ einzuordnen, die an der Jurisdiktion, die „exousia-diakonia“ (Dienstgewalt), der höchsten Autorität der Gesamtkirche Anteil hat.

Diese These wird im Lauf dieses Buches erarbeitet und bietet meines Erachtens die einzige Möglichkeit zu einem Verständnis dieser vom II. Vatikanischen Konzil geschaffenen Institution, die im Einklang mit der Ekklesiologie des Konzils steht.

Nach einer Einleitung, die die Fragestellung einordnet und ihren Horizont absteckt, gliedert sich die Arbeit in zwei Teile auf. Der erste gibt einen Überblick über die Institution, deren Gegenstand diese Studie ist, aus historischer Sicht: ausgehend von den ersten ursprünglichen Weisungen, die sich aus dem ökumenischen Konzil ergaben, bis zur Regelung, die der Codex enthält. Der zweite Teil enthält eine Reflexion systematischer Art über besagte Institution und untersucht vor allem ihre Beziehung zu den Teilkirchen im Gesamt der einen Kirche. Das Nachwort schließlich greift eine letzte Überlegung zu dem im Laufe dieser Arbeit gewonnenen Ergebnis auf.

Der vorliegende Band enthält als Anlagen die wichtigsten Dokumente, die Grundlage für unsere Untersuchung gewesen sind. Obwohl diese

Quellen dem sachkundigen Leser leicht zugänglich sind, werden sie hier mit angeführt, um es allen Lesern zu erleichtern, sich selbst weitergehend mit dem Thema zu befassen.

Pamplona, den 21. November 1984

EINFÜHRUNG

1. Das Verhältnis der Theologie zur „lex canonica“

Der am 25. Januar 1983[1] von Papst Johannes Paul II. promulgierte Codex des Kanonischen Rechts birgt mannigfaltige Aspekte, die für den Theologen, insbesondere für den der Ekklesiologie verschriebenen, höchst interessant sind. Die Vertiefung der Einsichten in das Mysterium der Kirche, die sich auf dem II. Vatikanischen Konzil vollzog und in seinen Dokumenten ihren Ausdruck fand, verlangte ihrem Wesen nach einen normativen Widerhall im kanonischen Gesetz, wenn diese Vertiefung das Zusammenleben der Menschen *in Ecclesia*[2] wirklich prägen sollte. Paul VI. wies in seiner Ansprache an den II. Internationalen Kongreß über kanonisches Recht darauf hin: „Das Konzil verlangt vom Kirchenrechtler, verstärkt in der Heiligen Schrift und in der Theologie nach den Grundlagen der eigenen Disziplin zu forschen“[3]. Tatsächlich gehört es zum Wesen der von Christus gestifteten Kirche, solange sie auf Erden unterwegs ist, daß das sie konstituierende Geheimnis einen juristischen Ausdruck findet. Das tiefere Eindringen und Verständnis, das die Kirche – geleitet vom Heiligen Geist – von sich selbst und ihrer Sendung gewinnt, schließt eine Reform ihrer *lex*

---

[1] Der offizielle Text befindet sich in AAS 75 (1983), Teil II. Hier wird verwiesen auf die lat.-dt. Ausg. 2.Aufl. 1984, die im Auftrag der Deutschen Bischofskonferenz vom Verband der Diözesen Deutschlands herausgegeben wurde und beim Verlag Butzon und Bercker, Kevelaer, erschien.

[2] So sagt es Johannes Paul II. ausdrücklich in der Ap.Konst. *Sacrae disciplinae leges*, mit der er den Codex promulgiert: „... certo quodam modo novus hic Codex concipi potest veluti magnus nisus transferendi in *sermonem canonisticum* hanc ipsam doctrinam, ecclesiologiam scilicet conciliarem..., ad hanc ipsam imaginem semper Codex est referendus tamquam ad primarium exemplum, cuius lineamenta is in se, quantum fieri potest, suapte natura exprimere debet“.

[3] PAUL VI., *Ansprache an den II. Internationalen Kongreß für kanonisches Recht*, Rom 20.1.1970, in AAS 62 (1970) 108. Kürzlich sagte der Pro-Präsident der Kommission für die Auslegung des Codex: „Das kanonische Recht ist dem Wesen nach ein theologisches Recht, in dem Sinne, daß es sich unmittelbar auf die Theologie stützt und nicht im Gegensatz zu ihr stehen kann; wenn es sich auch um zwei verschiedene Disziplinen handelt, so sind sie doch insofern engstens miteinander verflochten, als die Grundlage jeder Rechtsnorm letztlich in einer metajuristischen Dimension, nämlich der Theologie, zu suchen ist.“ (R. CASTILLO LARA, *Criteri ispiratori della revisione del Codice di Diritto Canonico*, in „La nuova legislazione canonica“, Rom 1983, S. 19).

canonica notwendigerweise mit ein. Und diese Reform, d.h. diese neue *lex* erweist sich in gewisser Weise geradezu als Nagelprobe auf die erneuernde und umgestaltende Kraft, welche die Kirche erworben hat: d.h. in unserem Fall, die Wirkmächtigkeit der Dokumente des II. Vatikanischen Konzils steht auf dem Prüfstand. Deshalb kann die Theologie – will sie ihrem ekklesialen Pflichtenkreis treu bleiben – juristische Entwicklungen in der Kirche nicht außer acht lassen.

Vielmehr muß sie diese auf der ihr zukommenden Ebene aufgreifen. Die Einstellung von Theologen zum kanonischen Recht schwankte oft zwischen zwei gleichermaßen verwerflichen Extremen: entweder betrachtete man das kanonische Gesetz als Quelle von Normen für die Theologie und übersah dabei den rein instrumentalen Charakter des Gesetzes, was zu dem schon so oft beklagten „Juridizismus“ führt, oder man blendete die *lex* aus der theologischen Überlegung aus und unterbewertete die wesentliche Rolle des Gesetzes in der pilgernden Kirche – eine Einstellung, die letztlich die Theologie auf rein abstraktes Wissen reduziert oder im Gegenteil in einen anarchistischen und wirkungslosen „Pastoralismus“ einmündet. *In medio virtus.* Auf den neuen Codex bezogen, heißt das konkret: Der Theologe muß sich – vom Selbstverständnis der Theologie als Wissenschaft her – in zweifacher Weise mit dem Codex befassen: einerseits soll er ihn der theologischen Kritik und seinem gewogenen *iudicium* unterziehen, die darauf angelegt sind, von den Quellen des Glaubens her die ekklesiologische Qualität des neuen Gesetzeswerkes abzuwägen, welches das soziale Leben der Kirche regeln soll, und folglich – erforderlichen Falles – die Fundamente zu legen für mögliche Weiterentwicklungen und Reformen *de lege ferenda*; andererseits soll er das neue Gesetzeswerk aufnehmen, *den theologischen Sinn und den theologischen Ort* der Institutionen und Vorschriften, welche sich die Kirche selbst gegeben hat, erhellen und auf diese Weise dazu beitragen, daß das kanonische Gesetz in der Praxis rezipiert wird. In dieser Perspektive ist der Dialog zwischen Theologie und Kanonistik anzusiedeln, den die folgenden Seiten widerspiegeln. Ihr Ziel ist es, ein theologisches Verständnis der Figur der Personalprälaturen zu erlangen – eine der Neuheiten des neuen Codex. Voraussetzung dafür sind ein rechtes Verständnis des Geheimnisses der Kirche und der Beziehungen von Gesamtkirche und Teilkirchen. Deswegen werde ich zu Beginn die Grundzüge des Buches II des Codex („De Populo Dei") darstellen, in welchem die ganze Problematik schwerpunktmäßig angesiedelt ist, um anschließend das Thema der Personalprälatur aufgreifen zu können, die in diesem Buch des Codex geregelt sind.

2. Das Buch II „De Populo Dei" des neuen Codex

Vom ekklesiologischen Standpunkt aus ist das Buch II unter der Überschrift „De Populo Dei" zweifelsfrei der Teil des neuen Codex, der allererst die Aufmerksamkeit des Theologen weckt[4]. Logischerweise geht ihm ein Buch I „De normis generalibus" voraus, in welchem die Grundelemente der Struktur und des Lebens des Volkes Gottes geregelt werden. Aufgrund seines Inhalts entspricht es auch dem Buch II des alten Codex, das den Titel „De personis" trug. Ein schlichter Vergleich des Aufbaus beider Bücher – die, wie gesagt, im wesentlichen dieselbe Materie umfassen – würde schon auf den ersten Blick zeigen, wie der neue Codex eine Konzeption der Kirche widerspiegelt, die eindeutig danach trachtet, sich von der Konstitution *Lumen Gentium* und von den übrigen Dokumenten des II. Vatikanischen Konzils inspirieren zu lassen. Ich werde hier diesen Vergleich nicht anstellen. Für das Ziel dieser Arbeit mag der Hinweis auf die drei Teile genügen, in welche sich das Buch gliedert.

Wie die Überschrift „De christifidelibus" bereits ankündet, ist es das Anliegen des ersten Teils, *in recto* diejenigen Personen ins Auge zu fassen, die das Volk Gottes bilden. Zuerst wird juristisch festgelegt, was den *Gläubigen* als den wesentlichen Träger des *esse et operari in Ecclesia* ausmacht[5],

---

[4] Dies bestätigen auch die Kanonisten: „Il Libro II del CIC è il Libro che più riflette, anche nella corrispondenza letterale, la costituzione conciliare *Lumen Gentium*, appropriandosi il titolo del cap. II: *Il Popolo di Dio*, ed evocando perciò tutta la ricchezza teologica ed ecclesiologica di tale denominazione" (T. BERTONE, *Sistematica del Libro II. I „Christifideles": doveri e diritti fondamentali*, in „Il nuovo Codice di Diritto Canonico: novità, motivazione e significato", Rom 1983, S. 96).

[5] Vgl. Titel I: „Pflichten und Rechte aller Gläubigen".

erst dann befaßt sich der Codex mit der den *Laien*[6] eigenen Stelle und anschließend mit der der Kleriker[7], um abschließend Normen zu geben, die zunächst die Personalprälaturen[8] und dann das Verbandsrecht in der Kirche[9] betreffen.

Der zweite Teil hat einen Inhalt, der nur z.T. seiner Überschrift entspricht: „de Ecclesiae constitutione hierarchica". Während der erste Teil den Aspekt der Kirche wiedergibt, den wir „congregatio *fidelium*" nennen können, zielt dieser zweite Teil auf den juristischen Aspekt der Kirche ab, der im Begriff „communio *Ecclesiarum*" zusammengefaßt wird. Dabei legt er in der Sektion I fest, wer die höchste Autorität in der Kirche ist (Papst und Bischofskollegium) und legt in Sektion II Struktur und Leitung der Teilkirchen dar, in denen sich die eine und einzige Kirche, diese *congregatio fidelium* verwirklicht, deren höchste Autorität in der vorhergehenden Sektion beschrieben wird.

Der dritte Teil des Buches II ist der Regelung der Institute des geweihten Lebens (Ordensinstitute und Säkularinstitute) und den Gesellschaften des apostolischen Lebens gewidmet. Es handelt sich dabei um ein herausragendes Exempel des *ius consociationis*, wie es für alle Gläubigen im ersten Teil, Titel V anerkannt ist. Diejenigen, die einem Institut des geweihten Lebens beitreten, bilden einen Stand, zu dessen Wesen gemäß *Lumen Gentium*, Art. 44 die Gelübde der evangelischen Räte gehören. Die Regelung dieses Standes erfolgt bis ins Detail in einer Weise, die ihn eindeutig gegenüber dem zweiten Teil „De Populo Dei" abhebt und sich streng an den Konzilstext hält, der hinzufügte, dieser Stand „ist also zwar nicht Teil der hierarchischen Struktur, gehört aber unerschütterlich zu ihrem Leben und ihrer Heiligkeit"[10]. Es ist ohne Zweifel nicht nur ein juristischer, sondern auch ein theologischer Fortschritt, daß dieser Stand nicht in die allgemeine

---

[6] Vgl. Titel II: „Pflichten und Rechte der Laien".
[7] Vgl. Titel III „ Geistliche Amtsträger oder Kleriker".
[8] Vgl. Titel IV: „Personalprälaturen".
[9] Vgl. Titel V: „Vereine von Gläubigen".
[10] Siehe die cann. 207 § 2 und 574, die auf diesen Text von *Lumen Gentium* zurückgehen.

Normierung der Vereine eingegangen ist, obwohl seine kanonistisch-juristische Erscheinungsform dort anzusiedeln ist[11].

Die drei Teile des Buches „De Populo Dei“ sind vom Standpunkt der Rechtssystematik Ausdruck einer schlüssigen theologischen Begrifflichkeit und einer bemerkenswerten Anstrengung, die strukturellen und institutionellen Elemente des Volkes Gottes juristisch zu fassen, um, anders ausgedrückt, den Worten des Codex[12] gerecht zu werden, wonach die Kirche „ut societas constituta et ordinata“ zu sehen ist. Andererseits hat die Gesamtheit des Buches II eine nicht unerhebliche theologische Stütze dadurch erfahren, daß ihm einige Canones aus dem alten Entwurf der „Lex Ecclesiae Fundamentalis“ hinzugefügt wurden, deren es in den ersten Entwurfsphasen entbehrte. Auf diese Weise stellt uns das Buch II das Volk Gottes dar, zunächst in den Personen seiner „Bürger“ – der *christifideles* –, die mit der „Staatsbürgerschaft“ sakramentalen Ursprungs (Taufe) ausgestattet sind, welche Pflichten und Rechte erzeugt, wobei zwischen Laien und Klerikern grundsätzlich unterschieden wird – diese Unterscheidung stützt sich ebenfalls auf sakramentale Prägungen; aus diesem Leben *in Ecclesia*, quillt das Leben der Vereinigungen hervor gleichsam als *ius*[13], das ein Ausfluß aus dem ekklesialen Stand und Rang des Christen ist, den die Charismen des Geistes zieren.

Dieser erste, eindeutig personenbezogenen Teil bildet durch seine großen Aussagen das hermeneutische Kriterium für den zweiten Teil, d.h. er weist das Volk Gottes (die in Gott wiedergeborenen Frauen und Männer) als die zugrunde liegende Wirklichkeit aus, auf die sich die hierarchische Dimension der Kirche mit ihrem Dienstcharakter bezieht. Schon im ersten Teil werden die Christen, die Kleriker sind, eigentlich *geistliche Amtsträger* genannt[14]. Was dort, im Bereich des Personenrechts, vorweggenommen

---

[11] Über das charismatische Wesen des „status perfectionis“, der seiner juristischen Regelung vorausgeht, siehe E. CORECCO, *Riflessione giuridico-istituzionale su sacerdozio comune e sacerdozio ministeriale*, in „Parola di Dio e sacerdozio. Atti del IX Congresso Nazionale dell'ATI, Cascia 14-17 settembre 1981“, Padua 1983, S. 124-126.

[12] Can. 204 §2.

[13] Vgl. can. 299.

[14] Vgl. Titel III.

wird, erscheint jetzt, im zweiten Teil im eigentlichen Bereich der Organe und Strukturen: Angefangen vom Papst und dem Bischofskollegium bis zum letzten Pfarrvikariat; ihr aller Daseinsberechtigung ist jene im ersten Teil in juristische Begriffe gekleidete christliche Existenz.

Andererseits ist aber auch der zweite Teil in anderem Sinne hermeneutisches Kriterium für den ersten. Denn die theologischen und juristischen Inhalte dieses zweiten Teils beziehen sich nicht nur auf die amtlichen Strukturen der Kirche (kurz: hierarchische Autorität, Hierarchie), sondern kennzeichnen und beschreiben das Wesen der Kirche selbst, sofern sie sich in den Teilkirchen verwirklicht. Die entsprechenden Canones beschränken sich nicht darauf, uns zu sagen, welches die hierarchische Autorität in den Teilkirchen ist und wie sie sich strukturiert, vielmehr definieren sie auch die Teilkirchen unter eindeutiger Anwendung der Ekklesiologie des II. Vatikanischen Konzils. In diesem Sinne ist der zweite Teil, vor allem in seiner zweiten Sektion, von wesentlicher Bedeutung, da er den *eigenen* (theologischen) Ort definiert, an dem sich die christliche Existenz, wie in dem Teil *de christifidelibus* beschrieben, vollzieht: die Teilkirche und die Gesamtkirche oder *communio Ecclesiarum*. Und doch vermißt man bei theologischer Betrachtung in diesem zweiten Teil eine Behandlung der Gesamtkirche, die ähnlich *substantiell* wäre wie die Aufmerksamkeit, die der Teilkirche gewidmet wird[15]. Diese Unterlassung läßt sich unter Umständen erklären, wenn man bedenkt, daß der Codex, nur für die lateinische Kirche gilt[16] und daß die hiervon mit aufgeworfene Frage ganz am Anfang des Entwurfes der „Lex Ecclesiae Fundamentalis“[17] angesiedelt ist. Dennoch hätte die Ekklesiologie dieses zweiten Teils als *Ecclesia una* und als *communio Ecclesiarum* vielleicht an Profil gewonnen, wenn man

---

15) Allein schon die Überschriften weisen auf den Unterschied zwischen beiden Sektionen hin. Sektion I beschreibt *die Autorität* („Die höchste Autorität der Kirche“), Sektion II beschreibt *die Teilkirchen* („Teilkirchen und deren Verbände“) und in diesem Rahmen erst die sie leitende Autorität (Titel I dieser Sektion hat die Überschrift: „Teilkirchen und die in ihnen eingesetzte Autorität“).

16) Vgl. can. 1.

17) Vgl. cann. 1 und 2 des Entwurfs der *Lex Ecclesiae Fundamentalis* vom 24.4.1980; s. Text in Anh. IX.

den Inhalt dieser beiden Canones mit aufgenommen hätte, wie es ja mit vielen anderen geschah, nachdem die Entscheidung gefallen war, ein Grundgesetz der Kirche nicht zu promulgieren. Anstelle „hierarchische Verfassung der Kirche“ hätte ihr Titel einfach „Verfassung der Kirche“ lauten können.

3. Die Personalprälaturen in dem Buch „De Populo Dei“

In diesem theologisch-juristischen Rahmen erscheint es reizvoll, die Rechtsfigur der Personalprälaturen, die der Codex in den Titel IV des ersten Teils aufgenommen hat, einer ekklesiologischen Reflexion zu unterziehen. Ihre juristische Neuheit, ihr Ursprung in den Dekreten des II. Vatikanischen Konzils, ihre technische Ausformung in der nachkonziliaren Gesetzgebung und ihr Werdegang, den sie in der Entstehungsgeschichte des Codex zurückgelegt hat, all das fordert den Theologen schließlich heraus, sich kritisch abwägend damit zu befassen – wozu er immer aufgefordert ist, wenn er sich einem juristischen Phänomen gegenüber sieht.

Die Frage ist für den Theologen, wie gesagt, reizvoll wegen der theologischen und deshalb auch juristischen Problematik, die mit dieser Rechtsfigur verbunden ist. Ihre konkrete Normierung war seit dem Motu proprio *Ecclesiae Sanctae* vorgezeichnet, dessen Vorschrift I, 4 sich später im wesentlichen in den Canones 294 bis 297 des *Codex* niederschlug. In diesen Canones erscheinen die Personalprälaturen als Strukturen mit Jurisdiktionsgewalt rein säkularer Art unter der Leitung eines Prälaten, der ihr eigener Ordinarius ist, und bestehend aus Priestern und auch aus Laien. Ihr Ziel ist es, besondere seelsorgliche oder missionarische Werke zu verwirklichen und so die angemessene Verteilung der Priester zu fördern. Sie werden vom Apostolischen Stuhl nach Anhören der betreffenden Bischofskonferenzen errichtet und nach ihren je eigenen Statuten geleitet, in denen auch die Beziehungen jeder Prälatur zu den Ortsordinarien festgelegt werden. Dies ist zusammengefaßt die Antwort des Gesetzgebers auf die Frage, was die Personalprälaturen seien. Und doch sind es gerade diese Canones, welche die Frage aufwerfen, was diese Prälaturen theologisch sind. Für welche Seinselemente der Kirche sind sie Ausdruck und Fortentwicklung?

Welche Art ekklesialer Sozialität bedeuten sie? Wie fügen sie sich in die Struktur der Kirche ein[18]?

---

[18] Die wissenschaftliche Bibliographie zu diesem Thema steht erst am Anfang. Nach der Veröffentlichung des Codex sind folgende Beiträge erschienen: A. RODRIGUEZ – J.M. IBAÑEZ LANGLOIS, *Nuevos frutos de la eclesiología conciliar. Las Prelaturas personales*, in „Communio" (lat.-amerik. Ausg.), 3 (1984/10) 74-81; J.L. GUTIERREZ, *De praelatura personali iuxta leges eius constitutivas et Codicis Iuris Canonici normas*, in „Periodica..." 72 (1983) 71-111; G. LO CASTRO, *Le Prelature personali per lo svolgimento di specifiche funzioni pastorali*, in „Il Diritto Ecclesiastico" (1983) 85-146; ders., *Un 'istituzione giurisdizionale gerarchica della Chiesa. La Prelatura personale Opus Dei*, in „Il Diritto Ecclesiastico" (1985) 547-579; P.G. MARCUZZI, *Le prelature personali nel nuovo Codice di Diritto Canonico*, in „Il nuovo Codice di Diritto Canonico: novità, motivazione e significato", Rom 1983, S. 129-138; M. O'REILLY, *Personal Prelatures and Ecclesial Communion*, Beitrag zur „XXVII Session d'études de la Societé Canadienne de Droit Canonique", Text in „Studia Canonica" 18 (1984) 439-456; J. FORNES, *El perfil jurídico de las Prelaturas personales*, in „Monitor Ecclesiasticus" 107 (1983) 436-472; P. RODRIGUEZ – A. DE FUENMAYOR, *Sobre la naturaleza de las Prelaturas personales y su inserción dentro de la estructura de la Iglesia*, in „Ius Canonicum" 24 (1984) 9-47; H. SCHMITZ, *Die Personalprälaturen*, in „Handbuch des katholischen Kirchenrechts", hrsg.v. J. LISTL, H. MÜLLER, H. SCHMITZ, Regensburg 1983, S. 526-529; A. DE FUENMAYOR, *Primacial Power and Personal Prelatures*, Beitrag zum V. Internationalen Kongreß für kanonisches Recht, Ottawa, August 1984; dieser Beitrag erschien in deutsch unter dem Titel: *Primatsgewalt und Personalprälaturen*, in „Themen aktuell", 13 (1984), hrsg.v. T. Schmitz, 4052 Korschenbroich 1, Am Hommelshof 61. Während der Erarbeitung des kodikarischen Textes schrieb J. MANZANARES, *De Praelaturae personalis origine, natura et relatione cum iurisdictione ordinaria*, in „Periodica..." 69 (1980) 387-421; ferner äußerte sich im Zusammenhang mit einer kritischen Würdigung der Systematik des Codex über Wesen und ekklesiologische Konsequenzen der Personalprälaturen W. AYMANS, *Der strukturelle Aufbau des Gottesvolkes* in „Archiv für katholisches Kirchenrecht" 148 (1979) 21-47, s. insb. 43-44; ders., *Kirchliches Verfassungsrecht und Vereinigungsrecht in der Kirche*, in „Oesterreichisches Archiv für Kirchenrecht" 32 (1981) 79-100, s. insb. 93-100; ders., *Ekklesiologische Leitlinien in den Entwürfen für die neue Gesetzgebung*, in „Archiv für katholisches Kirchenrecht" 51 (1982) 25-57, s. insb. 42-56. In der unmittelbar auf das Konzil folgenden Zeit ist eine kurze Notiz zu dem Stichwort *Prelature personali*, von V. FAGIOLO, in „Dizionario del Concilio Ecumenico Vaticano II" hrsg.v. S. GAROFALO, Rom 1969, Sp. 1660; pastorale und juristische Grundfragen werden studiert von A. DEL PORTILLO, *Dinamicità e funzionalità delle strutture pastorali* in „La collegialita episcopale per il futuro della Chiesa", hrsg.v. V. FAGIOLO und G. CONCETTI, Florenz 1969, S. 161-180 und im Zusammenhang mit der Inkardinierung von Klerikern, J. HERVADA, *La incardinación en la perspectiva conciliar: presupuestos*, in „Ius Canonicum" 8 (1968) 121-202 und J. HERRANZ, *El nuevo concepto de incardinación*, in „Los presbiteros: ministerio y vida", Madrid 1969, S. 253-262. – Ferner folgende Artikel: J.M. GONZALEZ DEL VALLE, *Zur Rechtsfigur der Personalprälaturen*, in „Oesterreichisches Archiv für Kirchenrecht" 34 (1983/84) 131-140; R. NAVARRO VALLS, *Das ‚Opus Dei' als Beispiel einer*

Die Frage gewinnt eine besondere Schärfe, weil es der *Inhalt* der zitierten Canones selbst ist, der in aller Klarheit eine theologisch-kanonistische Interpretationslinie der dort geregelten Figur nahelegt, die im Widerspruch zu dem *systematischen* Ort steht, den die Prälaturen im Buch II einnehmen. Die cann. 294 bis 297 bilden den Titel IV innerhalb des ersten Teils von Buch II. Dieser Teil ist der Darlegung der Normen gewidmet, welche das Wirken der *christifideles* regeln und nicht die mit Jurisdiktion ausgestatteten hierarchischen Strukturen (diese befinden sich im zweiten Teil, während der dritte Teil der Regelung des Standes des geweihten Lebens gewidmet ist, eines Standes, der wiederum seine eigenen Auswirkungen bzgl. der Leitungsgewalt hat). Mit der Frage, wie diese Anomalie zu erklären sei, müssen sich natürlich die Juristen sorgfältig befassen. Aber auch der Theologe kann dieser Frage nicht ausweichen. Für den Theologen kommt noch hinzu, daß es ihm unmöglich ist, sich dieses Problems in der erforderlichen Ausdrucksweise anzunehmen, ohne auf Genesis und Geschichte der juristischen Ausgestaltung der Personalprälaturen zurückzugreifen, so wie sie der Codex in seine kanonistische Normierung aufgenommen hat. Tatsächlich legt diese Geschichte die theologisch-kanonistische Problematik, der wir nachgehen wollen, von Grund auf offen.

Personalprälatur im neuen Recht, in „Theologie und Glaube“ 75 (1985) 165-188;; L. SPINELLI, *Riflessi canonistici di una nuova struttura pastorale: le Prelature personali*, in: „Raccolta di Scritti in onore di Pio Fedele“, hrsg.v. G. BARBERINI, Bd. I, Perugia 1984, 591-612; E. CAPARROS, *Une structure juridictonnelle issue de la préoccupation pastorale de Vatican II: les prelatures personnelles*, in „Studia Canonica“ 17 (1983) 487-531; G. DALLA TORRE, Stichwort *Prelato e Prelatura*, in „Enciclopedia del Diritto“, Bd. XXXIV, S. 973-981; M. GARRIDO, O.S.B., *Un servicio del nuevo Código de Derecho Canónico. La identidad de personas e instituciones en la Iglesia*, in „Nova e Vetera“ 10 (1985) 103-113.

ERSTER TEIL

Die Personalprälaturen in geschichtlich-theologischer Sicht

Als kurze Vorbemerkung sei der Hinweis erlaubt, daß die in diesem geschichtlichen Überblick herausgegriffenen Punkte naturgemäß nur vorläufiger Art sein können: Es gibt kaum edierte Quellen, da die geschichtlichen Fakten uns noch zu nahe sind; meine Untersuchung ist so sehr auf einen Ausschnitt konzentriert, daß sie übergreifendere Aspekte außer acht lassen muß; und vor allem ist das Anliegen dieser Arbeit ein theologisches und nicht ein juristisches, was notwendigerweise zu einer selektiven Behandlung und Konkretisierung des Themas führt. Die Spezialisten im Kirchenrecht werden sich dieser Textgeschichte schon annehmen, ihnen steht das Thema *ratione materiae* auch zu. Die begrifflichen Elemente, die in unserem Bericht Verwendung finden, schienen uns dessen ungeachtet hinlänglich abgesichert, um eine theologische Reflexion über unser Thema darauf stützen zu können. In diesem Sinne möchte ich die wesentlichen Aussagen der uns interessierenden Texte untersuchen.

I. Kapitel

Die Weisungen des II. Vatikanischen Konzils und ihre nachkonziliare Entwicklung

1. Die Konzipierung der neuen Rechtsfigur im II. Vatikanischen Konzil: Das Dekret „Presbyterorum Ordinis" Art. 10 (1965)

Der Ursprung der Rechtsfigur liegt tatsächlich im II. Vatikanischen Konzil. In den Dekreten disziplinärer Prägung hatte es sich eine Reform der rechtlichen und pastoralen Strukturen der Kirche vorgenommen mit dem Ziel, die Sendung der Kirche in der Welt wirksamer durchzuführen. Im wesentlichen bedeutet und erfordert das eine beweglichere Gestaltung der kirchlichen Strukturen, um sich der vielfältigen gesellschaftlichen Realität anpassen zu können, so daß eine organische Verkündigung des Evangeliums ermöglicht wird und alle im Volk Gottes vorhandenen Kräfte mobilisiert werden. In diesem Zusammenhang ist die Entscheidung des Konzils über das hier anstehende Thema zu sehen. Sie steht in Art. 10, Abs. 2 des Dekrets *Presbyterorum Ordinis* und lautet wie folgt:

> „Außerdem sollen die Normen bezüglich der Inkardinierung und Exkardinierung in der Weise überprüft werden, daß diese sehr alte Einrichtung zwar bestehen bleibt, aber doch den heutigen pastoralen Bedürfnissen besser entspricht. Wo das Apostolat es aber erfordert, sollen Erleichterungen gegeben werden nicht nur für eine angemessene Verteilung der Priester, sondern auch für spezielle pastorale Aufgaben bei verschiedenen sozialen Schichten, die in einer bestimmten Gegend oder Nation oder in irgendeinem Teil der Welt durchgeführt werden müssen. Zu diesem Zweck können deshalb mit Nutzen internationale Seminare, besondere Diözesen oder Personalprälaturen und andere derar-

> tige Institutionen errichtet werden. Diesen können zum Gemeinwohl der ganzen Kirche Priester zugeteilt oder inkardiniert werden. Die Art und Weise der Ausführung ist dabei für jedes einzelne Unternehmen festzulegen, und die Rechte der Ortsordinarien müssen stets unangetastet bleiben"[1].

Dieser Absatz bringt die *voluntas Concilii* zu unserer Fragestellung zum Ausdruck und wird für jegliche weitere Reflexion über das Wesen der Personalprälaturen hermeneutisches Hauptkriterium sein. Ehe wir diesen grundlegenden Text analysieren, sei eine theologische Bemerkung aus historischer Sicht erlaubt. Wie bekannt, reifte die konziliare Ekklesiologie Schritt für Schritt während der vier Sitzungsperioden des II. Vatikanums heran, so daß jedes spätere Dokument sich auf die Aussagen der vorhergehenden Dokumente stützen konnte. Dies ist besonders wichtig, wenn es darum geht, das Dekret *Presbyterorum Ordinis* zu würdigen, das auf der letzten Konzilssitzung am 7.12.1965 gemeinsam mit dem Dekret *Ad Gentes* und der Pastoralkonstitution *Gaudium et Spes* promulgiert wurde. Das Dekret *Presbyterorum Ordinis* stellt sich von Anfang an als Weiterführung der Aussagen der Konstitutionen *Lumen Gentium* und *Sacrosanctum Concilium* sowie der Dekrete über die Bischöfe und über die Ausbildung der Priester dar, die alle ausdrücklich in der ersten Fußnote zitiert werden. Damit wird betont, daß dieses Dekret mit den vorgenannten auf besondere Weise eine Einheit bildet.

Die Lehre über die Personalprälaturen fügt sich also in diese Gesamtheit von Lehraussagen ein und erfährt ihre Ausarbeitung und feierliche Verkündigung auf dem Höhepunkt der Entfaltung und Reifung der konziliaren Ekklesiologie. In diesem Zusammenhang ist der Hinweis interessant, daß das gleichzeitig mit *Presbyterorum Ordinis* verfaßte und verkündigte Dekret über die Missionstätigkeit der Kirche, dessen theologische Lehre unter verschiedenen Gesichtspunkten von außerordentlicher Tiefe ist[2], bei

---

[1] Siehe lat. Text in Anh. III.

[2] Vgl. A. GARCIA SUAREZ, *El carácter histórico-escatológico de la Iglesia en el Decreto „Ad Gentes"*, in „Scripta Theologica" 1 (1969) 57-117.

zwei Gelegenheiten die in *Presbyterorum Ordinis*, Art. 10[3] aufgestellten Normen über die Personalprälaturen aufgreift und unter dem besonderen Gesichtspunkt missionarischer Theologie und missionarischen Tuns der Kirche anwendet. Dies ist auch der Grund, warum die nachkonziliare und kodikarische Gesetzgebung über die Personalprälaturen die Verwirklichung bestehender *opera missionalia* als weitere Daseinsberechtigung der genannten Prälaturen annimmt, wie noch zu zeigen sein wird.

Doch wollen wir zu dem oben zitierten Text selbst zurückkehren. Es ist wichtig, darauf zu achten, daß die vom Konzil verkündeten neuen Rechtsfiguren nicht nur zur Verteilung der Priester angeregt wurden, sondern um besondere seelsorgliche Tätigkeiten für verschiedene gesellschaftliche Gruppen (ohne notwendige räumliche Begrenzung) zu übernehmen. Die hierfür vorgesehenen Rechtsfiguren sind unterschiedlicher Art: einerseits internationale Seminare; andererseits – und das betrifft unser Thema – besondere Diözesen oder Personalprälaturen.

Zunächst lohnt es sich, bei der Daseinsberechtigung stehen zu bleiben, die das Konzil diesen Institutionen zuweist. Das *iter idearum*, das der Wortlaut von *Presbyterorum Ordinis*, Art. 10 wiedergibt, ist in diesem Zusammenhang höchst aufschlußreich. Das Dekret legt in den ersten Artikeln das Wesen des Priestertums dar. Ausgehend von der weltweiten Sendung, die Christus den Aposteln anvertraut hat, und die Ausdruck für die Teilhabe an dem absoluten und weltweiten Charakter des Priestertums Christi ist, betont es die universelle Bestimmung der Priester. Daher sollen die Priester in ihrem Herzen nicht nur die Sorge um ihre Teilkirche, sondern auch um die ganze Kirche tragen. Dies ist das theologische Fundament für die ständige Neuverteilung der Priester, die sich in der Kirche vollziehen soll[4].

Das Dekret geht zwei Schritte, um dieses Ziel zu erreichen. Der erste ist ermahnender Art und hat Auswirkungen im Erziehungsbereich und in der Pastoral:

---

[3] Vgl. Dekr. *Ad Gentes*, Art. 20 Anm. 4 und Art. 27 Anm. 28; s. Text in Anh. IV.

[4] Hierzu siehe A. BANDERA, *Presbiterado, colegialidad e Iglesia universal*, in „La Ciencia Tomista“ 111 (1984) 463-486.

„Deshalb sollen sich die Priester jener Diözesen, die mit einer größeren Zahl von Berufungen gesegnet sind, gern bereit zeigen, mit Erlaubnis oder auf Wunsch des eigenen Ordinarius ihren Dienst in Gegenden, in Missionsgebieten oder in Seelsorgsaufgaben auszuüben, in denen es an Geistlichen mangelt"[5].

Der zweite Schritt ist rechtlicher Art, und ohne ihn würde die Ermahnung ins Leere gehen: Er besteht in dem Auftrag, die Normen bezüglich der Inkardinierung zu revidieren, damit sich die notwendige Beweglichkeit der Priester auf angemessenere Art und Weise erreichen läßt[6].

Hier vollzieht das Konzil einen weiteren Schritt, der unmittelbar zu unserem Thema führt. Die Konzilsväter waren sich der seelsorglichen Erfordernisse unserer Zeit bewußt. Im Hinblick auf besondere apostolische Werke, die anstehen, um jenen Erfordernissen zu begegnen, bezogen sie die weltweite Bestimmung der Priester in ihre Überlegungen mit ein. Genau unter diesem Gesichtspunkt werden die Einrichtungen gesehen, auf die sich der zitierte Text bezieht.

So wie das Konzil die Personalprälaturen vorzeichnet, haben wir es nicht mit zwei alternativen Zielsetzungen zu tun: zum einen der Verteilung von Priestern, zum anderen besonderer seelsorglicher Aufgaben. Die Worte „nicht nur..., sondern auch" des Textes zeigen vielmehr einen Fortgang der Gedanken. Die Konzilsväter überwinden hier das klassische Schema dessen, was wir die *geographische* Verteilung der Priester nennen könnten, um eine Verteilung ins Auge zu fassen, die eine *spezialisierte* genannt werden kann; d.h. es geht um eine Verteilung von Priestern innerhalb besonderer seelsorglicher Werke, die dringend erforderlich sind.

Die neuen Einrichtungen sind *in recto* auf die Verwirklichung einer besonderen apostolischen Aufgabe ausgerichtet; *in obliquo* bringt das notwendigerweise die funktionale Mobilität der Priester mit sich, die sie verwirklichen. Die bessere Verteilung der Priester wird also nicht ausgeschlossen, aber der Blickwinkel ist weiter geworden: sie wird unter dem

---

[5] Die Canones 257 und 271 des neuen Codex greifen dieses Kriterium des Konzils auf.

[6] Die Canones 265-271 sind eine Umsetzung dieses Auftrags der Kirche.

Aspekt der besonderen seelsorglichen Aufgaben betrachtet, die den neuen Institutionen übertragen werden.

Die von mir hiermit vorgeschlagene Hermeneutik des Textes bietet das Konzil selbst an. Die Konzilsväter gehen in ihren Überlegungen zu diesem Thema von der Erfahrung nationaler Missionen, ganz konkret der Mission de France, aus. Dabei haben sie ein besonderes apostolisches Werk – das Apostolat der Durchdringung des Arbeitermilieus – vor Augen, das die Mobilität der Priester als notwendig erweist. Andererseits konkretisiert die unmittelbare konziliare Umsetzung der Figur der Personalprälatur im Dekret *Ad Gentes* – ich wies bereits darauf hin – zwei Fälle möglicher Prälaturen *ad peculiaria opera pastoralia* im missionarischen Bereich. Nicht die Verteilung der Priester im schlicht geographischen oder statistischen Sinne, sondern die spezialisierte Seelsorge ist es, die den Rahmen für die neue Institution abgibt.

Fragen wir uns also jetzt nach dem Wesen der Personalprälatur gemäß dem Konzil.

Die ausführliche Untersuchung des Konzilstextes *prout iacet* und der Geschichte seiner Redigierung – sie lassen ja die Absicht und den Willen des Konzils bei der Verabschiedung des Dekretes erkennen – erweist unseres Erachtens eindeutig, daß das II. Vatikanische Konzil die neuen Prälaturen, die *ratione apostolatus in bonum commune totius Ecclesiae* vorgesehen wurden, als Einrichtungen, die zur hierarchischen Jurisdiktion der Kirche gehören, verstand, d.h. als Fortentwicklungen der *verfassungsmäßigen* Struktur der Kirche in dem disponiblen Bereich der kirchlichen *Organisation*. Dieser Wille des Konzils bzgl. des *hierarchischen* Wesens der vorgesehenen Prälaturen ergibt sich meines Erachtens aus den folgenden Überlegungen.

An erster Stelle ist der Tenor des Textes in seinem Wortlaut zu berücksichtigen. In ein und derselben Gedankensequenz schafft er die Möglichkeit von „peculiares dioeceses vel praelaturae personales“. Es handelt sich um zwei Institutionen, die von ihren Wesen her verschieden sind. Beide werden aber vom Konzil unter ihrem gemeinsamen Aspekt betrachtet; nämlich dem, daß es sich um „selbstgesetzte“ Organisationsformen der hierarchischen Struktur der Kirche für die Verwirklichung von *peculiaria opera pastoralia* handelt. Ohne jeden Zweifel ist das der *sensus verborum* des Ausdrucks „peculiares dioeceses vel praelaturae personales" in der Anordnung des Konzils.

In der Tat führt der Wortsinn dieser Ausdrücke – Diözese, Prälatur – dem Leser wie auch den Konzilsvätern zwei klassische Institutionen der Organisation der Kirche vor Augen: beide erfassen einen *coetus fidelium*, der der pastoralen Sorge eines Bischofs oder eines Prälaten anvertraut ist, die ihrerseits die Jurisdiktionsgewalt über diese Gläubigen besitzen. Das Neue an dieser Institution – und an der entsprechenden Jurisdiktionsgewalt – kommt in den Worten *peculiares* und *personales* zum Ausdruck. Schon die erste Lektüre des Textes macht deutlich, daß diese Worte in engem Zusammenhang mit dem stehen, was die besondere pastorale Aufgabe ausmacht, die es in diesen Einrichtungen wahrzunehmen gilt.

Bei den als Diözesen oder Prälaturen bezeichneten Institutionen handelt es sich also aufgrund ihrer wesensimmanenten Eigenart um grundlegende Elemente der Organisationsstruktur der Kirche; d.h. Gläubige – im eigentlichen Sinne des Wortes – unter der Leitung und Führung ihres dazu mit der erforderlichen Jurisdiktionsgewalt ausgestatteten Hirten. Das Konzil spricht hier also nicht von klerikalen Institutionen, obwohl das Dekret *Presbyterorum Ordinis* diese Rechtsfiguren einführt. Eine Diözese oder eine Prälatur ist per definitionem nicht eine Gruppe von Klerikern, sondern eine Gesamtheit von Gläubigen, ein Teil der Kirche, der einem Bischof oder einem Prälaten anvertraut ist, damit sie ihn im Zusammenarbeit mit ihrem Klerus weiden. Dies ist auch der Grund, warum das Dekret, nachdem es die Institution als Diözese oder Prälatur und somit als ein für die Konzilsväter unmißverständliches Gebilde eingeführt hat, hinzufügt, daß ihnen „Priester zum Gemeinwohl der ganzen Kirche zugeteilt oder inkardiniert werden können." Die drei konstitutiven Elemente, die für diese Institutionen als Bestandteile der hierarchischen Organisation der Kirche wesentlich sind, werden also von Anfang genannt: Gläubige, Hirt und Klerus.

Der eindeutige Sinn des Textes wird weiter bekräftigt, wenn bedacht wird, welcher der Ausgangspunkt – der auch nie angezweifelt worden ist – der Überlegungen des Konzils war. Ich meine den Wunsch, den damals bekannten hierarchischen Einrichtungen neue und flexiblere hinzuzufügen.

Tatsächlich sah zu diesem genannten Zweck das erste den Konzilsvätern unterbreitete Schema die Möglichkeit von „praelaturae *cum* vel *sine* territorio a Sancta Sede constitutae“[7] vor. Es handelt sich also um neue hierarchische Einrichtungen, die das Konzil *ratione apostolatus*, d.h. als Antwort auf die pastoralen Bedürfnisse der modernen Gesellschaft, flexibler gestalten will.

Folgendes ist erwähnenswert: Nachdem die Konzilsväter die Theologie der Teilkirche in *Lumen Gentium* und *Christus Dominus*, auf die wir später noch eingehen werden, erarbeitet haben, äußern sie sich an dieser Stelle nicht darüber, welches spezifische Wesen diese neuen Prälaturen innerhalb der hierarchischen Struktur der Kirche haben. Insbesondere fehlt jede Aussage darüber, ob diese neuen Institutionen mit dem Begriff der Teilkirche übereinstimmen oder nicht[8]. Die Konzilsväter sind der Überzeugung, daß

---

[7] Vgl. CONC. VAT. II., *Schema Decreti De Clericis*, 22.4.1963, Art. 43, in *Acta Synodalia S. Concilii Oecumenici Vaticani II*, III/4, Typis Pol. Vat. 1970-1983, S. 844-845. Bereits im *Schema de distributione cleri* von 1961, das während der Vorbereitungsarbeiten für das Konzil ausgearbeitet worden war, wurde ein ähnlicher Ausdruck verwandt: „praelaturae cum aut sine territorio“ (*Acta et documenta Conc. Oec. Vaticano II apparando*, series II, vol. I, pars I, Typis Pol. Vat. 1965, S. 564). Was den Konzilsvätern von Anfang an bei der Benutzung dieses Ausdrucks oder auch bei der endgültigen Formulierung (Praelaturas *personales*) vorschwebt, sind wirkliche Prälaturen. Die Rechtsfigur, welche das *Schema* von 1961 als Ausgangspunkt vor sich hat, macht dies unmißverständlich deutlich: die Mission de France, welche 1954 in Übereinstimmung mit can. 319 § 2 des CIC 1917 als Prälatur *nullius* errichtet wurde. Über die Bedeutung dieses Präzedenzfalles in den Überlegungen des Konzils siehe A. DE FUENMAYOR, *La erección del Opus Dei en Prelatura personal*, in „Ius Canonicum“ 23 (1983) 17-21. Über die Mission de France und deren juristischen Status siehe E. JOMBART, *La réorganisation actuelle de la Mission de France*, in „Revue de Droit Canonique“, 4 (1954) 420-429 und J. DENIS, *La Prélature nullius de la Mission de France*, in „L'Année Canonique“ 3 (1954) 27-36. Siehe auch den Text der zit. Entwürfe in Anh. I und II.

[8] W. AYMANS, der in seinem oben zitierten Beitrag (S. 28, Anm. 18) eine gegenteilige Auffassung vertritt, räumt dennoch ein: „Es geht kein Weg daran vorbei zuzugeben, daß das Konzil hier die Einrichtung von Teilkirchen für die Spezialseelsorge an bestimmten gesellschaftlichen Gruppen gestattet.“ (W. AYMANS, *Kirchliches Verfassungsrecht...*, S. 96). Hierbei bezieht er sich offensichtlich auf die Konzilsentscheidungen über die *peculiares dioeceses*. Was im Konzilsdekret unter einer „peculiaris dioecesis“ zu verstehen ist, ist Gegenstand einer Untersuchung in J.L. GUTIERREZ, *De praelatura personali...*, S. 76-77. G. LO CASTRO kommt seinerseits in *Le Prelature personali...*, S. 91, auf Grund seiner Analyse der Konzilsdokumente zu dem Schluß, daß die Termini „Personaldiözese“ oder „Personalprälatur“ „usati

diese neuen Einrichtungen hierarchisch-pastoraler Art erforderlich sind, und überlassen die Frage nach ihrem theologischen oder juristischen Wesen der Forschung der zuständigen Fachleute nach Maßgabe der pastoralen und juristischen Umsetzung der Weisungen des Konzils. Tatsächlich wird die anschließende theologisch-kanonistische Reflexion über das Wesen der Personalprälatur, die später im Laufe der Arbeiten nach dem Konzil und zur Vorbereitung des Codex geleistet wird, ihren Unterschied zu den Teilkirchen und folglich zu den Gebietsprälaturen herausstellen, die den Ausgangspunkt bildeten. Wir werden noch sehen, daß diese Klärung erfolgen wird, ohne daß die gesetzgeberische Arbeit je die hierarchische Eigenschaft diesen neuen Einrichtungen abgesprochen hätte.

Die Konzilsväter zeigen im Laufe der redaktionellen Erarbeitung und später im promulgierten Text auf klare Weise ihre eigene Entscheidung, diese neuen Prälaturen, verstanden als Fortentwicklung der bereits bestehenden hierarchischen Jurisdiktionsstrukturen der Kirche, einzusetzen, wann immer dies angebracht erscheine. Dies erklärt auch ihr Interesse, als es darum ging, dafür zu sorgen, daß die neuen Prälaturen in angemessener Weise behandelt würden. Die zahlreichen Fragen juristisch-kanonistischer Art, mit denen man sich während der Arbeiten zur Umsetzung des Konzils befaßte, sollten immer von dieser klaren *voluntas Concilii* ausgehen.

Ein Studium der Konzilsakten ist in diesem Zusammenhang besonders aufschlußreich; zeigen sie doch, wie sehr sich die Väter des II. Vatikanums bewußt waren, welche Neuheit die Personalprälaturen in der hierarchischen Organisation der Kirche bedeuteten und mit welcher Aufmerksamkeit sie daher der Problematik nachgingen, die diese mit sich brachten. So steuerten sie Kriterien und Elemente bei zur Beurteilung der richtigen Einbettung der Personalprälaturen in die Seelsorge der Kirche und zur wirksamen Abstimmung mit den Diözesen und sonstigen tradi-

---

in maniera che può sembrare equivalente" vorkommen. Ich schließe mich eher der Auffassung von Gutiérrez an, der in ihnen jeweils verschiedene Einrichtungen sieht.

tionellen hierarchischen Gebietsstrukturen[9], in deren Bereich sie ihre eigene Aufgabe wahrnehmen sollten.

Es läßt sich leicht nachweisen, daß im Hintergrund des Konzilstextes – sein Wortlaut und die Geschichte seiner Redigierung belegen dies ebenso – das fortschreitende Bewußtwerden steht, welches sich im Laufe des Konzils vollzog, daß es nötig war, das starre Territorialprinzip der hierarchischen Organisation der Kirche genauer zu fassen und abzuschwächen, und zwar *ratione apostolatus*, wie wir nachdrücklich betonen. Der Konzilstext ist – mit anderen Worten – veranlaßt von der Komplexität der seelsorglichen Aufgabe der Kirche in der Welt von heute und von der daraus folgenden Forderung, über flexiblere Strukturen zu verfügen, um auf konkrete Erfordernisse eingehen zu können, wobei immer der hierarchisch verfaßte Rahmen der Kirche gewahrt bleibt und ihre Struktur *de iure divino* selbstverständlich unantastbar bleibt. In diesen Zusammenhang ist auch einzuordnen, daß die Konzilsväter ausdrücklich darauf bestanden, es müsse ein theologisches Konzept der Teilkirchen entworfen werden, in welchem das Territorium nicht als wesentliches oder konstitutives Element erscheine[10].

---

[9] Bzgl. der Klausel „salvis semper iuribus Ordinariorum locorum", von *Presbyterorum Ordinis*, Art. 10, s. auch die nachträglichen Überarbeitungen der Konzilskommission bis zum endgültigen Wortlaut. Vgl. vor allem *Schema De Sacerdotibus*, vom 27.11.1963, Art. 39, Anm.8 *(Acta Synodalia*, III/4, S. 881); *Schema propositionum De sacerdotibus*, vom 27.4.1964, Art. 6 (ebd. S. 848).

[10] Was die Erarbeitung des Dekr. *Christus Dominus*, Art. 11, betrifft, so sind die *Relationes* mit ihren Erläuterungen besonders aufschlußreich, welche die zuständige Konzilskommission beisteuerte und den Konzilsvätern zum Studium unterbreitete. In der *Relatio prior de capite II, art. I et II* des Entwurfs, der den Konzilsvätern am 30.10.1964 übergeben wurde, heißt es: „1) Definitionem realem dioecesis potius ex intrinsecis ipsius elementis quam ex territoriali structura conati sumus statuere, unde haec quae sequuntur commoda obtineri posse censemus: a) „theologia" quaedam Ecclesiae particularis, iuxta plurium Patrum postulata, veluti in nuce praebetur; b) clarius episcopalium munerum finis elucescit; c) notio dioecesis etiam ad „personales" quas vocant dioeceses aequo iure extenditus" *(Acta Synodalia*, III/6, S. 156). Und in der *Relatio de singulis numeris* des Entwurfes, *ad n.11*, heißt es: „Quidam Patres proposuerunt ut dioecesis aliam vel aliam haberet denominationem. Commissio autem id non esse admittendum censuit; si enim diceretur „ecclesia episcopalis", videretur dioecesis praeberi tamquam quaedam possessio Episcopi; si vero „Ecclesia localis", nuncuparetur, excluderentur dioeceses personales..." *(Ebd.*, S. 163). Vgl. *Acta Synodalia*, III/2, S. 49 und 62. S. *Principia quae Codicis Iuris Canonici recognitionem dirigant*, die von der ersten Vollver-

Im Laufe des Konzils verstand man unter „Prälaturen" innerhalb der pastoralen Struktur der Kirche – wie schon angedeutet – etwas Konkretes und Eindeutiges: einen Prälaten mit ihm anvertrauten Gläubigen und Priestern, die ihm bei der Erfüllung seiner pastoralen Aufgaben zur Seite stehen, wohl kaum aber eine Vereinigung von Priestern oder ein Institut des geweihten Lebens. Darum ist zur Einordnung der neuen, vom Konzil vorgesehenen Rechtsfigur in ihrem richtigen Umfeld der Hinweis wichtig, daß die Konzilsväter die Personalprälatur in keinem Augenblick als Fortentwicklung ekklesiologischer Erscheinungsformen, z.B. der Vereinigungen von Priestern, verstanden. Diese werden in demselben Konzilsdekret unter einem anderen Gesichtspunkt[11] erörtert. Noch viel weniger sahen sie diese Personalprälatur als verwandte Einrichtung zu der Normierung der Stände der Vollkommenheit oder des geweihten Lebens, von denen sich die hier untersuchte Rechtsfigur vollständig unterscheidet. Wie wir bereits sahen, geht es bei den im Dekret *Presbyterorum Ordinis*, Art. 10, gedanklich konzipierten Personalprälaturen um eine andere theologisch-kanonistische Perspektive, nämlich um die von seelsorglichen und zugleich hierarchischen Einrichtungen der Kirche, die das Ökumenische Konzil zu entwikkeln wünscht, um neuen apostolischen Bedürfnissen zu dienen. Die Vorschrift des II. Vatikanums in dem Kontext des Konzils zu würdigen, der sie hervorgebracht hat, ist darüber hinaus ein Beitrag dazu, diese Vorschrift richtig einzuordnen und ihre spätere Entwicklung zu verstehen. Die Tatsache, daß das Konzilsdokument, welches die neue Rechtsfigur hervorbringt, das Dekret über Amt und Leben der Priester ist, erklärt, wieso die *adumbratio* der Personalprälaturen ausgeht von der Betrachtung des priesterlichen Dienstes im Zusammenhang mit der „katholischen", weltweiten Bestimmung des Priesters. Die konziliare Weisung über die neuen Prälaturen schält sich freilich von Anfang an in der Annahme heraus, ihr Hauptziel sei die Verwirklichung konkreter seelsorglicher Aufgaben zugunsten verschiedener gesellschaftlicher Gruppen. Diese Blickrichtung des Konzils

---

sammlung der Bischofssynode im Oktober 1967 verabschiedet wurde, Art. 8, in *Communicationes* 1 (1969) 84.

[11] Vgl. *Presbyterorum Ordinis*, Art. 8, Abs.2.

wird später der nachkonziliaren und kodikarischen Gesetzgebung zu diesem Thema gestatten, die neue Rechtsfigur auszubauen auf der Grundlage der eindeutigen Konzilstheologie über das Apostolat der Laien und über die Sendung der Kirche, die nicht „klerikal", sondern „organisch" ist, d.h. Frucht des koordinierten und hierarchischen Tuns der geweihten Amtsträger und der Gläubigen, die Laien sind. Deshalb mündet[12] die theologisch-kanonistische Entwicklung des Themas in den wichtigen Begriff der „organischen Zusammenarbeit" der Laien in den Prälaturen aufgrund von Vereinbarungen. Auf diese Weise und mit Blick auf die *peculiaria opera pastoralia* erwägt die nachkonziliare Gesetzgebung die Möglichkeit, daß außer den Gläubigen, die *a iure* dem *coetus fidelium* der neuen Prälaturen angehören, auch andere Laien – in Übereinstimmung mit den Statuten – sich frei den Personalprälaturen anschließen können. Aufgrund dieser Übereinkunft, wie wir noch sehen werden, entwickeln die Laien die christliche Berufung zu einem Apostolat, indem sie – gemäß ihrer laikalen Art – an der Erreichung der apostolischen Ziele mitarbeiten. Darum gehören sie zum *coetus fidelium*, über den der Prälat die Leitungsgewalt ausübt.

All das fügt sich klar in die Theologie der Mission ein, die in der Konstitution *Lumen Gentium*, Art. 30 vorgestellt wird, wo es heißt: „Sie (die geweihten Hirten) wissen ja, daß sie von Christus nicht bestellt sind, um die Heilsmission der Kirche in der Welt allein auf sich zu nehmen, sondern daß es ihre vornehmliche Aufgabe ist, die Gläubigen so als Hirten zu führen und ihre Dienstleistungen und Charismen so anzuerkennen, daß alle in ihrer Weise zum gemeinsamen Werk einmütig zusammenarbeiten."

Der Text in *Presbyterorum Ordinis*, Art. 10, der die Grundlage für unsere Untersuchung bildet, könnte unter vielen anderen Gesichtspunkten erläutert werden. Aber unter den verschiedenen pastoralen Figuren und Institutionen, die er enthält, ist es ausgerechnet die der Personalprälatur, die von der Gesetzgebung zur Umsetzung des Konzils aufgegriffen wird. Dieser Schiene wird unsere Abhandlung weiter folgen. Aber eines kann man jetzt schon festhalten. Das Konzil, das die Personalprälaturen

---

[12] Vgl. can. 296, der weiter unten auf den Seiten 113-119 untersucht wird.

so konzipiert, wie ich es versucht habe darzustellen, stellt selber das entscheidende hermeneutische Kriterium auf, um das weitere legislative *iter* zu verstehen und die Normen des gültigen Codex zu interpretieren.

2. Die legislative Entwicklung: Das Motu proprio „Ecclesiae Sanctae" (1966) und die Apostolische Konstitution „Regimini Ecclesiae universae" (1967)

Die Gesetzgebung, auf die hier Bezug genommen wird, ist an erster Stelle das Motu proprio *Ecclesiae Sanctae* vom 6. August 1966, das Paul VI. für die Anwendung verschiedener Konzilsdekrete erläßt[13]. Der Teil I dieses Dokumentes bezieht sich auf die Konzilsdekrete *Christus Dominus* und *Presbyterorum Ordinis* und beginnt – wie es im Text heißt – mit den Ausführungsbestimmungen dessen, was in *Christus Dominus*, Art. 6 und in *Presbyterorum Ordinis*, Art. 10 vorgesehen ist. Diese Ausführungen faßt das Dokument zusammen unter der Überschrift „Verteilung der Priester und Hilfe, die den Diözesen zu gewähren ist"; auch hierdurch wird – wie J.L. Gutiérrez zutreffend bemerkt hat – der doppelte Gesichtspunkt zum Ausdruck gebracht, der die Vorschriften im Konzilstext charakterisiert, den wir gerade kommentiert haben[14].

Für die Frage, wie die Daseinsberechtigung der Personalprälatur in diesen Ausführungsbestimmungen des Konzils zu verstehen sei, erscheint es von größtem Interesse, die Bemerkungen des oben genannten Kirchenrechtlers zu beachten. J.L. Gutiérrez wies darauf hin, daß die Vorschriften 1 bis 3 des erwähnten Teils I sich der Verteilung der Priester widmen[15],

---

13) Wortlaut in AAS 58 (1966) 757-787. Die Texte über diese Prälaturen auf S. 760-61. Siehe Anh. V. Ausführliche Darstellung des Themas in J.L. GUTIERREZ, *De Praelatura personali...*, S. 87-98 und G. LO CASTRO, *Le Prelature personali...*, S. 99-107.

14) Vgl. J.L. GUTIERREZ, *De Prelatura personali...*, S. 88.

15) Zusammengefaßt enthält diese Regelung folgendes: 1) ein besonderer Rat soll, wenn dies angebracht erscheint, beim Apostolischen Stuhl gebildet werden; dessen Aufgabe ist es, allgemeine Grundsätze für eine bessere Verteilung des Klerus zu erarbeiten. 2) Aufgaben und Arbeitsweisen der Patriarchal-Synoden und der Bischofskonferenzen bzgl. der Verteilung des Klerus. 3) Übergang von Klerikern von einer Diözese zu einer anderen.

während die Vorschrift 4 die Personalprälaturen regelt. Diese Vorschrift 4 hat zu Beginn folgenden Wortlaut:

> „Zur Durchführung außerordentlicher seelsorglicher oder missionarischer Aufgaben (*ad peculiaria opera pastoralia vel missionalia*) zugunsten verschiedener Länder oder sozialer Gruppen, die besonderer Hilfe bedürfen, können zweckmäßigerweise vom Apostolischen Stuhl Prälaturen errichtet werden. Sie sollen aus Weltpriestern bestehen, die eine Spezialausbildung erfahren haben. Sie stehen unter der Leitung eines eigenen Prälaten und besitzen eigene Statuten."

Der Text entfaltet auf gesetzgeberische Weise mit größter Treue zum Konzil die Daseinsberechtigung, die die ökumenische Versammlung diesen Prälaturen zugeschrieben hatte. Das Wort *praeterea*, das diese Vorschrift einleitet, ist Hinweis auf eine schrittweise Entfaltung des Themas: Jetzt wird nicht mehr unmittelbar die Verteilung der Priester ins Auge gefaßt – sie war Gegenstand der vorangehenden Regelungen – vielmehr wird jetzt zur zweiten in der Überschrift angekündigten Materie übergegangen: *subsidia Dioecesibus praestanda*. Diese Hilfe besteht besonders in der Verwirklichung von *peculiaria opera pastoralia vel missionalia*. Das „Nicht nur, sondern auch" aus *Presbyterorum Ordinis*, Art. 10, dessen Bedeutung wir bei der Untersuchung des Konzilstextes erörterten, wird jetzt in ganzem Umfang deutlich: die vom Konzil vorgesehenen Prälaturen sind nicht Institutionen zur bloßen Verteilung von Priestern, vielmehr sollen sie dafür da sein, pastorale Initiativen im Dienst der Kirchen zu ergreifen, was notwendigerweise eine Umverteilung von Klerikern zur Folge hat. Wie wir oben bereits sagten, verstand das Konzil die Personalprälaturen im Rahmen der spezialisierten Seelsorge, und dies wird vom Motu proprio weiter ausgeführt, wenn es sagt, daß sie aus „Weltpriestern bestehen, die eine Spezialausbildung erfahren haben", wobei selbstverständlich eine spezifische Ausbildung für die einer jeden Prälatur anvertrauten Aufgaben gemeint ist.

Schon die Überschrift *subsidia Dioecesibus praestanda* umreißt die Bedeutung der neuen Prälaturen in ihrer ersten normativen Ausgestaltung:

jenes *in bonum commune totius Ecclesiae* des Konzils erscheint nun ausformuliert in der Perspektive der Beziehungen zwischen Gesamtkirche und Teilkirchen. Es wird festgelegt, daß die Personalprälaturen von der höchsten Autorität der Gesamtkirche ins Leben gerufen werden. Diese Autorität ist es, die sie als eine Art Dienst – *praestare subsidia* – an den Teilkirchen durch spezifische apostolische Werke entwirft. So erfüllen sie die Daseinsberechtigung, die das Konzil ins Auge gefaßt hat, nämlich des Gemeinwohl der ganzen Kirche.

Im Motu Proprio werden folgende Einzelheiten für die Personalprälaturen festgelegt: ihre Daseinsberechtigung; ihre Errichtung durch den Heiligen Stuhl nach Anhörung der betreffenden Bischofskonferenzen; ihr säkularer Charakter und die spezialisierte Ausbildung ihrer Priester; ihre Leitung durch einen eigenen Prälaten; ihre Ausstattung mit eigenen Statuten; Aufgabe, Rechte und Pflichten des Prälaten gegenüber den Priestern, die auf den Titel *servitium Praelaturae* inkardiniert sind; die Möglichkeit, daß Laien sich dem Dienst an den Werken und Initiativen der Prälaturen widmen; schließlich die Beziehungen zwischen diesen Prälaturen, den Bischofskonferenzen und den Ortsbischöfen.

Diese Regelung wird später in ihrer Gesamtheit in den neuen Codex eingehen. Dennoch ist es angezeigt, auf einige Aspekte im Hinblick auf den wesentlichen Kern der hier entwickelten Rechtsfigur hinzuweisen.

Es wurde bereits betont, daß die neuen Prälaturen formal gesehen aus einem pastoralen und apostolischen Anliegen entworfen wurden: ausschlaggebend sollen die Erfordernisse gesellschaftlicher Gruppen und Gebiete sein. Daran sind die in der Hierarchie der Kirche Verantwortlichen gebunden. Diese Erfordernisse machen notwendigerweise eine – räumliche oder sektorale und qualitative – Umverteilung von Priestern erforderlich; aber dies ist nicht das Primäre an der Umsetzung, die das Motu proprio an den Bestimmungen in *Presbyterorum Ordinis*, Art. 10 vornimmt. Die Hilfe für die Diözesen erscheint also nicht unter einem eigentlich „klerikalen" Gesichtspunkt, sondern in erster Linie im Bereich der spezialisierten Instrumente für Seelsorge und Apostolat.

Das Wesentliche dieser Hilfe sei hier kurz skizziert. Der Apostolische Stuhl stellt in einer Region oder bei einer gesellschaftlichen Gruppe einen pastoralen Bedarf fest; und um diesem Bedarf zu entsprechen, errichtet er die Prälatur. Die Hilfe, das *subsidium* an die Teilkirchen mit diesem pastoralen Bedarf besteht gerade in der Schaffung einer Personalprälatur, die sich der entsprechenden *opera pastoralia vel missionalia* annimmt. Die Tatsache, daß die „Reaktion" des Apostolischen Stuhls in der Schaffung einer Prälatur besteht, bedeutet nichts anderes, als was bereits bei der Untersuchung von *Presbyterorum Ordinis*, Art. 10 festgestellt wurde, nämlich daß der Hl. Stuhl in der Gesamtheit der Teilkirchen einen *coetus fidelium* umreißt, den er der Jurisdiktionsgewalt des Prälaten hinsichtlich des betreffenden pastoralen Werkes unterstellt: So besteht die „Reaktion" der Kirche in der Errichtung einer Prälatur. Der *coetus fidelium* besteht im Hinblick auf die pastoralen Erfordernisse; die juristische Grenzziehung wird in den Statuten einer jeden Prälatur gemäß dem Motu proprio geregelt.

Bereits die Systematik des Motu proprio macht dies deutlich, es wird aber offenkundig, wenn man einen Gesichtspunkt der vorliegenden Normierung in Erwägung zieht, der in *Presbyterorum Ordinis* formal gesehen nicht betrachtet war: nämlich die mögliche, freiwillige (nicht nur *a iure)* Eingliederung von Laien in die Prälaturen, um in aktiver Weise an ihrer apostolischen Aufgabe teilzunehmen. Der Text lautet:

> „Es besteht kein Hindernis dagegen, daß auch Laien, seien es Ledige, seien es Verheiratete, mit einer Prälatur Verträge schließen und sich mit ihren Fachkenntnissen in den Dienst ihrer Aufgaben und Unternehmungen stellen."

Diese Vorschrift erweitert die Dimension *coetus fidelium* der Personalprälaturen um einen neuen Gesichtspunkt und eröffnet folglich eine neue rechtliche Möglichkeit. Es kann nämlich „seelsorgliche Erfordernisse" und folglich Personalprälaturen geben, die ihrem Wesen nach darauf angelegt sind, ihr apostolisches Werk in enger und aktiver Verbindung zwischen Priestern und Laien zu entfalten. Deswegen wird jetzt die Möglichkeit eingeräumt, daß sich auch die Laien ebenso wie die Priester der Erreichung des apostolischen Zieles der Prälatur widmen können, allerdings in Einklang mit ihrer spezifischen Stellung als Laie. Dieser freie persönliche Willensakt, der sich in der *conventio* niederschlägt, macht diese Laien zu Gläubigen der

Prälatur und mitverantwortlich für die jeweilige apostolische Aufgabe. Dadurch wird aber nicht ihre Stellung als gewöhnliche Gläubige ihrer eigenen Teilkirchen beeinträchtigt[16].

Die Worte „nihil impedit" unterstreichen das Selbstverständliche an dieser Vorschrift. Damit wird zum Ausdruck gebracht, daß diese Anordnung implizit im Konzilstext selbst enthalten ist und jetzt nur in den Ausführungsbestimmungen ausdrücklich erwähnt wird. Paul VI., der hier zum ersten Mal die Personalprälaturen normiert, läßt auf diese Weise eine der großen Wiederentdeckungen der Ekklesiologie des II. Vatikanischen Konzils in dieser Institution zutage treten: daß nämlich das apostolische Wirken der Kirche nicht nur – und nicht einmal in erster Linie – ein Tun des Klerus ist, sondern solidarisches und organisches Handeln von Priestern und Laien, ein Tun der strukturell verfaßten Kirche, in der jeder einzelne den ihm eigenen Dienst verrichtet[17]. Diese zentrale Vorstellung im Denken des Konzils bewirkt, daß das Motu proprio bis zum Kern der Rechtsfigur der Personalprälatur vorstößt, was aber zugleich jede Interpretation ausschließt, die sie als neue Struktur des „Ordo" als (Binom Prälat – Presbyterium auffaßt). Der Grund ist einleuchtend: Hier erscheinen erneut – nun im Moment der Eingliederung in die Prälatur mittels der *conventiones* – die drei Dimensionen des organischen Leibes, der die Kirche ist: Prälat, Klerus und Laien. Die dritte Dimension erfährt erst eine sehr zaghafte Formulierung. Sie ist aber ganz gewiß mehr als eine Anspielung auf die „Hilfskräfte" des Klerus, derentwegen es nicht einer neuen Regelung bedurft hätte[18]. Wie bereits erwähnt, ist dies ein Gesichtspunkt, der den Kern des organischen apostolischen Wirkens der Kirche erfaßt.

Mit Bezug auf die in den Personalprälaturen inkardinierten Priester bestimmt das Dokument, daß sie *titulo servitii Praelaturae* geweiht werden

---

[16] Dies ist die kirchenrechtliche Neuheit, charakteristisch für die Personalprälaturen, wie noch ausführlich dargelegt wird. s. u. S. 123 ff.

[17] Zu dieser Dimension des Vat.II. s. P. RODRIGUEZ, *Iglesia y ecumenismo*, Madrid 1979, Kap. IV (S. 173-220), unter der Überschrift „El ministerio eclesiástico en el seno de la Iglesia, Pueblo de Dios".

[18] Vgl. J.L. GUTIERREZ, *De Praelatura personali...*, S. 92-93.

können. Das bedeutet, daß sich ihre Aufgabe voll und ganz in den der Prälatur eigenen apostolischen Werken verwirklichen kann, ohne sich ausschließlich darauf zu beschränken, die Arbeiten auszuführen, welche ihnen die Ortsordinarien unter ihrer unmittelbaren Aufsicht anvertrauen. Dieses für die Daseinsberechtigung der neuen Rechtsfigur grundlegende Kriterium, nämlich die *subsidia Dioecesibus praestanda*, läßt die Bedeutung und das Wesen dieser hierarchischen Strukturen der Kirche noch klarer hervortreten, da die Unterstützung der Teilkirchen gerade in den spezifischen pastoralen Werken der Prälatur besteht. Die Teilkirchen haben tatsächlich Gewinn von den Werken, die in ihrem Bereich durchgeführt werden, denn sie leisten einen Beitrag zur Verbesserung der christlichen Existenz dieser „Teile des Gottesvolkes" und folglich tragen sie zur Potenzierung des seelsorglichen Wirkens des Diözesanbischofs bei. Abgesehen davon, bedeutet es auch eine Hilfe, wenn eigene Priester an jene Orte entsandt werden, die einer besonderen Unterstützung bedürfen („qui speciali indigent adiutorio"); in diesem Fall wird der Prälat mit den Ordinarien besagter Orte entsprechende Vereinbarungen treffen.

Eine letzte Bemerkung zum Motu proprio *Ecclesiae Sanctae: Presbyterorum Ordinis*, Art. 10 erwähnt verschiedene Rechtsfiguren. Als es darum ging, die rechtliche Normierung für diese zu entwickeln, hielt sich das Motu proprio lediglich bei den Personalprälaturen auf, denn nur diese stellen in der hierarchischen Struktur der Kirche eine wirkliche Neuheit dar. Die internationalen Seminare z.B. werfen keine besonderen theologischen oder kanonistischen Probleme auf. Die besonderen Personaldiözesen andererseits sind eindeutig Teilkirchen, für die es in den Ritenkirchen Präzedenzfälle gibt; sie bergen eine andersartige pastorale Problematik, weswegen der Gesetzgeber es nicht für erforderlich hält, sie an dieser Stelle weiterzuentwickeln. Insgesamt gesehen zeigt das Motu proprio, daß Papst Paul VI. den neuen Fortentwicklungen der hierarchischen Struktur der Kirche, wie sie das Konzil vorsah, eine rechtliche Grundlage geben wollte, indem er z.B. neben den Personalprälaturen andere neue Rechtsfiguren, wie die Bischofskonferenzen, die Priesterräte und die Pastoralräte regelte.

Ehe wir uns den Arbeiten für die Verfassung des neuen Codex zuwenden, sei noch kurz auf die Apostolische Konstitution *Regimini Ecclesiae universae* eingegangen[19]. Mit dieser Konstitution vom 15.8.1967 leitete Papst Paul VI. eine Reform der römischen Kurie ein, indem er Aufgabenbereiche und Zuständigkeiten unter ihren Organen neu verteilte, um die Dekrete des II. Vatikanischen Konzils besser anzuwenden. Für unsere Untersuchung ist Art. 49, § 1 von Bedeutung. Er lautet:

> „Der Kongregation für die Bischöfe steht es zu, in Orten und für Personen, die weder der Kongregation für die Ostkirchen noch der für die Verkündigung des Evangeliums unter den Völkern unterstehen, neue Diözesen, Provinzen und Regionen zu errichten, die vorhandenen zu teilen, zusammenzulegen und zu überprüfen, und zwar entweder auf Vorschlag oder gegebenenfalls nach Anhören der Bischofskonferenzen; Vikariate für Militärseelsorge zu errichten, ebenso nach Anhören der Bischofskonferenzen Prälaturen zu schaffen zur Wahrnehmung besonderer seelsorglicher Aufgaben in den verschiedenen Regionen oder sozialen Gruppen, die besonderer Hilfe bedürfen; außerdem befaßt sie sich mit der Ernennung von Bischöfen, Apostolischen Administratoren, Koadjutoren, Weihbischöfen, Militärvikaren und sonstigen Vikaren oder Prälaten mit personaler Jurisdiktion."

Im wesentlichen überträgt der Text der Kongregation für die Bischöfe – abgesehen von den dort genannten Ausnahmen – die allgemeine Zuständigkeit für alle hierarchischen Institutionen, mittels derer die Kirche ihre eigene seelsorgerische Tätigkeit organisiert. Es ist für uns von Bedeutung, daß die Konstitution unter diesen Einrichtungen auch die Personalprälaturen aufzählt, die das Konzil bereits angekündigt und das Motu proprio *Ecclesiae Sanctae* geregelt hatte[20]. Paul VI., der das Konzilsdekret promulgierte, hält durch die Folgedokumente eine Kontinuität mit dem *sensus*

---

19) Text in AAS 59 (1967) 885-928. Der Text über die Personalprälaturen auf S. 901. Siehe lat. Text in Anh. VI.

20) Um jedem Zweifel darüber vorzubeugen, um welche Einrichtungen es hier geht, bezieht sich die Konstitution in Art. 49 (Anm.15) auf *Presbyterorum Ordinis*, Art. 10, und auf *Ecclesiae Sanctae*, I, Art. 4.

verborum der Vorschrift des Konzils aufrecht, d.h. er bestätigt in eindeutigster Weise, daß die Personalprälaturen zur hierarchischen Struktur der Kirche gehören.

Vom Zweck oder Daseinsgrund der Personalprälaturen her gesehen, ist die Feststellung nicht unerheblich, daß die Vorschrift mögliche Prälaturen nur für die Verteilung von Priestern nicht in Betracht zieht. Die in *Presbyterorum Ordinis* und *Ecclesiae Sanctae* erwähnten Personalprälaturen sind laut Apostolischer Konstitution „Praelaturae ad peculiaria opera pastoralia perficienda". Auch unter diesem Gesichtspunkt liegt also die hermeneutische Kontinuität unter den verschiedenen Dokumenten, die Gegenstand dieser Untersuchung sind, auf der Hand. In diesem Zusammenhang ist ein Hinweis auf die Normen der Kongregation für den Klerus vom 25.3.1980 angebracht, um den Willen des nachkonziliaren Gesetzgebers zu verstehen. In diesen Normen werden Kriterien und praktische Anordnungen für die Verteilung von Priestern in der Kirche erteilt, ohne an irgendeiner Stelle auf die Personalprälaturen zu verweisen[21].

3. Zusammenfassung

Das Studium des Konzilsdekretes und der Entwicklung der vorkodikarischen Vorschriften läßt folgende Schlußfolgerungen zu:

1. Die Konzilstexte, in denen auf die Personalprälaturen Bezug genommen wird, sind Hauptquelle, bindendes Kriterium und hermeneutisches Prinzip für jede spätere Gesetzgebung auf diesem Gebiet. Denn damit beabsichtigt man, die *mens et voluntas concilii* in die kanonistische Sprache zu übertragen, ohne sie zu verfälschen. Dieser Gesichtspunkt wurde von der Außerordentlichen Römischen Bischofssynode des Jahres 1985 erneut bestärkt.

2. Demjenigen, der *Presbyterorum Ordinis*, Art. 10 analysiert, drängt sich der Eindruck auf, daß die dort genannten Prälaturen eine Fortentwicklung bzw. flexiblere Ausgestaltung darstellen, welche die Kirche selbst

---

[21] Siehe Text in AAS 72 (1980) 343-364.

ratione apostolatus an ihrer eigenen hierarchischen und pastoralen Organisation vornimmt. Die Personalprälaturen, so wie die Konzilsväter sie in der Sitzungsaula und im promulgierten Text verstanden, sind *coetus fidelium*, die aus einem bestimmten apostolischen Grund der pastoralen Jurisdiktion eines Prälaten, unterstützt von seinem Presbyterium, anvertraut sind, d.h. sie sind neue Formen der hierarchischen Organisation der Kirche. Dies ist der *sensus verborum* des Konzilstextes.

3. Die Konzilsväter haben sich nicht dazu geäußert, ob – und gegebenenfalls in welchem Umfang – diese neuen Institutionen dem Begriff der Teilkirche zuzuordnen sind. Ihre *intentio de iure condendo* – und dies konnte nicht anders sein – ging allerdings in ihrer Ausarbeitung von Rechtsfiguren als Präzedenzfällen aus, die wohl Teilkirchen sind, nämlich den Gebietsprälaturen, um deren flexiblere Ausgestaltung für die Seelsorge es ja ging. Dies Vorgehen bedeutet aber keinesfalls ein Präjudiz für die hier anstehende Frage.

4. In keinem Augenblick haben die Konzilsväter diese Prälaturen als Phänomene verbandsrechtlicher Art verstanden, wie es die Vereinigungen von Priestern, denen *Presbyterorum Ordinis*, Art. 8, Abs. 2 gewidmet ist, oder die Institute des geweihten Lebens sind. Diese Vereinigungen sind einem andersartigen theologischen und juristischen Bereich zuzuordnen.

5. In Übereinstimmung mit der Absicht und dem Willen des Konzils hat Paul VI. im Motu proprio *Ecclesiae Sanctae* den wesentlichen Rahmen der bereits als Einrichtungen der hierarchischen Verfassung der Kirche konzipierten Personalprälaturen abgesteckt, in dem er die wesentlichsten Vorschriften zum Gehalt dieser Rechtsfiguren erließ, die später substantiell im künftigen Codex des kanonischen Rechtes geregelt werden sollten.

6. Die Rezeption des *sensus verborum* des Konzilstextes durch Papst Paul VI. wird erneut deutlich, als er in der Apostolischen Konstitution *Regimini Ecclesiae universae* festlegte, daß die Kongregation für die Bischöfe, in deren Zuständigkeit alles fällt, was mit der Errichtung von Institutionen zu tun hat, die zur hierarchischen Organisation der Kirche gehören, auch zuständig sein soll für die Errichtung von Prälaturen *ad peculiaria opera pastoralia perficienda*.

7. Die Rezeption der Absicht des Konzils bzgl. der Personalprälaturen wird in dem Motu proprio auch an der Stelle sichtbar, wo es diesen neuen

Institutionen als Daseinsberechtigung die Verwirklichung von besonderen seelsorgerischen und missionarischen Tätigkeiten zuschreibt. Die von den Konzilsvätern vorgesehene Verteilung der Priester wird durch andere Institute bewerkstelligt. Sie ist, *ut talis*, keine alternative Zielsetzung für die Personalprälaturen, kann allerdings eine Nebenwirkung sein, die sich aus ihrer spezifischen Zielsetzung ergibt.

8. Indem das Motu proprio die Absicht des Konzils förmlich aufsog und die konziliare Theologie über das Apostolat der Laien und die Sendung der Kirche rezipierte, gelang es ihm auch, eine Leitlinie für die Personalprälaturen weiterzuentwickeln, in der diese formal als Gefüge von hierarchisch verfaßten Gläubigen und Priestern erkennbar werden, und nicht als dem „Ordo" zuzuordnenden Organisationensstrukturen. Damit entsprechen sie der organischen Konzeption der Sendung der Kirche.

Dieses gesamte Gedankengut an ekklesiologischer Lehre und kanonischen Rechtsvorschriften hat, wie noch zu zeigen sein wird, dann eine entscheidende Rolle gespielt, als es darum ging, die Entwürfe für den neuen Codex des kanonischen Rechtes vorzubereiten und die Personalprälaturen sachgerecht zu behandeln.

II. Kapitel

Der neue Codex und die Geschichte seiner Redaktion

1. Die Arbeiten zur Vorbereitung des Codex und das „Schema de Populo Dei" (1977)

Mit der Ausarbeitung der Canones des neuen Codex, die sich mit unserem Thema befassen, wurde von der Päpstlichen Kommission für die Revision des CIC die fünfte Konsultorenkommission („coetus studiorum") betraut, die unter dem Arbeitstitel „De Sacra Hierarchia" arbeitete und fast das gesamte Buch II Teil I des Codex von 1917 mit der Überschrift „De clericis" zu prüfen hatte. Diese Kommission bestand aus 12 Bischöfen und Fachleuten verschiedener kirchlicher Wissenschaften. Sie trat zwischen 1966 und 1979[1] zu 15 Sitzungen zusammen; das Ergebnis ihrer Arbeiten war ein Entwurf von Canones, die den Bereich des Schemas „De Populo Dei" umfaßten, der im endgültigen Text, wie er promulgiert wurde, dem Buch II entspricht.

---

[1] Zur Zusammensetzung und der Arbeit des *coetus* s. *Communicationes* 1 (1969) 30; 6 (1974) 204-206. Bzgl. der Arbeit des *coetus* in Zusammenhang mit unserem Thema s. *Communicationes* 3 (1971) 187-191, 4 (1972) 39-43, 12 (1980) 275-282, 14 (1982) 201-204, 16 (1984) 158-160, 17 (1985) 91-92. Zur allgemeinen Geschichte der Redaktion s. F. D'OSTILIO, *E'pronto il nuovo Codice di Diritto Canonico: iter revisionale e prossima promulgazione*, Città del Vaticano 1982; H. SCHMITZ, *Reform des kirchlichen Gesetzbuches: Codex Iuris Canonici 1963-1978*, Trier 1979; J. HERRANZ, *L'apport de l'Episcopat à la nouvelle codification canonique*, in „L'Année Canonique" 22 (1979) 275-288; ders., *Génesis del nuevo cuerpo legislativo de la Iglesia*, in „Ius Canonicum" 23 (1983) 491-526.

a) Die Tätigkeit des „coetus de Sacra Hierarchia"

Offensichtlich hat die Konsultorenkommission von ihren ersten Sitzungen an sich praktisch einstimmig auf den Grundsatz des Konzils geeinigt, wonach die Strukturen der Jurisdiktion und der Seelsorge in der Kirche flexibler gestaltet werden sollten. Dem stand fördernd ein ebenfalls auf das Konzil zurückgehender Grundsatz zur Seite, der Frucht der vertieften Aussagen des II. Vatikanums über das Wesen der Kirche war. Es handelt sich um die bereits früher erwähnte strenge Auffassung der Konzilsväter über das Wesen der Teilkirchen; dabei ging es insbesondere um die Diözese, die nicht mehr – wie in der bisherigen kanonischen Gesetzgebung – als *Gebiet* angesehen wird, sondern als eine personale Realität, eine Gemeinschaft von Personen: eine *„portio Populi Dei*, quae Episcopo, cum cooperatione Presbyterii pascenda concreditur...", auf sakramentale Weise zusammengeführt und erhalten, da sie wie *Christus Dominus*, Art. 11 sagt, in der vom Bischof oder in Gemeinschaft mit ihm gefeierten Eucharistie ihre Wurzel und ihren Quell hat. Selbstverständlich ist sie normalerweise auf ein Gebiet beschränkt, aber dieses Gebiet ist kein *wesentliches* Element, sondern hat nur determinative Funktion[2].

In diesem Zusammenhang („de Sacra Hierarchia") vollzieht sich später alles kodikarische Nachdenken über die Personalprälaturen und die sie betreffende Normierung in Verbindung mit den bereits im II. Vatikanischen Konzil der nachkonziliaren Gesetzgebung getroffenen Entscheidungen. Diese Normierung wird dann ganz konkret aus Anlaß der Überarbeitung und Anpassung der Canones 215 bis 217 des alten Codex und der Schaffung eines eigenen Titels über die Teilkirchen erarbeitet. Die redaktionellen Arbeiten zu unserem Thema fanden in dieser Phase in den Sitzungen II, III und IV des *coetus* in den Jahren 1967 und 1968 statt[3].

Man muß, um die Arbeit des *coetus* zu verstehen, sich vor Augen halten,

---

[2] Siehe o. S. 43, Anm. 10. Die Vertiefung des Konzils zu diesem Thema ergibt sich aus dem Beachten der *Principia quae Codicis Iuris Canonici recognitionem dirigant*, welche die Bischofssynode von 1967 unter dem Titel *De ordinatione territoriali in Ecclesia* angenommen hat. Text in *Communicationes* 1 (1969) 84.

[3] Siehe *Communicationes* 6 (1974) 204 f.

welches Gedankengut aus dem Codex von 1917 ihm als Ausgangspunkt zu Gebote stand. Die Sektion „de clericis in specie" des ersten Teils des Buches II – dieser Teil ist es, der im alten Codex die hierarchische Konstitution der Kirche regelte – hat den folgenden Aufbau:

a) Die ersten Canones[4] legten die allgemeinen Prinzipien der territorialen Einteilung der Kirche fest;

b) im folgenden befaßte sich ein ausgedehnter Titel[5] mit der höchsten Gewalt in der Kirche „deque iis qui eiusdem sunt ecclesiastico iure participes"; an dieser Stelle, nach den Canones über den Papst und das allgemeine Konzil, wurde die Leitung der Organe der römischen Kurie und der in Canon 215 eingerichteten territorialen Einteilungen, mit Ausnahme der Diözesen, geregelt; abgesehen von den Kirchenprovinzen sind dort erfaßt: die Apostolischen Vikariate, die Apostolischen Administraturen, die Prälaturen *nullius* und die Abteien *nullius*;

c) schließlich folgten als Titel VIII die ganze komplexe Organisation der Diözesen, vom Bischof bis zu den Kirchenrektoren.

Um die Mentalität des Codex von 1917 und im Gegensatz dazu die Neuartigkeit des Vorgehens des heutigen Codex zu verstehen, muß man sich vergegenwärtigen, daß die Gesetzesmaterie damals die *kirchlichen Ämter* – „de clericis in specie" – zum Ausgangspunkt hatte, und nicht etwa die christlichen Gemeinschaften, zu deren Dienst diese Ämter da sind. Streng genommen, handelt es sich um eine „klerikale" Sicht der Dinge. Der Codex spricht nicht einmal eigentlich von den Vikariaten, den Prälaturen oder von den Diözesen, sondern lediglich von den Vikaren[6], von den Prälaten[7] oder von der „potestas episcopalis"[8]. Und wenn es dem Codex um die diesen Amtsträgern zugeordneten Körperschaften geht, ist nicht von Gemeinschaften die Rede, sondern von den *Territorien*[9].

---

[4] Cann. 215-217.

[5] Es handelt sich um Titel VII des zweiten Buches.

[6] Tit. VII in Kap. VIII.: „De Vicariis et Praefectis Apostolicis".

[7] Kap. X desselben Titels VII: „De Praelatis inferioribus".

[8] Tit. VIII: „De potestate episcopali deque iis qui de eadem participant".

[9] Die Canones 216 und 217 sind ein Beleg für die territorialistische Konzeption der Kirche, die ihre damalige Regelung beherrscht: „Territorium cuiuslibet dioecesis dividatur in distinc-

Die Konsultorenkommission „de Hierarchia" rollt diese Thematik auf, indem sie von der Ekklesiologie des II. Vatikanischen Konzils ausgeht, die mit einzigartiger Tiefe zwei Dinge erfaßt hat: a) die wesentliche Eigenschaft des Gottesvolkes als solchem; im Hinblick auf dieses hat die Hierarchie der Kirche ihren Dienstcharakter: sie ist ein Dienst (freilich ein mit heiliger Vollmacht ausgestatteter); b) die Gesamtkirche ist nicht der Planet Erde und die Teilkirchen sind nicht Territorien, vielmehr ist die Kirche Volk Gottes, die Teilkirchen sind *portiones Populi Dei*, die auf der Erde und in der Geschichte unterwegs sind.

Das Buch II ist folglich nicht mehr Buch „de personis", sondern „de Populo Dei", ein Volk Gottes, das aus *christifideles*[10] gebildet wird und dessen hierarchische Verfassung[11] die Kirche organisch als Gesamtkirche und als Teilkirchen kraft der Dienstgewalt der jeweiligen Ämter strukturiert. Die christliche Gemeinschaft oder die christlichen Gemeinschaften und insbesondere die Teilkirchen, deren Theologie in den Dokumenten des II. Vatikanischen Konzils eine so hervorragende Betonung erfuhr, empfangen aus dieser Sicht eine zentrale methodologische Bedeutung, selbst wenn vom Inhalt her gesehen der Großteil der Canones sich damit befaßt, die Rechte und Pflichten zu regeln, die zu den Ämtern gehören.

Wenn also die Arbeitsgruppe die grundsätzliche Einteilung der Sektion II des ersten Teils von Buch II im wesentlichen nach wie vor für zweckmäßig hält und sie folglich beibehält, nämlich einerseits die höchste Gewalt und andererseits die bischöfliche Gewalt, so geht sie doch an diese Einteilung von der neuen Ekklesiologie des Gottesvolkes heran[12].

---

tas partes territoriales..." (can. 217 § 1). Später heißt es: „Praelati qui praesunt territorio proprio..." (can. 319), etc.

10) Dies ist Gegenstand des Teils I des zweiten Buches: *christifideles* sind sowohl die Laien als auch die Kleriker.

11) Siehe Teil II: „De Ecclesiae constitutione hierarchica".

12) Diese Ekklesiologie betrachtet *in recto* die christliche Gemeinschaft sowohl weltweit als auch auf der Ebene der Teilkirche, und erst *in obliquo* die apostolische Autorität, welche sie strukturiert. Siehe J. RATZINGER, *Das neue Volk Gottes*, Düsseldorf 1969, S. 121-146 und P. RODRIGUEZ, *Iglesia y ecumenismo*, o.zit., S. 173-220. Die gesetzgeberische Verteilung der Materie zwischen den Projekten des Codex und der *Lex Ecclesiae Fundamentalis* hat es

Unmittelbare Folge davon ist, daß die Canones über die Jurisdiktionsbezirke, also der gesamte Titel VIII und ein guter Teil des Titels VII auf der Grundlage der Theologie der Teilkirchen überarbeitet werden mußten. Dies setzte voraus, daß man sich der Mühe unterzog, den Begriff der Teilkirche theologisch-kanonistisch operationell umzusetzen und anschließend die christlichen Gemeinschaften auszumachen, welche unter diesen Begriff auf die eine oder andere Weise subsumiert werden können.

Wie bereits erwähnt, begriff der frühere Codex diese Gemeinschaften als Territorien: als Jurisdiktionsbezirke. Der alte can. 215, von dem die Revisionsarbeit auszugehen hatte, lautete wie folgt:

> „§ 1. Unius supremae ecclesiasticae potestatis est provincias ecclesiasticas, dioeceses, abbatias vel praelaturas *nullius*, vicariatus apostolicos, praefecturas apostolicas erigere, aliter circumscribere, dividere, unire, supprimere.
>
> § 2. In iure nomine dioecesis venit quoque abbatia vel praelatura *nullius*; et nomine Episcopi, Abbas vel Praelatus *nullius*, nisi ex natura rei vel sermonis contextu aliud constet".

Zu diesem Text seien zwei Anmerkungen erlaubt: Dank der besonderen Theologie der kirchlichen Gewalt, die den Codex von 1917 prägte, war die wesentliche Regelung dieser Rechtsfiguren nicht einheitlich, sondern erfolgte an verschiedenen Stellen im Laufe der letzten Titel VII und VIII der Sektion. Obwohl der Canon in § 2 nur die Abteien und Prälaturen *nullius* als solche erwähnt, die den Diözesen gleichgestellt werden, erfahren tatsächlich alle in § 1 genannten Figuren diese Gleichbehandlung, wie ausdrücklich im Rahmen der Einzelregelung für jede dieser Rechtsfiguren dargelegt wird[13].

---

der Theologie von Anfang an erschwert, sich einer schlüssigen Reflexion über die Systematik des „De Populo Dei" im Codex anzunehmen. Dies gilt selbst, nachdem die vorhergehenden Canones des Entwurfes der *Lex* im Wortlaut des Codex aufgenommen wurden.

[13] Vgl. cann. 294 und 315 des alten Codex.

Nach Studium und Überarbeitung dieses Canon auf der Grundlage der Konzilstheologie und des gesetzgebenden Willens des Konzils, trifft die Konsultorenkommission, wie auch nach ihr die Kommission zur Revision des Codex, zwei Entscheidungen: erstens die, alle Figuren des Canon 215 unter der Überschrift „de Ecclesiis particularibus" zusammenzufassen und sie im wesentlichen als *portiones Populi Dei* zu untersuchen und in ihrem Rahmen die „auctoritas in eisdem constituta" zu regeln; zweitens die Entscheidung, ihnen im Wege der Gleichbehandlung die neue vom Konzil vorgesehene und von Paul VI. geregelte Rechtsfigur der Personalprälaturen hinzuzufügen.

Diese doppelte Option, die der *coetus* getroffen und die Codex-Kommission im Plenum bestätigt hat, geht von der Theologie des Konzils über die Teilkirchen und von dem personal (oder korporativ) jedenfalls nicht territorial gefaßten Begriff der Kirche aus. Dies hält das Sekretariat der Codex-Kommission bei einer Würdigung der Arbeiten der Sitzungen II, III und IV des *coetus de Sacra Hierarchia* mit folgenden Worten fest: „Uti declaratur in Constitutione dogmatica *Lumen Gentium*, n. 23 unica Ecclesia catholica seu Ecclesia universa in Ecclesiis particularibus et ex eis exsistit. Ecclesiae particulares ad imaginem Ecclesiae universae sunt formatae atque in eis Episcopi singuli visibile principium et fundamentum sunt unitatis"[14].

Vor diesem Hintergrund sieht der *coetus* in der Diözese die Teilkirche *sensu proprio et pleno* verwirklicht. Im Anschluß daran zählt er die Körperschaften als gleichgestellt auf, die der Codex von 1917 in seinen Kapiteln VIII bis X des Titels VII (jetzt vom Prinzip der Gemeinschaft her, nicht mehr von dem Gebiet her) behandelte: die Apostolischen Vikariate und Präfekturen, die Apostolischen Administraturen und die Prälaturen und Abteien *cum proprio populo christiano*.

Diese selbe Theologie bewegt auch den *coetus* dazu, die vom Konzil vorgesehenen Personalprälaturen in den Codex mit aufzunehmen. Der *coetus* geht von der *voluntas Concilii* aus – wir haben diesen Willen bereits ausführlich behandelt. Danach sind diese Prälaturen Strukturen, die zur

---

14) *Communicationes* 4 (1972) 40.

hierarchischen Organisation der Kirche gehören. Der *coetus* erarbeitet sie mit großer Nüchternheit, wie es einem Gesetzgeber zukommt, und regelt sie im Zuge der Analogie zu den Teilkirchen. Dabei bedient er sich eines zweifachen Weges: er gestaltet den überkommenen Begriff der Gebietsprälatur flexibler und stellt ein System der Gleichstellung und der Gleichbehandlung *in iure* auf.

b) Die Personalprälaturen in dem „Schema de Populo Dei"

1977 wurde der erste offizielle Entwurf des Buches „De Populo Dei" veröffentlicht[15]. In diesen Entwurf fließen die erwähnten Arbeiten des *coetus de Sacra Hierarchia* ein. Die für unsere Frage entscheidenden Canones sind die cann. 217 bis 224. Sie bilden den Artikel I („De Ecclesiis particularibus et de auctoritate in iisdem constituta").

Can. 217 nennt die Wesensmerkmale der Teilkirchen. Er hat folgenden Wortlaut:

> „§ 1) Die Teilkirchen sind Teile des Gottesvolkes *in quibus et ex quibus una et unica Ecclesia Christi exsistit*, nämlich die Diözese – der, falls nichts anderes feststeht, die Prälatur und die Abtei *cum proprio populo christiano* gleichgestellt sind –, das Apostolische Vikariat und die Apostolische Präfektur sowie die für dauernd errichtete Apostolische Administratur.
>
> § 2) Mit den Teilkirchen wird *in iure* die Personalprälatur gleichbehandelt, falls nichts anderes *ex rei naturae aut iuris praescripto* feststeht. Aufgabe der Personalprälatur ist es, Priester zu inkardinieren, die zum heiligen Dienst in eine andere Teilkirche entsandt werden sollen, in der Priestermangel herrscht, oder die *ad peculiaria opera pastoralia vel missionalia perficienda* zugunsten ver-

---

[15] Pontificia Commissio Codici Iuris Canonici Recognoscendo, *Schema canonum libri II: De Populo Dei*, Typis polyglottis Vaticanis, 1977. Siehe den lat. Text der hier interessierenden Canones in Anh. VII.

schiedener Regionen oder verschiedener gesellschaftlicher Gruppierungen, die besonderer Hilfe bedürfen, bestimmt werden."

Nachdem can. 218 die Legaldefinition der Diözese, wörtlich vom Dekret *Christus Dominus* Art. 11 übernommen, gibt, regelt can. 219 die sogenannten *Praelaturae cum proprio populo christiano*:

„§ 1) Der Diözese sind gleichgestellt die Prälatur und die Abtei *cum proprio populo*, das territorial umschrieben ist, ihre Leitung wird aufgrund besonderer Umstände einem Prälaten oder Abt anvertraut, damit er sie *ad instar Episcopi dioecesani* als eigener Hirt leite.

§ 2) Möglich ist auch eine Prälatur *cum proprio populo*, wenn die dem Prälaten anvertraute *portio Populi Dei* personaler Art ist, d.h. nur jene Gläubige umfaßt, die kraft eines besonderen Bindungsgrundes gebunden sind; dieser Art sind die Militärprälaturen, die auch Militärvikariate genannt werden."

Schließlich sei im Rahmen dieser Untersuchung noch auf can. 221 hingewiesen, der wie folgt korporatives Prinzip und Territorialprinzip miteinander verbindet:

„§ 1) Als allgemeine Regel gilt, daß die *portio Populi Dei*, die eine Diözese oder eine andere Teilkirche konstituiert, derart einem bestimmten Gebiet zugeordnet wird, daß dieses alle die Gläubigen umfaßt, die in dem Gebiet wohnen.

§ 2) Wenn es jedoch nach dem Urteil der höchsten Autorität der Kirche und nach Anhören der betreffenden Bischofskonferenzen nützlich erscheint, können in ein und demselben Gebiet verschiedene Teilkirchen unterschiedlicher Riten errichtet werden; ebenso können dort, wo die *animarum cura* es erfordert, Diözesen oder Prälaturen errichtet werden, die nur bestimmte Gläubige umfassen, wobei der Unterscheidungsgrund ein anderer als der

Ritus ist und die Gläubigen in einem festgelegten Gebiet wohnen; ja sogar Personalprälaturen, die nicht durch das Gebiet definiert werden, können in diesen Fällen errichtet werden."

Aus der Lektüre dieser Entwürfe von Canones wird zweierlei offenkundig: Zum einen, wie intensiv sich der *coetus* mit den Personalprälaturen beschäftigt hat, und zum anderen, wie kompliziert die am Ende vorgeschlagene Lösung ist. Eine Textanalyse führt meines Erachtens zu dem Schluß, daß die Verfasser mit der tiefen gedanklichen Durchdringung der Anwesenheit von Laien in den Personalprälaturen wesentlich die Art und Weise bestimmt haben, in welcher der Entwurf von 1977 das Thema anfaßt. Nur dank dieser Vorarbeit konnte es ihnen gelingen, einen der Aspekte in die Form von Canones zu gießen, hinsichtlich derer das Motu proprio *Ecclesiae Sanctae* eine Weiterentwicklung des Dekretes *Presbyterorum Ordinis* darstellt: nämlich das „organische" – nicht lediglich das „klerikale" – Verständnis von Apostolat und Sendung der Kirche im konkreten Fall der Personalprälaturen.

Ein anderes Merkmal, ebenso treffend und eng mit dem ersten verknüpft, kennzeichnet diesen Entwurf: nämlich die Auffassung, die Figur der Personalprälaturen sei elastisch genug, um unter ihrer allgemeinen Rechtsform andere ekklesiale Wirklichkeiten, auch personal gefaßte und hierarchisch verfaßte, wie z.B. die traditionellen Militärvikariate aufzunehmen.

Gleichzeitig scheint der Entwurf sich strikt an den Wortlaut des Konzils gehalten zu haben, als es darum ging, die Daseinsberechtigung für die neuen Prälaturen zu bestimmen. So nennt er neben der Zielsetzung einer spezifischen pastoralen Aufgabe als Alternative die rein geographische Verteilung von Priestern.

Wie bereits erwähnt, führte der Versuch, alle diese Faktoren in Einklang zu bringen, zu einer komplizierten Regelung, die darauf hinausläuft, zwei Typen von Prälaturen zu unterscheiden, je nach dem, ob die Laien der Prälatur *direkt* berücksichtigt werden oder nicht. Beide Typen werden dann mit einer je selbständigen Regelung versehen.

Der erste Typ findet seine Regelung ausgehend von der Betrachtung der alten Prälaturen *nullius* aus dem Blickwinkel des Prinzips der korporativen oder personalen Verfaßtheit; so entstehen die Prälaturen *cum proprio populo christiano* des can. 217. Die auf diese Art eingerichtete Rechtsfigur, die gemäß dem zitierten Canon mit der Diözese gleichgestellt wird[16], wird in can. 219 in zwei Unterarten weiter unterschieden, die wohl ein Widerhall jener „Praelaturas *cum* vel *sine* territorio" sind, die Ausgangspunkt für die Überlegungen des Konzils waren. Die erste ist die Gebietsprälatur, d.h. die alte Prälatur *nullius*, von der sich die zweite scharf abhebt. Diese soll, wie es im Canon heißt, *indolem personalem* haben, d.h., ihre *portio Populi Dei* umfaßt „solos fideles speciali quadam ratione devinctos". Hier handelt es sich offensichtlich um die Gläubigen, von denen im Motu proprio die Rede ist, aber hier werden außerdem andere Voraussetzungen kumulativer Jurisdiktion mit einbegriffen, wie z.B. die ausdrücklich erwähnten Militärvikariate.

Wenn can. 221 § 2 bestimmt, daß Personalprälaturen errichtet werden können, in die sich Gläubige ohne irgendwelche territoriale Begrenzung eingliedern können, so bezieht er sich auf diesen ersten Typ von Prälaturen.

Der zweite Typ von Prälaturen wird in § 2 desselben Canon 217 beschrieben. Hier spielt die strikte Anlehnung an den Wortlaut des Konzils eine Rolle, von dem oben kurz die Rede war. Der Text dringt nicht zum „organischen" Charakter der im Konzil erwähnten Prälaturen vor, zum anderen bleibt er hinter dem Fortschritt des Motu proprio *Ecclesiae Sanctae* zurück. Der Entwurf des Canons scheint sich auf Personalprälaturen zu beziehen, die „nur aus Priestern" bestehen, und weist ihnen zwei alternative Zielsetzungen zu: entweder die Verteilung von Priestern oder besondere pastorale Aufgaben. Andererseits heißt es von diesen Prälaturen nicht, daß sie den Diözesen *gleichgestellt* sind, sondern daß sie *gleichbehandelt* werden wie die Teilkirchen.

Für den Theologen und den Kanonisten wirft die solcher Art aufgebaute Normierung verschiedenartige Fragen auf. Der zweifache Typ von

---

[16] Es sei darauf hingewiesen, daß der Canon 217 von diesen Prälaturen – im Gegensatz zu den anderen dort erwähnten und später geregelten Rechtsfiguren – nicht sagt, daß sie Teilkirchen *sind*, sondern daß sie der Diözese *gleichgestellt* werden.

Personalprälaturen, der im Entwurf von 1977 unterschieden wird, veranlaßte einige Autoren zu der Annahme, man wolle über die im Motu proprio *Ecclesiae Sanctae* getroffene Regelung hinausgehen. Sie neigten zu der Auffassung, nur die in can. 217 § 2 beschriebenen Prälaturen stünden in Übereinstimmung mit dem genannten Motu proprio; dabei beachteten sie nicht in genügendem Maße die Vorschrift dieses Dokuments, welche die Eingliederung von Laien vorsieht, und sie bedachten nicht, daß es gerade diese Vorschrift war, die, wie oben ausgeführt, dazu beitrug, den anderen Typ von Personalprälaturen (*cum proprio populo*) zu entwerfen, der gleichzeitig eine juristische und ekklesiologische Einbettung der Militärvikariate erlaubte[17].

Die Kritik am Entwurf von 1977 müßte meines Erachtens von grundsätzlicherer Art sein und sich nicht darauf richten, daß über das Motu proprio *Ecclesiae Sanctae* hinaus gegangen ist, sondern daß man vielmehr hinter diesem Dokument zurückgeblieben ist, und vor allem darauf, daß der Entwurf durch die Schaffung von zwei Typen von Personalprälaturen in eine mangelhafte gesetzestechnische Lösung verfällt, während doch die vom Konzil vorgezeichnete Rechtsfigur, zwar elastisch – und dies sahen die Verfasser des Entwurfes klar –, aber doch eine einzige war.

Dies sei näher erläutert. Das Konzil hat ein Rechtsinstitut neu eingeführt, das es Personalprälatur nennt. Dies war nur möglich durch eine Auflockerung des klassischen Territorialprinzips und dessen Ergänzung durch

---

[17] W. AYMANS, *Der strukurelle Aufbau...*, S.43-44, ist der Auffassung, daß ein Widerspruch zwischen dem Begriff der Personalprälatur in diesem Canon 217 und dem besteht, der in can. 221 § 2 enthalten ist. Die Entstehungsgeschichte des Textes läßt eindeutig erkennen, daß der *coetus* seit seinen ersten Sitzungen zwei Arten von Personalprälaturen unterschieden hatte: jene die ein *proprius populus* haben (so wurde die Rechtsfigur genannt, die sich aus der Eingliederung von Gläubigen ergab, die in *Ecclesiae Sanctae*, I, 4 (s. o. S. 49 f.) vorgesehen wurde), und jene, die nur aus Klerikern bestanden. Die ersten werden in can. 217 § 1 aufgezählt, die zweiten in § 2. Die Prälaturen *cum proprio populo* werden in can. 219 noch einmal in zwei Arten unterschieden: territoriale oder *nullius* und personale. Diese letzteren – und nicht jene des can. 217 § 2 – sind es, auf die sich can. 221 bezieht. Es liegt also kein Widerspruch vor; freilich ist zuzugeben, daß die Terminologie „praelatura personalis" formal nur in can. 217 für die Prälaturen der zweiten Art Verwendung findet. Die Kompliziertheit der Redaktion dieser Canones, auf die hier Bezug genommen wird, erleichtert allerdings ihre Interpretation keinesfalls.

das Personalprinzip. Dies war eine der methodischen Voraussetzungen der Codex-Kommission. Die Verfasser meinten, um den vielfältigen Möglichkeiten dieses neuen Instituts gerecht zu werden, sei es nötig, zwei verschiedene Figuren zu schaffen, wobei eine der beiden die Prälaturen *cum proprio populo christiano* beherbergen könne, während die andere mit Begriffen beschrieben werden solle, die in ihrem Wortlaut angeblich den vorhergehenden Dokumenten näher kämen, sich aber in ihrem Inhalt von ihnen entfernen würden.

Das Problem hätte sich meines Erachtens lösen lassen, wenn man in den Canones auf unmißverständliche Weise festgelegt hätte, daß die Daseinsberechtigung aller Personalprälaturen immer die Verwirklichung von *peculiaria opera pastoralia* ist, was immer einen besonderen *coetus fidelium* erfordert. Die vielfältigen Möglichkeiten dieser einen und einzigen Figur wären dann in der Folge in dem Maße zu Tage getreten, in dem die jeweilige Besonderheit detailliert und vertieft dargestellt worden wäre. Um ein besonderes apostolisches Werk einer Personalprälatur handelt es sich z.B. bei der ersten, die als solche errichtet worden ist, nämlich beim Opus Dei, dessen Klerus eine besondere pastorale Betreuung den zahlreichen Laien angedeihen läßt, die zu der Prälatur gehören; und gleichzeitig verwirklichen Priester und Laien, untrennbar verbunden, ein organisches und spezialisiertes Tun mit dem Ziel, das Bewußtsein der allgemeinen Berufung zur Heiligkeit mitten in der Welt zu fördern. Es handelt sich aber auch um ein besonderes apostolisches Werk, wenn sich eine mögliche Personalprälatur die Betreuung von Auswanderern vornimmmt. Das gleiche trifft zu auf Missions-Prälaturen, die im Dekret *Ad Gentes* vorgesehen sind, oder auf ein als Prälatur errichtetes Militärvikariat. Das Besondere liegt jeweils in den pastoralen Methoden, die sich aus den Umständen der Personen ergeben, auch wenn diesen Prälaturen die ordentliche Seelsorge ihrer Gläubigen anvertraut ist.

Die Unterscheidung zwischen Prälaturen mit Laien und solchen, die nur Priester umfassen, ist eine rein äußerliche gegenüber der tiefer liegenden Frage nach der Daseinsberechtigung dieser neuen Institutionen gemäß der *mens Concilii*. Eine Prälatur wird immer einen *coetus fidelium* haben, worauf ich noch zu sprechen komme.

Diese radikale Einheit der Rechtsfigur, die von der Untersuchung des

Konzilstextes und der Folge-Dokumente belegt wird, wird im Entwurf von 1977 entstellt. Die während der Beratungen des *coetus de Populo Dei* im März 1980 zu Tage tretenden Irrtümer tauchten zwar anläßlich der Debatte über das *Wesen* der neuen Institutionen auf, haben aber meines Erachtens ihren Ursprung in der fehlerhaften technischen Darstellung der *Daseinsberechtigung* der vom Konzil vorgesehenen Personalprälaturen.

Die größte Schwierigkeit im Zusammenhang mit dem Wesen der Personalprälaturen rührt ohne Zweifel von den Begriffen Gleichstellung (assimilatio) und Gleichbehandlung (aequiparatio) mit den Teilkirchen her. Bei diesen Begriffen ist in den herangezogenen Quellen eine gewisse Fluktuation zu beobachten, ohne daß ihr theologischer und juristischer Inhalt an irgendeiner Stelle exakt herausgearbeitet würde. Obwohl z.B. die *Communicationes* bei der Einführung der hier besprochenen Canones beide Termini benutzten, fassen sie doch immer wieder die beiden Typen dieser Rechtsfiguren unter der Überschrift zusammen „Communitates Ecclesiis particularibus *aequiparatae*". Dasselbe geschieht in der Einleitung zum Kapitel „de Ecclesiis particularibus" des Entwurfs von 1977[18)], womit die Rechtsfigur der Gleichstellung in ihrer Eigenständigkeit gegenüber der Gleichbehandlung offensichtlich an Kontur verliert. Beim damaligen Stand der Arbeiten war die Unterscheidung zwischen Gleichstellung und Gleichbehandlung meines Erachtens kaum durchschlagend, und faktisch ging es um eine Gleichbehandlung *in iure*. Wir werden später noch darauf zurückkommen.

Auf diese und andere Fragen gibt es bessere Ansätze für eine Antwort, wenn erst einmal der Werdegang der Beratungen innerhalb des *coetus studiorum* zur Kenntnis genommen wird. Dieser Werdegang läßt die theologisch-kanonistischen Kriterien eindeutig hervortreten, die zur Abstufung dieser verschiedenen Institutionen herangezogen wurden. Jedenfalls ist es für die vorliegende Arbeit von größerer Bedeutung zu sehen, wie sich die Redigierung weiterentwickelte, und insbesondere welche Beratungen auf diesen Entwurf von 1977 folgten. Aber vorher

---

18) Vgl. *Communicationes* 4 (1972) 40 und s. o. S. 63, Anm. 15.

sollen die Ergebnisse dieser ersten Phase der Vorbereitung des neuen Codex kurz zusammengefaßt werden.

c) Zusammenfassung

Eine theologisch-kanonistische Analyse des Entwurfs von 1977 ergibt unter anderem folgende Resultate:

1. Das Kapitel „de Ecclesiis particularibus" offenbart eine beachtliche Anstrengung, die kanonistische Gesetzgebung zur in Frage stehenden Materie an der Theologie der Teilkirchen auszurichten, wie sie vom II. Vatikanum und im konziliaren und synodalen Prinzip der flexibleren Gestaltung der hierarchischen Institutionen der Kirche erarbeitet wurde. Dies wurde ermöglicht dank der Einführung des Prinzips der Gemeinschaft, welches das Territorialprinzip des früheren Codex abmilderte.

2. Die Canones über die Personalprälaturen lassen den Willen der Verfasser erkennen, sich an den Auftrag des Konzils zu halten, welches diese Prälaturen als Einrichtungen konzipierte, die zur hierarchischen Organisation der Kirche gehören.

3. Um den kanonistischen Rahmen für diese Prälaturen und die Gesamtheit der vorher genannten hierarchischen Institutionen abzustekken, bedienen sich die Verfasser als rechtstechnischer Option des Begriffs der Teilkirchen; gemäß dem Entwurf von can. 217:

a) *sind* Teilkirchen die Diözesen, die Apostolischen Vikariate, die Apostolischen Präfekturen und die Apostolischen Administraturen;

b) werden den Diözesen *gleichgestellt* die Abteien und Prälaturen *cum proprio populo christiano*, d.h. die Gebietsprälaturen und die Personalprälaturen des ersten Typs (mit eingegliederten Gläubigen);

c) werden die Personalprälaturen des zweiten Typs (nur mit Klerikern) *gleichbehandelt* wie die Teilkirchen.

4. Die knappen Angaben, welche die Zeitschrift *Communicationes* und die kurze Einführung zum Entwurf von 1977 bieten, lassen wenige Rückschlüsse auf die theologisch-kanonistischen Überlegungen zu, die dieser Option zugrundelagen. Dennoch hat es den Anschein, als sei als wesentliches Element jeder Rechtsfigur die im jeweiligen Falle vorhandene *portio Populi Dei* im Laufe der Arbeiten der Verfasser ganz entscheidend gewe-

sen. Wenn die *portio Populi Dei* sich eindeutig von sonstigen *portiones* unterschied, erklärte der Entwurf, daß diese Figuren Teilkirchen *sind*; wenn sich Formen kumulativer Jurisdiktion ergeben (Prälaturen *cum proprio populo*), wird die Figur der Diözese *gleichgestellt*; und wenn es die *portio Populi Dei* nicht direkt betrachtet, wird der Weg der *Gleichbehandlung* eingeschlagen[19].

5. Die Rezeption der vom II. Vatikanischen Konzil verkündeten und vom Motu proprio *Ecclesiae Sanctae* geregelten Personalprälaturen veranlaßte den Entwurf von 1977, zwei Typen mit je eigener Regulierung zu unterscheiden: diejenigen mit *proprius populus* werden den Figuren beigefügt, die der Diözese *gleichgestellt* werden, auch wenn sie keine Teilkirchen sind; diejenigen ohne *proprius populus* werden nur *„in iure"* wie die Teilkirchen *gleichbehandelt*.

6. Die geringe Schärfe der Begriffe *Gleichstellung* und *Gleichbehandlung* erschwert es, ihren Unterschied zu erfassen. Wohl scheint klar zu sein, was beiden Begriffen gemeinsam ist: sie bezeichnen die theologische Distanz zu den Teilkirchen, in der sich sowohl die gleichgestellten Rechtsfiguren als auch die ihnen gleichbehandelten hinsichtlich der Rechtsfolgen befinden.

7. Die vorgeschlagene Regelung, wonach zwei Typen mit jeweils eigenständigen Vorschriften unterschieden werden sollen, ist schließlich im Ergebnis gesetzestechnisch unschön. Denn sie droht die Einheit der neuen Rechtsfigur zu zerstören, die nach dem Willen des Konzils auf den *peculiaria opera pastoralia* beruht, um deren Durchführung es gehen soll. Ein konstituierter *coetus fidelium* ist damit immer verbunden, ob es sich nun um

---

[19] Wenn die hier vertretene Hypothese richtig ist, bleibt unverständlich, warum die alte Prälatur *nullius* nur als Rechtsfigur verstanden wird, die der Diözese gleichgestellt, aber nicht als Teilkirche verstanden wird. Von der Kategorisierung, die dem can. 217 § 1 zugrunde liegt, verfügt sie über alle Merkmale, um unter jene Rechtsfiguren gerechnet zu werden, die Teilkirche sind. Die Option, sie nur der Diözese gleichzustellen, liegt darin begründet, daß zu den Prälaturen *cum proprio populo*, auch die von uns als erste Art der Personalprälaturen gekennzeichnete Rechtsfigur fällt, die keine Teilkirche ist. Die ganze Problematik beweist, daß das Thema, so wie es im Entwurf von 1977 behandelt wurde, noch einer weiteren Vertiefung verlangte.

Laien handelt, die in die Prälatur eingegliedert sind, oder um die Zielgruppen, die immer *in iure* eindeutig bestimmt sein müssen.

2. Teilkirchen und Personalprälaturen in den Beratungen von 1980 über das „Schema de Populo Dei"

Der Entwurf „De Populo Dei" wurde zu einer ausführlichen Beratung den Bischofskonferenzen, den Universitäten usw. zugeschickt. Für das Studium der eingesandten Stellungnahmen wurde in der CIC-Reformkommission ein besonderer *coetus* geschaffen – der *Coetus studiorum de Populo Dei*. Dieser kam in den Jahren 1979 und 1980 zu verschiedenen Sitzungen zusammen. Er prüfte die eingesandten Stellungnahmen zu den cann. 217 bis 224 in der Sitzung VI, die vom 10. bis zum 15. März 1980 stattfand[20]. Die Diskussion führte zu erheblichen Abänderungen der hier zur Untersuchung anstehenden Canones. Aber in demselben, wenn nicht gar in höherem Maße ist der Inhalt der Beratungen selbst von Belang, offenbart er doch ein intensives und theologisch tiefes Nachdenken zum Thema Personalprälaturen.

a) Abänderungen in den Canones 217 und 219 des „Schema"

Die Diskussion über den Canon 217 des Entwurfes[21] führte in Hinblick auf die Personalprälaturen zu einem Ergebnis von äußerster Wichtigkeit. Eine zu § 1 dieses Canons angenommene Abänderung hatte zur Folge, daß alle Personalprälaturen in der Auflistung von Rechtsfiguren, die mehr oder weniger mit den Teilkirchen verwandt sind, einzig und allein unter der in § 2 beschriebenen Weise geregelt werden sollen. So wird, um die bisher Abteien und Prälaturen *nullius* genannten Gebilde besser von den neuen Personalprälaturen unterscheiden zu können, der – dann von allen akzep-

---

[20] Das Protokoll ist enthalten in *Communicationes* 12 (1980) 269-319, unter der Überschrift *Coetus studiorum „de Populo Dei". Examen animadversionum exhibitarum ex processu verbali lingua italica confecto.* Für unseren Zusammenhang sind vor allem die S. 275-282 wichtig.

[21] Siehe den Wortlaut oben S. 63.

tierte – Vorschlag eingebracht, in § 1 „territoriales" einzusetzen, wo es bisher „cum proprio populo christiano" hieß[22]. Die bis jetzt sogenannten Personalprälaturen *cum populo* behandelt ausschließlich § 2. Auf diese Weise verschwindet die im Entwurf von 1977 eingeführte doppelte Regelung. Es wird also nicht mehr ein Typ von Personalprälaturen ins Auge gefaßt, der im Wege der *Gleichstellung* mit den Teilkirchen zu regeln wäre: Diese Einordnung erfolgt nur für die traditionellen Gebietsprälaturen, was dem ekklesiologischen Wesen dieser Institution auch näher kommt. Alle Typen von Personalprälaturen werden folglich als Körperschaften geregelt, die lediglich *in iure* eine Gleichbehandlung wie die Teilkirchen erfahren.

Diese Entscheidung des *coetus* stellt sich als höchst bedeutsamer Erfolg dar, der bis in den endgültigen Text erhalten bleibt. Die grundlegende Anomalie des Entwurfes von 1977, auf die oben hingewiesen wurde, wird auf diese Weise geheilt, und die radikale Einheit der neuen Institution wird wieder hergestellt. Die Verteilung von Priestern als alternative Zielsetzung wird beseitigt und, um die mögliche Verschiedenartigkeit von Personalprälaturen zum Ausdruck zu bringen, greift man wieder – und auch dies ist ein endgültiger Gewinn – auf eine weise Verfügung des Motu proprio *Ecclesiae Sanctae* zurück, die im Entwurf übergangen worden war, sich aber jetzt als außerordentlich nützlich erwies. Gemeint ist die Stelle des Motu proprio, an der es heißt, die konkrete Regelung einer jeden Personalprälatur ergebe sich aus den eigenen Statuten. § 2 wird folglich abgeändert und umfaßt in seiner allgemein gehaltenen Formulierung alle Voraussetzungen:

> „§ 2. Die Personalprälatur wird *in iure* gleichbehandelt wie die Teilkirche, falls sich *ex rei natura aut iuris praescripto* nichts anderes ergibt, und in Übereinstimmung mit den vom Apostolischen Stuhl erlassenen Statuten"[23].

---

[22] Diese Modifizierung bestätigt, was ich oben unter Anm. 19 sagte.

[23] *Communicationes*, 12 (1980) 277. Wie ich schon bei den Ausführungen über das Motu proprio *Ecclesiae Sanctae* sagte, bieten die Statuten den geeigneten Ort, um den *coetus fidelium*, der die Daseinsberechtigung einer jeden Prälatur darstellt, zu behandeln und zu umschreiben.

Auf diese Weise erreichte man unbestreitbar eine Klarstellung: wenn auch die Personalprälaturen Einrichtungen sind, die zur hierarchischen Organisation der Kirche gehören, so werden sie doch nicht den Diözesen oder irgendeiner anderen Teilkirche gleichgestellt, sondern erfahren lediglich eine Gleichbehandlung bezüglich gewisser Rechtsfolgen. Der Umfang dieser Gleichbehandlung wird dadurch festgelegt, daß eine allgemeine Linie und eine spezifische gezogen wird. Die allgemeine Linie ist das unterschiedliche Wesen der Institution (*ex rei natura*) und die Rechtsvorschriften; die besondere Linie wird von den Statuten einer jeden Prälatur gezogen, welche die unmittelbare Rechtsnorm darstellen, in welcher der Heilige Stuhl die Organisation und die Aufgaben jeder einzelnen dieser neuen Institutionen festlegt. Es ist nicht unbedeutend zu unterstreichen, daß damals alle diesem Vorschlag zustimmten, was ein Beweis dafür ist, daß innerhalb des *coetus studiorum* die Überzeugung vorherrschte, daß Teilkirchen und Personalprälaturen selbstverständlich hierarchische Institutionen, freilich von unterschiedlichem theologischen Wesen sind. Gerade dies wäre schwer verständlich zu machen, wenn *in genere* von Gleichstellung die Rede wäre.

Und doch war das Einverständnis bzgl. der Personalprälaturen nicht einstimmig. „Zwei Konsultoren sagen in Übereinstimmung mit der von einer Bischofskonferenz vorgeschlagenen Systematik, die Personalprälatur solle in dem Titel über die Vereine behandelt werden, da sie nicht mit einer Teilkirche verglichen werden könne“[24]. Diese Intervention verrät ohne Zweifel eine unbefriedigende Auffassung dessen, was der *coetus* und die Rechtswissenschaft unter Gleichbehandlung *in iure* verstehen. Tatsächlich geht der Einwand davon aus, als behaupte der Entwurf, daß die Personalprälaturen Teilkirchen *sind*. Jedoch spricht der Entwurf in Wirklichkeit – und das nach der angenommenen Abänderung ohne irgendeinen Zweifel – von *Gleichbehandlung*, einem Begriff, der in der Seinsordnung gerade einen Unterschied voraussetzt.

Die genannte Intervention hat zur Folge, daß erstmals in der Entwick-

---

24) *Ebd.* S. 276. Einer dieser Konsultoren ist, wie sich aus der früheren und späteren Bibliographie zweifelsfrei ergibt, Prof. W. Aymans von der Universität München.

lung des Textes eine Interpretation der neuen Rechtsfigur auftritt, die sich in einem von den Teilkirchen völlig verschiedenen Rahmen bewegt. Aber leider bedeutet dieser Vorschlag kein Voranschreiten auf der vom Konzil angedeuteten Leitlinie, sondern einen deutlichen Rückschritt; streng genommen – darauf liefe es hinaus – hätten wir es nicht mit einem Fall von Rechtsfiguren zu tun, die mit den Teilkirchen verglichen werden könnten, vielmehr handele es sich um eine Erscheinungsform des Vereinsrechts: der passende Ort für die Personalprälaturen wäre also nicht der zweite Teil von Buch II „De Ecclesiae constitutione hierarchica", sondern der dritte Teil: „De consociationibus in Ecclesia". Die für diese Änderung vorgebrachten Gründe werden wir noch sehen; zunächst soll näher auf die Beratung von Canon 219 des Entwurfs eingegangen werden, dessen Wortlaut oben vorgestellt wurde[25].

Zu § 1 werden rein redaktionelle Verbesserungen vorgeschlagen, die angenommen werden[26].

§ 2, der sich auf die Definition des Typs von Personalprälaturen bezieht, der bis dahin *cum proprio populo* genannt wurde, mußte folglich auf der Grundlage dessen, was inzwischen für can. 217 an Entscheidungen gefallen waren, sowie auf der Grundlage der in diesen Beratungen vertieften Einsichten überarbeitet werden. Der schließlich approbierte Text hat folgenden Wortlaut:

> „§ 2. Die Personalprälatur, *etiam ad peculiaria opera pastoralia vel missionalia perficienda*, ist gegeben, wenn die der Sorge des Prälaten anvertraute *portio Populi Dei* nach personalen Kriterien erfolgt, d.h. nur jene Gläubigen umfaßt, die durch irgendeinen besonderen Grund gebunden sind; dieser Art sind die Militärprälaturen, die auch Militärvikariate heißen"[27].

Die Varianten gegenüber dem Entwurf von 1977 liegen also in folgendem:

---

[25] Wortlaut s. o. S. 64.

[26] *Communicationes*, 12 (1980) 278.

[27] Ebd. S. 280-281.

a) Der Einschub „etiam ad peculiaria opera pastoralia vel missionalia perficienda", der den bereits bekannten Ausdruck des Konzils wieder aufgreift und gemäß dem Motu proprio die ureigene Daseinsberechtigung der neuen Prälaturen darstellt, wird eingefügt.

Gesetzestechnisch betrachtet, hätte dieser Einschub nicht an diese Stelle treten dürfen. Er hätte in der neuen Fassung des Entwurfes von can. 217 § 2 Platz finden müssen, da die *peculiaria opera pastoralia* das Ziel der vom Konzil verkündeten Personalprälaturen darstellen[28]. Tatsächlich handelt es sich bei ihnen um „Praelaturae personales ad peculiaria opera pastoralia", wie sie die Apostolische Konstitution *Regimini Ecclesiae universae* nennt. Auf der Grundlage des Kriteriums der Gleichbehandlung mit den Teilkirchen konnte dieser Canon 219 § 2 sich darauf beschränken, den in dem pastoralen Werk mit eingeschlossenen *coetus fidelium* zu definieren. Von der Daseinsberechtigung der besonderen seelsorglichen Werke und von den Statuten einer jeden Prälatur her gesehen – auf die in der neuen Fassung des can. 217 § 2 hingewiesen wird, der später can. 335 § 2 des *Schema* 1980 sein wird – enthielt der Ausdruck „complectens solos fideles speciali quadam ratione devinctos" streng genommen alle Voraussetzungen.

Wenn diese Formulierung aber tatsächlich so nicht erfolgte, so lag dies meines Erachtens daran, daß der *coetus studiorum* nicht vor Augen hatte, daß unter diesen Formalgrund der besonderen seelsorglichen Werke im Sinne einer spezialisierten Seelsorge auch die in einigen Personalprälaturen wie den Militärvikariaten mögliche *cura ordinaria* fällt[29]. Es würde sich dabei nicht um die „*communis* et ordinaria cura pastoralis" handeln, von welcher der spätere Codex sprechen wird[30], sondern um eine ordentliche Seelsorge, die nicht *communis*, sondern aufgrund der Besonderheiten der Zielgruppen *spezialisiert* ist. Das Wort „etiam" in dem Einschub, der gerade erörtert wird, beweist, daß diese zusammenfassende Einheit hier noch nicht erreicht worden war.

---

[28] Can. 217 § 2 hätte folgenden Wortlaut haben sollen: „Die Personalprälatur *ad peculiaria opera pastoralia vel missionalia* wird *in iure* gleichbehandelt wie eine Teilkirche, solange keine andere Regelung erfolgt, etc."

[29] S. o. S. 68.

[30] Siehe can. 771 § 1.

b) Die Worte *cum proprio populo*, die seit den ersten Entwürfen in der Definition dieser Art von Prälaturen aus dem Jahre 1967 Eingang gefunden hatten, werden weggelassen. Wir wissen, daß man mit diesem Begriff bestätigen wollte, daß zu jeder Prälatur ein *coetus fidelium* gehöre und in besonderer Weise jene eingegliederten Gläubigen, von denen das Motu proprio *Ecclesiae Sanctae* sprach. Es lohnt sich, die Gründe festzuhalten, die der Sekretär der CIC-Reformkommission, Msgr. Castillo Lara, dafür angeführt hat. Er sagt: „Ein klar definiertes Volk, das aus *speciali quadam ratione devinctos* Gläubigen besteht, wird immer nötig sein: aber dies ist bereits in den Worten *portio Populi Dei* implizit gesagt". Anschließend begründet er, warum eine Prälatur, die „nur aus Priestern bestehend" genannt wurde, unsinnig ist: „eine Prälatur hingegen, die nur aus Priestern oder aus Priestern und nur einigen wenigen Laien besteht, wäre unlogisch"[31]. Der andere angeführte Grund geht theologisch und juristisch in die Tiefe; denn er beschreibt exakter eines der wesentlichen Merkmale aller Personalprälaturen: „Es wäre unangemessen, davon zu sprechen, dieses Volk sei *eigen* im Sinne einer ausschließlichen Jurisdiktion des Prälaten über seine Gläubigen. Vielmehr wird es gemäß den in can. 217 § 2 genannten Statuten unterschiedliche Formen von Kumulativgewalt oder *iurisdictio mixta* des Prälaten mit den Ortsordinarien geben"[32].

Die Figur einer Personalprälatur *cum proprio populo* könnte tatsächlich so verstanden werden, als handele es sich um eine Personalprälatur *simpliciter*; so als ob wir es mit dem schlichten Ergebnis zu tun hätten, welches erzielt wird, wenn man das Personal- oder Korporativprinzip auf die Gebietsprälatur des Codex von 1917 anwendet. Das würde dazu führen, wie Lo Castro sagt[33], „eine Teilkirche mit ausschließlicher Jurisdiktion des Prälaten über alle Angehörigen der Prälatur, die Laien mit inbegriffen" zu konzipieren. Bereits die Verfasser des Entwurfes von 1977 hatten gesehen, daß dies nicht beabsichtigt sein konnte. Deshalb erwähnten sie die Prälatur *cum proprio populo* nicht unter den Figuren, die Teilkirchen *sind* sondern

---

31) Ebd. S. 279.
32) Ebd.
33) G. LO CASTRO, *Le Prelature personali...*, S. 107.

bezeichnen sie als eine, die der Diözese *gleichgestellt* wird. Aber mit der gewählten Formel gelang es nicht, das Beabsichtigte auszudrücken. Und selbst wenn diese Möglichkeit theoretisch legitim gewesen wäre, so sah doch der *coetus* deutlich, daß diese Formel nicht sehr geeignet war, dem konziliaren Vorschlag zu entsprechen, „da sie eine jurisdiktionelle Wirklichkeit nahelegte, deren Zuständigkeit sich zwar in gewisser Weise davon ableitete, daß die Gläubigen sich den Zwecken der Prälatur anschlossen, aber doch bei weitem den Rahmen dieser Zwecke überstieg, um die gesamte rechtliche Stellung des Gläubigen zu umfassen“[34]. Wie bereits dargelegt wurde, entsprach dies weder den Absichten des Gesetzgebers noch denen des Motu proprio *Ecclesiae Sanctae*. Man dachte zwar an Gebilde, die in gewisser Weise jurisdiktioneller und hierarchischer Art sein sollten, die aber in ihrer Verschiedenartigkeit, gerade weil sie *ad peculiaria opera pastoralia* gedacht waren, nie eine *volle* und *ausschließliche* Gewalt des Prälaten über seine Gläubigen zum Inhalt haben sollte; d.h. soweit diese Laien sind, und zwar sowohl in dem Fall, daß es sich dabei um die Adressaten des seelsorglichen Wirkens handelt, als auch in dem Fall, daß es sich dabei um Laien handelt, die sich der Prälatur als Teilnehmer und Mitverantwortliche in ihren Tätigkeiten eingliedern. So gesehen sind die vom II. Vatikanischen Konzil ins Auge gefaßten Personalprälaturen nicht Personalprälaturen *simpliciter*, sondern Personalprälaturen *ad peculiaria opera pastoralia*.

b) Theologisch-kanonistische Positionen in den Beratungen

Obwohl alle mit der Logik dieser Argumentation übereinstimmten, kamen die zwei Konsultoren, die sich der Gleichbehandlung der Personalprälaturen mit den Teilkirchen widersetzt hatten, erneut auf ihr Argument zurück, nun im Zusammenhang mit dem Militärvikariat. Die Gründe dieser Kanonisten wie auch die Entgegnung des Sekretärs der Kommission sollen daher kurz dargestellt werden. Beide Argumentationsstränge waren

---

34) Ebd.

damals wie auch später dieselben und wurden als Positionen in der Auseinandersetzung aufrecht erhalten bis zum Abschluß der redaktionellen Entwicklung des Textes.

Die in *Communicationes* kurz abgehandelten Argumente gegen die Gleichbehandlung der Personalprälaturen mit den Teilkirchen hat Prof. Aymans wenige Monate später in einem neuerlichen Artikel, der in *Oesterreichisches Archiv für Kirchenrecht* erschien, weiter entwickelt und dargelegt und im folgenden Jahr mit einem anderen Beitrag, der im *Archiv für katholisches Kirchenrecht* erschien, abschließend behandelt[35]. Es handelt sich um Arbeiten mit umfassender ekklesiologischer Perspektive, auf die vor allem im zweiten Teil dieser Studie zurückzukommen sein wird, wenn es darum geht, *in recto* den ganzen Fragenkomplex in seiner Gesamtheit zur Sprache zu bringen. Im Sinne der Textgeschichte mag es im Augenblick genügen, die Diskussion zu verfolgen, die sich innerhalb des *coetus* abspielte, und sie anhand weniger Punkte aus diesen erwähnten Artikeln zu ergänzen.

Der erste Grund, den die beiden Konsultoren gegen die Gleichbehandlung anführen, ist folgender: „Die Teilkirche ist ein *theologischer* Begriff, zu dessen konstitutiven Elementen das Territorium gehört; dies ist jedoch bei der Personalprälatur, die lediglich ein *kanonistischer* Begriff ist, nicht der Fall“[36]. Damit, so scheint es, befürworten sie eine Rückkehr zum Territorialprinzip, das den alten Codex von 1917 prägte. Der Sekretär der Kommission konnte sich bei der Zurückweisung dieses Argumentes darauf beschränken, daran zu erinnern, daß die drei konstitutiven Wesenselemente der Teilkirchen „der Hirt, das Presbyterium und das Volk sind; zu diesen kommt das formale Element der Errichtung hinzu, nicht aber das Territorium, welches nur ein begrenzendes kanonisches Kriterium ist, das als generelle, aber nicht ausschließliche Regel angewandt wird; daher hat auch das Konzil die Möglichkeit von Personaldiözesen und Personalprälaturen sanktioniert, die nicht durch das Gebiet, sondern durch andere Krite-

---

35) S. o. S. 28, Anm. 18.
36) *Communicationes*, 12 (1980) 276.

rien (die sehr unterschiedlich sein können, solange sie juristisch präzise sind) festgelegt werden"[37].

W. Aymans zeigt in seinen späteren Artikeln, daß er die Schwäche seines Argumentes erkannt hat, und seine Überlegungen sind im wesentlichen mit dem körperschaftlichen oder personalistischen Prinzip, so wie es vom Konzil und der Synode von 1967 angenommen wurde, durchaus vereinbar. Wenn er dennoch auf der Wichtigkeit des Territoriums besteht, so geschieht das nicht grundsätzlich aus Gründen der *Notwendigkeit*, sondern der theologischen *Zweckmäßigkeit*; diese Gründe erforderten es, daß personale Jurisdiktionen in gewisser Weise als nicht normal und wenig geeignet für die Entfaltung eines echten ekklesialen Lebens betrachtet und daher auf ein Mindestmaß beschränkt werden müßten[38].

Die beiden anderen Argumente zielen mehr auf den Kern des theologischen Problems; das erste stützt sich auf die Eigenart der Eingliederung in die Personalprälatur und das zweite auf deren Zweckbindung.

„Die Teilkirche" – so das zweite Argument – „ist eine *portio Populi Dei*, in die sich die Personen durch die Taufe eingliedern, während die Personalprälatur aus einer Gruppe von Personen besteht, die sich aufgrund einer freien Wahl eingegliedert haben"[39]. Msgr. Castillo Lara entgegnet darauf wie folgt: „Im Zusammenhang mit der Taufe – die übrigens einer freien Wahl oder einem Willensakt entspricht – ist zu bemerken, daß ihr Empfang in die Gesamtkirche eingliedert; die Eingliederung in die eine oder andere Teilkirche geschieht *ratione domicilii aut quasi domicilii*, wenn die *portio Populi Dei* durch ein territoriales Kriterium begrenzt wird, anderenfalls erfolgt sie in Übereinstimmung mit anderen Kriterien, wenn es sich um personale Jurisdiktionen handelt"[40].

In seinem späteren Artikel nuanciert Aymans erneut seine Haltung und sagt, die Zugehörigkeit zu einer Teilkirche ergebe sich ja nicht nur durch die Taufe, sondern auch durch „die ungeschmälerte kirchliche Rechtsstel-

---

[37] Ebd.

[38] Vgl. W. AYMANS, *Kirchliches Verfassungsrecht...* S. 94-95; ders., *Ekklesiologische Leitlinien...*, S. 52-53.

[39] *Communicationes*, 12 (1980) 276.

[40] Ebd., S. 277.

lung aufgrund objektiver Kategorien"[41]; dies sei aber unvereinbar damit, daß Verbände oder Bewegungen zu Personalprälaturen erhoben würden, die von ihren Mitgliedern verlangen, daß sie sich zu dem besonderen Verbandszweck und der damit verbundenen spezifischen *Lebensform*[42] bekennen, die seines Erachtens auf dem *elitären Prinzip*[43] beruht.

Das dritte Argument verficht Aymans in seinen Artikeln mit besonderem Nachdruck. *Communicationes* faßt so zusammen: „Die Teilkirche dient derselben Zielsetzung, wie die Gesamtkirche, während es bei den Zielsetzungen der Personalprälaturen um besondere Zielsetzungen geht"[44]. Der Sekretär der Kommission antwortet hierauf, daß es zwar möglich ist, Personalprälaturen zu schaffen, denen die *cura ordinaria* bestimmter Gruppen von Gläubigen anvertraut wird, daß aber auch solche, die als Zielsetzung besondere seelsorgliche oder missionarische Tätigkeiten haben, sich in die Zielsetzung der Gesamtkirche einordnen[45]. Aymans betont dagegen nachdrücklich die „ekklesiologische Unzulässigkeit der Zweckbindung einer Teilkirche"[46]. Diese Zweckbindung, sagt er, sei das charakteristische Merkmal des Vereinigungsrechtes und sei nicht auf das Verfassungsrecht übertragbar[47]. Hier soll lediglich die Feststellung dieses Argumentes genügen; die Analyse dieser Einstellung bleibt dem zweiten Teil dieser Arbeit vorbehalten.

Aus all dem folgt, daß Aymans vorschlägt, die Regelung der Personalprälaturen im dritten Teil des Buches „De Populo Dei" vorzunehmen, der damals die Normen über die Vereinigungen enthielt. Dieser Vorschlag wird nicht angenommen, weil man der Ansicht ist, er enthalte eine Aussage über das theologisch-kanonistische Wesen der Personalprälaturen, die in eindeutigem Widerspruch zum Verständnis stehe, welches die Väter des II.

---

[41] W. AYMANNS, *Kirchliches Verfassungsrecht...*, S. 98; s. auch ders., *Ekklesiologische Leitlinien...*, S.55.

[42] *Kirchliches Verfassungsrecht...*, S. 98.

[43] *Ekklesiologische Leitlinien...*, S. 55.

[44] *Communicationes*, 12 (1980) 276.

[45] Ebd., S. 277.

[46] *Kirchliches Verfassungsrecht...*, S. 95

[47] Vgl. ebd. und *Ekklesiologische Leitlinien...*, S. 54-55.

Vatikanums von ihnen hatte. Die überarbeiteten Canones sollten also in der Endfassung, die wir bereits gesehen haben, in das Buch II aufgenommen werden im Rahmen des allgemeinen Entwurfs des neuen Codex, der zur erneuten Beratung noch im Jahre 1980 an die Mitglieder der Kommission versandt wurde. Die Canones über diese Materie bilden nun das Kapitel „De Ecclesiis particularibus", cann. 335 – 341.

c) Zusammenfassung

Im Ergebnis lassen sich diese wichtigen Sitzungen vom März 1980 in folgende Punkte zusammenfassen:

1. Die Beratungen und die in den Canones über die Teilkirchen sich widerspiegelnde Vertiefung drehen sich hauptsächlich um das Wesen der *portio Populi Dei* und der entsprechenden Jurisdiktion. Ihr Haupt und sein bischöflicher Rang bleiben dabei außerhalb der theologischen und juristischen Überlegungen. Selbst die „Minderheit", die es mit Hinweis auf die Konzilstheologie der Teilkirche für fragwürdig hält, die Personalprälaturen mit den Teilkirchen gleich zu behandeln, stellt sich von diesem theologischen Standpunkt aus nicht die Frage, ob es möglicherweise nötig sei, daß der Hirt der Teilkirche die Bischofsweihe empfange.

2. Im Gegensatz zum Entwurf von 1977 wird in der Versammlung vom März 1980 – und folglich auch im künftigen *Schema Codicis* – die einheitliche Konzeption der Personalprälaturen wieder hergestellt, so wie sie im Konzil vorgesehen und in späteren Dokumenten vollzogen worden war, wobei sich diese Konzeption in zentraler Weise ausrichtet auf die besonderen seelsorglichen Aufgaben als Daseinsberechtigung der neuen Prälaturen. Diese neuen Prälaturen treten also wieder als organische Einheiten von Klerikern und Laien in Erscheinung, mit einem *coetus fidelium* der zum einen *a iure*, zum anderen durch *conventiones* oder Verträge bestimmt ist.

3. Der *coetus* ist sich jedenfalls in erhöhtem Maße der Komplexität der Rechtsfigur der Personalprälaturen wie auch der Fragen bewußt geworden, die dadurch aufgeworfen werden, daß sie im Kapitel über die Teilkirchen behandelt werden. Trotz alledem ist man der Auffassung, daß dies weiterhin der geeignete Ort für sie im künftigen Codex ist, und man läßt keinen Zeifel daran, daß sie weder theologisch noch juristisch gesehen Teil-

kirchen *sind*. Um möglichen Problemen zu begegnen, wird das Thema in folgenden Schritten einer weiteren Klärung unterzogen:

a) Alle möglichen Arten von Personalprälaturen werden zusammengefaßt und im Wege der Gleichbehandlung *in iure* geregelt; die bisher Prälatur *cum proprio populo* genannte Prälatur wird nicht mehr als Figur betrachtet, die der Diözese *gleichgestellt* ist.

b) Es wird hervorgehoben, wie wichtig die in jedem Einzelfall vom Heiligen Stuhl erlassenen Statuten sind, gemäß denen jede Personalprälatur geregelt werden muß: nur von den Vorschriften dieser Statuten läßt sich unmittelbar ableiten, in welchem Maße die erwähnte Gleichbehandlung *in iure* mit den Teilkirchen vorliegt.

c) Man sieht von der Benennung *cum proprio populo* ab. Auf diese Weise wird ausgesagt, daß die Jurisdiktion des Prälaten nicht die *ganze* rechtliche Stellung des Gläubigen umfaßt, d.h. daß seine Jurisdiktion über seine Gläubigen nicht eine auschließliche, sondern eine kumulative oder *iurisdictio mixta* ist, die neben der Jurisdiktion steht, die jenen zukommt, die den Teilkirchen vorstehen.

d) Der Ausdruck „ad peculiaria opera pastoralia vel missionalia perficienda" wird hinzugefügt. Hierdurch wird ausgesagt, daß die Personalprälaturen sehr unterschiedlich sein können je nach Verschiedenheit und Eigenart der seelsorglichen Erfordernisse, auf die das Dekret *Presbyterorum Ordinis*, Art. 10 und das Motu proprio *Ecclesiae Sanctae*, I, Art. 4 Bezug nehmen.

4. Der Begriff der Gleichbehandlung *in iure* mit der Teilkirche erscheint folglich nach Ansicht des *coetus* nach wie vor als das geeignete technische Hilfsmittel, um die neuen, vom Konzil vorgesehenen Prälaturen im Rahmen der hierarchischen Verfassung der Kirche einzuordnen.

5. Zusammenfassend läßt sich sagen, daß die „Mehrheit" des *coetus* nach dem theologisch-juristischen Studium der Personalprälaturen a) weiterhin davon überzeugt ist, daß diese Prälaturen eine flexible neue Form der hierarchischen Organisation der Kirche darstellen, und b) diese Überzeugung mittels der Gleichbehandlung *in iure* mit der Teilkirche juristisch umsetzt. Die CIC-Reformkommission wird sich diese Auffassung zu eigen machen und diese Entwürfe von Canones in den Entwurf des CIC von 1980 aufnehmen.

6. Die „Minderheit“ innerhalb des *coetus* – die beiden bereits erwähnten Konsultoren – argumentiert umgekehrt: da die Personalprälaturen nicht Teilkirchen sind – damit stimmen sie mit der „Mehrheit“ überein –, gehören die genannten Prälaturen nicht zur hierarchischen Struktur der Kirche: das ist der Punkt, an dem sich die Geister scheiden. Die Personalprälaturen können folglich nur eigenständige Formen der Ausübung des Vereinigungsrechtes sein.

7. Aus der Gesamtheit der Beratungen ergibt sich die alles entscheidende hier anstehende Frage: was sind, theologisch und folglich auch juristisch gesehen die Personalprälaturen? Der *coetus de Hierarchia*, der *coetus de Populo Dei* und die CIC-Reformkommission folgen dem Konzil und richten ihre Arbeiten auf der Grundannahme ein, daß sie Institutionen sind, die der hierarchischen Organisation der Kirche angehören. Auf die Frage, *welcher Art* diese Institutionenen seien, geben die bisher erarbeiteten Entwürfe von Canones keine positive Antwort; sie beschränken sich darauf zu sagen, was sie *nicht sind*, nämlich Teilkirchen; ihre rechtliche Regelung passen sie im Wege der Gleichbehandlung mit den Teilkirchen in die Systematik des Codex ein. Auf die Frage, was diese Prälaturen *sind*, entgegnete die „Minderheit“, indem sie die Hauptprämisse verneint und in der Antwort eine Kehrtwende macht: *da sie nicht* Teilkirchen *sind, müssen sie* Vereinigungen *sein*. Die Debatte und ihre Ergebnisse beweisen, daß es nötig ist, sich explizit mit der Frage auseinanderzusetzen: a) ob es andere Institutionen gibt oder geben kann, die zur hierarchischen Organisation der Kirche gehören, aber von den Teilkirchen verschieden sind, und gegebenenfalls, b) welches das theologisch-kanonistische Wesen dieser Institutionen und ihre richtige Einordnung in der kirchlichen Organisation ist. Formal gesehen, ist das Thema noch nicht aufgegriffen worden: Von der „Minderheit“ nicht wegen eines theologischen Denkens, das in gewisser Weise einem schematischen Ansatz verhaftet bleibt, worauf noch zurückzukommen sein wird; die „Mehrheit“ hat es nicht aufgegriffen, weil sie es als ausreichend erachtet, einfach auf die Gleichbehandlung zurückzugreifen – auch dies wird noch näher erörtet werden.

3. Vom „Schema 1980“ zum endgültigen Text (1983)

a) Das „Schema 1980“ und die „Relatio 1981“

Die bisher in dieser Studie behandelten Entwürfe von Canones wurden ohne weitere Änderungen in den ersten allgemeinen Entwurf des Codex aufgenommen, der im folgenden *Schema 1980*[48] genannt wird. Das Buch II des *Schema* enthält im Vergleich zu dem entsprechenden Entwurf „De Populo Dei“ von 1977 erhebliche systematische Modifizierungen. Aber was unser Thema betrifft, so blieb es bei dem, was wir schon sahen: der can. 217 des Entwurfs von 1977, in der Sitzung vom März 1980 abgeändert, ist jetzt can. 335; und can. 219 wird mit seinen Abänderungen can. 337, all dies innerhalb des Kapitels über die Teilkirchen[49]. Die oben gegebene Darstellung der Beratungen vom März 1980 ist daher gleichzeitig ein Exposé und ein Kommentar der entsprechenden Canones des ersten *Schema Codicis*, das dem Hl. Vater am 29.6.1980 übergeben wurde.

Der Hl. Vater schickte ihn der aus Kardinälen bestehenden Kommission, die um neue Mitglieder, auch um Bischöfe, „ex universa Ecclesia selectos“[50], bis auf eine Zahl von 74 erweitert worden war, damit sie neue *animadversiones* abgeben könnten. Das gründliche Studium aller dieser Anmerkungen bringt die ausführliche *Relatio* von 1981 hervor. Sie wurde vom Sekretariat und den Konsultoren der Kommission erarbeitet und im August 1981 gedruckt[51]. Sie enthält die „synthesis omnium animadversionum una cum responsionibus“[52]. Auf diejenigen Anmerkungen, die sich auf unser Thema beziehen, soll hier eingegangen werden. Dieselben Positionen einer theologisch-kanonistischen Interpretation, die bisher auf

---

48) Pontificia Commissio Codici Iuris Canonici Recognoscendo, *Schema Codicis Iuris Canonici iuxta animadversiones... recognitum*, Libreria Editrice Vaticana 1980.

49) Siehe die Texte im Anh. VIII.

50) *Praefatio* zum CIC 1983, in AAS 54 (1983) 29.

51) Pontificia Commissio Codici Iuris Canonici Recognoscendo, *Relatio complectens synthesim animadversionum... cum responsionibus...*, in *Communicationes* 14 (1982) 116-230. Zitierweise: *Relatio* und anschließend Seite.

52) Vgl. oben Anm. 50.

der Ebene der Kirchenrechtler beobachtet werden konnten, zeichnen sich jetzt auf der Ebene der Hirten erneut beim Studium der *Relatio* ab.

Drei Kardinäle, die Mitglieder der Kommission sind, zeigen ihr Einverständnis mit den Canones, und zwar gerade aus dem Grund, daß der Begriff der Teilkirche sich nicht um das Territorialprinzip, sondern um das Personalprinzip als Kristallisationspunkt aufbaut, das u.a. in *Christus Dominus*, Art. 11 in den Worten „portio Populi Dei“ zum Ausdruck kommt. Andererseits widerfährt dem Territorialprinzip die geschuldete Ehre, wird doch für die Diözese (mit Ausnahme der Ritendiözesen) und die Rechtsfiguren, die der Diözese *gleichgestellt* sind, das Prinzip ihrer territorialen Begrenzung aufgestellt[53]. Im Zusammenhang mit den Personalprälaturen sind sie der Ansicht, der Entwurf halte sich treu an die Vorschriften des Konzils[54], außerdem würden diese Prälaturen „non *dicuntur* Ecclesiae particulares neque eisdem *assimilantur*, sed solummodo in iure et ex parte *aequiparantur*“[55]. Ein anderes Kommissionsmitglied seinerseits bedauert, daß das Wort *assimilatur* nicht beibehalten wurde und man nur den schwachen Vergleich hergestellt habe, der vom Ausdruck *aequiparatur* nahe gelegt wird[56].

Die Gegenposition wird in den *animadversiones* anderer fünf Mitglieder repräsentiert. Der Ausgangspunkt ihrer Argumentation ist folgender: „non sufficienter servatur necessarium principium territorialitatis“[57]. Sie lehnen es aus verschiedenen Gründen ab, daß die Personalprälaturen unter den Teilkirchen ihre Regelung finden: erstens wegen des vorgenannten Territorialprinzips, das in diesem Fall nicht genügend gewahrt werde „et pertinet ad essentiam Ecclesiae particularis“; zweitens wegen der praktischen Gefahren, die sich für die Ortskirchen und die Rechte der Ortsordinarien ergeben könnten, wenn die Personalprälaturen als Teilkirchen betrachtet würden; und schließlich weil nach dem Tenor des Motu proprio *Ecclesiae Sanctae* diese Prälaturen vielmehr Verwaltungseinheiten zur Ver-

---

53) *Relatio*, S. 201.
54) Vgl. *Presbyterorum Ordinis*, Art. 10.
55) *Relatio*, S. 201.
56) Ebd., S. 202.
57) Ebd., S. 201.

teilung von Priestern sein sollten. Auf die eine oder andere Weise handelt es sich hierbei um die Argumente der „Minderheit" in den Beratungen von 1980, mit derselben Schlußfolgerung: Die Personalprälaturen sollen im dritten Teil des Buches II innerhalb der Vereinigungen geregelt werden[58].

Mit den *animadversiones* von anderen zwei Kommissionsmitgliedern beginnt sich meines Erachtens, wenn auch nur sehr rudimentär, eine dritte Position der Interpretation des Phänomens der Personalprälaturen abzuzeichnen. Nach Meinung dieser beiden ist es ein eindeutiges Faktum, daß nach Maßgabe der Dokumente des II. Vatikanischen Konzils und der nachkonziliaren Gesetzgebung dieser Titel der geeignete Ort ist, um „de structuris iurisdictionalibus characteris personalis" und deshalb auch von den Personalprälaturen zu handeln[59]. Es ist meines Erachtens unerläßlich, darauf hinzuweisen, daß hier nicht der Ausdruck „Teilkirchen" benutzt wird, um diese Prälaturen zu bezeichnen; gleichwohl wird mit den Worten „placent normae de Praelaturis personalibus"[60] gesetzestechnisch das Verfahren der Gleichbehandlung von can. 335 § 2 akzeptiert. Trotz allem wird hier eine Betrachtungsweise erkennbar, wonach die hierarchische Struktur der Kirche nicht notwendigerweise – wie dies in den bisher beschriebenen Beratungen geschah – gleichzusetzen ist mit der ausschließlichen Strukturierung in Teilkirchen. Für diese Kommissionsmitglieder wäre es folglich inkohärent, die neuen Prälaturen im dritten Teil, der den Vereinigungen gewidmet ist, einzuordnen, zumal, wenn das Militärvikariat – das eine Personalprälatur ist – in diesem zweiten Teil bleibt[61].

Angesichts dieser drei Positionen trifft die *Relatio* eine Entscheidung, die darauf abzielt, den prinzipiellen Bedenken von allen gerecht zu werden: Im Entwurf von can. 337 § 2, der die Personalprälatur definiert, wird vorgeschlagen, statt des Ausdrucks *portio Populi Dei* zu sagen *christifidelium coetus*. Es handelt sich inhaltlich dabei nicht nur um eine verbale Änderung, vielmehr hat dies eine technische Bedeutung: es soll klargestellt wer-

---

[58] Ebd.
[59] Ebd., S. 202.
[60] Ebd.
[61] Ebd.: „sub respectu technico legislativo, minus logicum esset quod agatur in Parte II de Praelatura personali castrensi, et de caeteris Praelaturis personalibus in Parte III".

den, daß es sich nicht um eine Diözese oder eine gleichgestellte Figur handelt, denn nur diese sind die *portiones Populi Dei* oder Teilkirchen, von denen das II. Vatikanische Konzil und der Entwurf des Codex sprechen. Auf diese Weise sollte *a radice* den Einwänden der zweiten Position begegnet werden und gleichzeitig die Vorgehensweise der Gleichbehandlung *in iure* mit den Teilkirchen in Übereinstimmung mit und in Fortführung der kodikarischen Arbeiten und der ersten Position beibehalten werden.

Bei der Betrachtung der Frage in ihrer Gesamtheit wird meines Erachtens ganz offensichtlich, daß die Schwierigkeiten, welche die Autoren der zweiten von der *Relatio* beschriebenen Position hatten, um die Vorschläge des *Schema 1980* anzunehmen, möglicherweise von einem gänzlich unzureichenden Bild herrührten, welches diese sich von den Personalprälaturen gemacht hatten, die das Konzil in ihren Umrissen vorgezeichnet hatte. Sie verstanden sie mit anderen Worten als „unitates administrativae ad meliorem cleri distributionem fovendam"[62] und schrieben diese Begriffsbestimmung auch noch dem Motu proprio *Ecclesiae Sanctae* zu. Wie unbegründet diese Interpretation ist, wurde bereits hinlänglich untersucht; außerdem steht diese Interpretation formal im Widerspruch zum Wortlaut des Motu proprio[63]. Von dieser Voraussetzung ausgehend, erscheint es völlig schlüssig, die Gleichbehandlung *in iure* mit den Teilkirchen abzulehnen; es ist aber darauf hinzuweisen, daß gerade diese Voraussetzung sowohl textgeschichtlich als auch vom Inhaltlichen her unzutreffend ist.

Nach Abwägung der Argumente aller Seiten, sowohl der in den Sitzungen vom März 1980 vorgetragenen, als auch der aktuellen, kommt die Relatio völlig zu Recht zu der Auffassung, es gebe keine *ratio cogens*, um das Thema der Personalprälaturen im dritten Teil des Buches zu behandeln. Die *Relatio* hat, zusammengefaßt, folgende Gründe angeführt, die dafür sprechen, daß diese Prälaturen weiterhin den Platz beibehalten, den sie im Entwurf einnehmen:

---

[62] Ebd., S. 201.
[63] Siehe o. S. 46-48.

a) Was das Territorialprinzip angeht, so wird erneut verneint, daß es den Charakter eines *konstitutiven Elementes* der Teilkirchen habe, und sein Rang als ordentliches *delimitatives* Element bestätigt, den es für Gemeinschaften hat, die Teilkirchen *sind* (Diözese) oder ihr *gleichgestellt* werden; all dies ist im Entwurf in angemessener Weise gewährleistet[64];

b) die Personalprälaturen sind mit den Teilkirchen weder identisch noch werden sie ihnen gleichgestellt: diese Gleichstellung erfolgt nur im Fall der Gebietsprälaturen (früher *nullius*), welche exemte Jurisdiktionen sind[65];

c) bei den Personalprälaturen geht es um eine Gleichbehandlung mit den Teilkirchen, die *valde limitata* ist, mittels Klauseln *sat restrictivis* und gemäß den Statuten einer jeden Prälatur, in denen die Art und Weise festgelegt wird, wie alle Befugnisse der Diözesanbischöfe unberührt bleiben[66].

---

[64] „a) principium territorialitatis non potest considerari tamquam elementum essentiale constitutivum Ecclesiae particularis (cfr. Decr. *Christus Dominus*, n.11. eiusdemque Relationes explicativas: *Acta Synodalia Sacrosancti Concilii Oecumenici Vaticani II*, vol. III, pars VI, pp. 156 et 163; *Principia quae Codicis Iuris Canonici recognitionem dirigant*, prima Synodo Episcoporum probata, n.8). Hoc principium servandum utique est uti criterium delimitativum ordinarium ad circumscribendas communitates fidelium quae sunt ecclesiae particulares (Dioeceses), vel quae Ecclesiae particulari assimilantur: et quidem haec norma in schemate novi C.I.C. accurate servatur (cfr. can. 335 § 1 et 339 § 1), unico excepto casu Ecclesiae particularis ratione ritus (cfr. can. 339 § 2)" *Relatio*, S. 202).

[65] „b) quoad Praelaturas personales a Concilio commendatas (cfr. Decr. *Presbyterorum Ordinis*, n. 10; Decr. *Ad Gentes*, n. 20, nota 4 et 27, nota 13), et a variis documentis applicativis Concilii regulatas (Cfr. M.P. *Ecclesiae Sanctae*, I, n. 4; sed etiam Const. Ap. *Regimini Ecclesiae universae*, n. 49 § 1; *Directorium de pastorali ministerio Episcoporum*, n. 172), minime statuitur in schemate ipsarum identificatio cum Ecclesiis particularibus vel earum assimilatio ad Ecclesias particulares; haec assimilatio tantummodo habetur (cfr. can. 335 § 1) pro Praelaturis territorialibus (seu Praelaturis nullius vigentis C.I.C.) quae sunt iurisdictiones personales a qualibet dioecesana iurisdictione exemptae" (*Relatio*, S. 202-203).

[66] „c) pro Praelaturis e contra personalibus tantummodo datur valde limitata aequiparatio (cfr. can. 335 § 2) et quidem (cfr. can. 339 § 2), ‚salvis iuribus Ordinariorum locorum' (quia potestas huius Praelati plena numquam esse potest, sed cumulativa vel mixta, etc., cum Episcopis dioecesanis). Agitur enim de aequiparatione mediantibus clausulis sat restrictivis (‚nisi ex rei natura vel iuris praescripto aliud appareat'): hoc inter alia significat quod servari debent in statutis a Sancta Sede sanciendis et in activitate harum Praelaturam omnes attributiones quae vi iuris divini et ecclesiastici Episcopis dioecesanis competunt (ordinatio cultus divini; vigilantia super doctrinam et mores; leges ordinis publici; quidquid attinet ad status clericalis decorem, ad necessariam coordinationem pastoralem ex parte Ordinarii localis in proprio territorio, etc.)" (*Relatio* S. 203).

Soweit die Daten über den kodikarischen Werdegang zugänglich sind, stellt die *Relatio* von 1981 m.E. den Höhepunkt der Bemühungen dar, welche die CIC-Reformkommission auf sich nahm, um die vom II. Vatikanischen Konzil als Rechtsfigur verkündeten Personalprälaturen juristisch genau zu fassen. Der Canon 337 § 2 enthielt die Definition der Personalprälaturen und wurde dank der geringfügigen Modifizierung – *coetus fidelium* statt *portio populi Dei* – in seiner Kürze genauer Ausdruck für den theologischen Unterschied zwischen Prälaturen und Teilkirchen und ließ gleichzeitig das Verständnis der Personalprälaturen, wie es die Väter des II. Vatikanums hatten, unberührt. Danach waren und sind die Personalprälaturen Institutionen der hierarchischen Organisation der Kirche. Die Antworten auf die Bemerkungen der Kommissionsmitglieder zeigen deutlich, daß man sich intensiv mit der Materie auseinander gesetzt hatte und die Argumente und Vorschläge sorgfältig abwog. Die schließlich in der *Relatio* angenommene redaktionelle Lösung ist theologisch überzeugend, rechtstechnisch sauber und von bemerkenswerter legislativer Nüchternheit geprägt. Dies sind Eigenschaften, welche die Normierung der Prälaturen in späteren Schritten, auch im Codex von 1983 selbst, nicht mehr erreichen wird.

Das soll nicht heißen, daß es die beste Formel[67] war oder daß die späteren Schritte nicht der Absicht des Konzils entsprechen, sondern lediglich, daß sie diese Absicht nicht mehr mit der Qualität auszudrücken vermögen, wie es die Canones von 1981 taten, die das Maximum dessen darstellen, was der kodikarische Werdegang zuwege brachte.

---

67) Die in der Relatio vorgeschlagene Regelung wäre m.E. überzeugender gewesen, wenn sie eine eindeutige Unterscheidung zwischen Teilkirchen und Personalprälaturen enthalten und gleichzeitig bestätigt hätte, daß sie *in iure* gleich behandelt werden. Eine solche Entscheidung hätte m.E. zur Folge gehabt, daß die Definition der Personalprälatur aus can. 337 § 2 entfernt und in einem eigenen Canon untergebracht worden wäre, wobei dieser Canon logischerweise seinen Platz *hinter* den Institutionen hätte finden müssen, die Teilkirchen *sind* und der Diözese *gleichgestellt* werden. Auf diese Weise wäre deutlicher geworden, daß die Personalprälaturen nicht einfach *(simpliciter)* eine Variante der in § 1 geregelten Gebietsprälatur ist, die entsteht, wenn man das Personalprinzip auf sie anwendet, sondern daß sie eine eigenständige Rechtsfigur *a se* ist, deren begrifflich-technischer Name sein müßte „Praelatura personalis ad peculiaria opera pastoralia vel missionalia perficienda". Es ist jedoch verständlich, daß zu einem Zeitpunkt, da sich das Gesetzgebungsverfahren seinem Ende näherte, keine große Neigung mehr zu Änderungen bestand, die nicht gerade Wesentliches betrafen.

b) Die Plenarsitzung von 1981 und das „Schema novissimum" (1982)

Mit all diesem Material ausgestattet, trifft sich die Kommission der 74 Kardinäle und Bischöfe vom 20. bis zum 28. Oktober 1981 in einer Plenarsitzung, um sich ein abschließendes Urteil über den Entwurf zu bilden[68]. Was unsere Fragestellung betrifft, so hat es den Anschein – von hier an stehen nämlich keine Quellen mehr über das Thema zur Verfügung (etwa „Protokolle") -, daß man Übereinkunft darin erzielte, daß die Personalprälaturen nicht im Wege der *allgemeinen* Gleichbehandlung mit den Teilkirchen behandelt werden sollten[69]. Diesen Schluß legt die Lektüre des *Schema novissimum* nahe, das die Beschlüsse jener Plenarsitzung zusammenfaßt und dem Papst am 22. April 1982 übergeben wurde[70]. Die Hauptfrage hier ist nun, wie dieser neue Entwurf die Personalprälaturen behandelt.

Der Titel II des *Schema 1980*, „De Ecclesiis particularibus et de auctoritate in iisdem constituta" wird nun in drei verschiedene Titel aufgeteilt: der erste behält dieselbe Bezeichnung bei, der zweite handelt „de interna ordinatione Ecclesiarum particularium", und der dritte lautet *„De Praelaturis personalibus"*[71]; alle befinden sich im zweiten Teil im Buch II: „De Ecclesiae constitutione hierarchica" und in seiner Sektion II: „De Ecclesiis particularibus deque earumdem coetibus".

Jetzt sind es die cann. 368 bis 374, die von den Teilkirchen handeln; sie entsprechen im wesentlichen den cann. 335 bis 341 des *Schema 1980* allerdings lassen sie die Personalprälaturen aus, denen ja ein eigener Titel

---

68) Vgl. hierzu *Communicationes* 13 (1981) 255-270.

69) Diese gesetzestechnisch so wertvolle Regelung wurde anscheinend von der Mehrheit der Teilnehmer nicht verstanden. Die Sorge dieser Kommissionsmitglieder war berechtigt: Die neuen Prälaturen sollten nicht mit den Teilkirchen verwechselt werden; aber die instrumentelle Umsetzung dieser Sorge beweist nur, daß man mangels gesetzestechnischen Wissens wohl dachte, Gleichbehandlung sei dasselbe wie Verwechslung.

70) Pontificia Commissio Codici Iuris Canonici Recognoscendo, *Codex Iuris Canonici, Schema novissimum iuxta placita Patrum Commissionis deinde emendatum atque Summum Pontifici praesentatum*, E Civitate Vaticana, 25 martii 1982.

71) Es handelt sich um die Titel I, III und IV. Jetzt ist Titel II der Abschnitt der im *Schema 1980* Titel I war: „de Ecclesiarum particularium coetibus".

gewidmet wird. Der Inhalt dieses Titel IV über die Personalprälaturen ist in vier Canones (573 – 576) enthalten. Da von dem technischen Rückgriff auf die Gleichbehandlung allgemeiner Art Abstand genommen wurde, drängte sich ein Mindestmaß an wesentlichen Regelungen auf, und das *Schema* prägt – und handelt damit völlig folgerichtig – die erwähnten Canones mit einem Tenor, der sich vom Wortlaut von *Ecclesiae Sanctae* I, Art. 4 leiten läßt[72].

Hier erhebt sich die Frage nach der theologisch-kanonistischen Bedeutung dieser neuen Behandlung. Das *Schema novissimum* betrachtet die Personalprälaturen von dem Standpunkt aus, der oben als die dritte Position skizziert wurde; d.h. man sieht ab von der Anwendung einer allgemeinen Gleichbehandlung *in iure* mit den Teilkirchen – die freilich jene Mitglieder der Kommission billigten –, aber man betrachtet sie weiterhin formal als Einrichtungen, die zur hierarchischen und pastoralen Organisation der Kirche gehören. Dies ist die Schlußfolgerung, die sich von dem *systematischen* Aufbau der Materie im Buch II im *Schema novissimum* ableitet, noch ehe der Inhalt der Canones betrachtet wird. Man sucht also auf diese Weise eine Synthese herzustellen, welche am besten in der Lage wäre, die grundsätzlichen Bedenken der zwei Interpretationspositionen, die sich gegenüberstanden, aufzufangen und eine Antwort auf sie zu geben: Weder Teilkirche noch Gebilde des Vereinigungsrechtes, sondern hierarchische Struktur, die von den Teilkirchen unterschieden ist. Ihre Regelung bleibt folgerichtig im Rahmen der hierarchischen Verfassung der Kirche angesiedelt. Im zweiten Teil dieser Arbeit wird auf die theologischen Implikationen dieser Option zurückzukommen sein.

c) Die Personalprälaturen im endgültigen Aufbau des Codex (1983)

Papst Johannes Paul II. promulgiert schließlich das neue Gesetzbuch der lateinischen Kirche am 25. Januar 1983 im Anschluß an eine erneute

---

[72] Siehe die Texte in Anh. X. Der Inhalt dieser Canones wird auf S. 105-120 im Zusammenhang mit der Lehre und Normierung des Codex untersucht.

recognitio des genannten *Schema novissimum*, bei der ihm einige Experten zur Seite standen[73].

Die hervorstechendste Neuheit im Zusammenhang mit den Personalprälaturen ist ihre neue systematische Einordnung: Der betreffende Titel steht jetzt, wie bereits am Anfang dieser Arbeit erwähnt, im ersten Teil „De christifidelibus" und nicht mehr im zweiten Teil. Der Inhalt der vier endgültigen Canones[74] ist freilich praktisch identisch mit denen im *Schema novissimum*.

Wenn man sich vom theologischen Gesichtspunkt aus nach dem Sinn dieser letzten und endgültigen Abänderung in der Systematik fragt, so springt dem Sachkenner als erstes ins Auge, was nach dem neuen Codex eine Personalprälatur *nicht ist*: Weder eine *Teilkirche*, denn sie ist nicht im zweiten Teil, Sektion II über die „Teilkirchen und deren Verbände" geregelt; noch offensichtlich eine *Vereinigung*, denn sie ist weder im dritten Teil geregelt, der jetzt die Institute des geweihten Lebens und die Gesellschaften des apostolischen Lebens behandelt, noch gehört sie zu den Vereinen von Gläubigen, denen ein eigener Titel, nämlich Titel V des ersten Teils gewidmet ist.

Dies war aber schon vom *Schema novissimum* her bekannt, und im übrigen gab es im Laufe des ganzen Werdeganges des Codex weder eine *Identifizierung* mit den Teilkirchen, noch eine Betrachtung der Prälaturen als Vereinigungen. Auf der anderen Seite sind die Canones praktisch dieselben, d.h. ihr wesentlicher Inhalt wurde auf dem Weg vom *Schema* zum endgültigen *Codex* nicht verändert. Eine Analyse des Textes des *Schema* wirft ein wenig Licht auf die Frage, warum denn diese erneute Änderung an der systematischen Einordnung innerhalb des Codex überhaupt erfolgte.

Die Stellung des Titels über die Personalprälaturen im *Schema novissimum* hatte etwas Regelwidriges an sich. Sie entsprach zweifelsohne dem Standpunkt, der sich in den *animadversiones* der dritten Position in den Beratungen abzeichnete, die in der *Relatio* skizziert wird, aber – im Licht der Plenarsitzung – wurde die innere Logik der von der CIC-Reformkom-

---

73) *Praefatio* zum CIC 1983, in AAS 54 (1983) 29.

74) Cann. 294-297. Siehe Text in Anh. XI.

mission angenommenen Option nicht mit allen ihren Konsequenzen durchgehalten. Wenn man die Entscheidung zugrunde legte, die neuen Prälaturen formal nicht mit den Teilkirchen gleichzubehandeln, gleichzeitig aber ihren Charakter als Einrichtungen beizubehalten, die integrierender Bestandteil der hierarchischen Organisation der Kirche sind, so verlangte dies sachlogisch ungefähr folgenden Aufbau für den zweiten Teil des Buches „Volk Gottes“:

- Sektion I: „De suprema Ecclesiae auctoritate“;
- Sektion II: „De Ecclesiis particularibus deque earumdem coetibus“;
- Sektion III: „De iurisdictionibus personalibus, praesertim de Praelaturis personalibus“, oder etwas ähnliches.

Diese Einteilung wäre nicht eine aufsehenerregende Neuerung gewesen. Sie war bereits vor einiger Zeit angeregt worden. Ein Spezialist in Fragen der systematischen Ordnung kanonischer Gesetze[75] hatte 1979 eine Anordnung des zweiten Teils des Buches „De Populo Dei“ vorgeschlagen, die ohne weiteres in der Lage gewesen wäre, als Grundlage für eine Umsetzung der Wünsche der Plenarsitzung von 1981 zu dienen[76]. Tatsächlich schlug H. Schmitz, völlig im Einklang mit der Absicht und dem Willen des II. Vatikanischen Konzils, folgendes Schema für den zweiten Teil vor, den er mit der Überschrift versah „De Populi Dei constitutione hierarchica“:

- Titel I: „De suprema Populi Dei universi necnon Ecclesiae Latinae auctoritate eiusque exercitio“.

---

[75] Siehe H. SCHMITZ, *De ordinatione systematica novi Codicis Iuris Canonici recogniti*, in „Periodica...“ 68 (1979) 171-188. Bereits früher hat er eine wichtige Studie über die Systematik des Codex von 1917 verfaßt: ders., *Die Gesetzessystematik des Codex Iuris Canonici Liber I-III*, München 1963. Siehe hierzu auch U. MOSIEK, *Verfassungsrecht der Lateinischen Kirche. Bd. II, Struktur der Kirche im überdiözesanen Bereich*, Freiburg i.Br. 1978, S. 147-151.

[76] Die Beschlüsse der Vollversammlung waren, wie ich bereits früher hervorgehoben habe, ausschließlich darauf ausgerichtet, eine Begriffsverwirrung zwischen Teilkirchen und Personalprälaturen zu vermeiden; es ging nicht darum zu leugnen, daß den Personalprälaturen hierarchische Jurisdiktion zukommt. Zu keinem Augenblick hat die genannte Vollversammlung dafür plädiert, die Personalprälaturen als vereinigungsrechtliche Gebilde zu regeln.

- Titel II: „De Ecclesiae Latinae regionibus nec provinciis deque auctoritate in iisdem constituta".
- Titel III: „De Ecclesiis particularibus et de auctoritate in iisdem constituta".
- Titel IV : „De Praelaturis personalibus".

Das Gliederungsschema von Schmitz mit vier Titeln oder das vorher in drei Sektionen skizzierte entspricht vollkommen dem Wesen der Teilkirchen und dem Wesen der Personalprälaturen, die beide sauber von einander unterschieden werden. Dieses Schema stimmt vollständig mit der späteren Forderung der Plenarsitzung von 1981 überein und offenbart, welche Entwicklung die vom II. Vatikanischen Konzil angeregte pastorale Struktur der Kirche in organisatorischer Hinsicht genommen hat. Dies wäre andererseits die angemessenste Art und Weise gewesen, die in der *Relatio* aufgenommene Anregung zu beachten, das Militärvikariat im allgemeinen Rahmen der Personalprälaturen zu behandeln[77]. Das *Schema novissimum* hat diesen Weg nicht eingeschlagen und hat stattdessen die Canones über die Personalprälaturen aus systematisch-formaler Sicht in technisch unbefriedigender Weise untergebracht. Gewiß, der entsprechende Titel blieb im zweiten Teil über die hierarchische Verfassung der Kirche, aber er blieb innerhalb der Sektion II über die Teilkirchen, was nicht gerade zur gewünschten Klärung beitrug.

Doch zurück zum endgültigen Wortlaut. Die letzte Überarbeitung des Entwurfes des *Codex* beläßt den Inhalt der vier unserem Thema gewidmeten Canones unverändert, d.h. sie macht sich die entsprechende Grundoption der konziliaren und nachkonziliaren Dokumente über die Personal-

---

77) Die theologische und juristische Einordnung der Militärvikariate war im Laufe des kodikarischen Werdeganges nicht immer klar. Die Tatsache, daß sie in einer gewissen Nähe zu den neuen Personalprälaturen stehen, erlaubte es bereits den ersten redaktionellen Entwürfen, sie gemeinsam mit ihnen zu regeln. Der endgültige Text des Codex hat davon abgesehen, die Militärvikariate im Zusammenhang mit den Teilkirchen oder mit den Personalprälaturen zu erwähnen, und beschränkt sich statt dessen in can. 569 auf einen Verweis auf die „Militärkapläne", für die „besondere Gesetze" gelten sollen. Hier handelt es sich also um einen Fall, der einer adäquaten Normierung bedarf.

prälaturen zu eigen – sie sind hierarchische Strukturen, nicht vereinigungsrechtliche Gebilde-, aber sie behebt nicht den formalen Mangel des *Schema novissimum*. In der Tat ist die neue Entscheidung zur Systematik noch überraschender; die einschlägigen Canones werden aus dem zweiten Teil herausgenommen und, da sie ganz offensichtlich nicht dem dritten Teil zugeschlagen werden können, im ersten Teil an einer Stelle untergebracht, die hinter der Beschreibung der Personen als die *christifideles* – Laien und Kleriker – und vor der Abhandlung des Vereinsrechts liegt. Man gewinnt den Eindruck, als handele es sich um einen ziemlich improvisierten Wechsel, der offensichtlich bezweckte sicherzustellen, daß die Personalprälaturen weder mit den Teilkirchen noch mit den Vereinigungen verwechselt werden, gleichzeitig aber verhindert, daß die Gesetzessystematik in positiver – und nicht nur in negativer – Weise Auskunft über das Wesen dieser neuen Rechtsfigur erteilt[78].

Gewiß, das entscheidende Kriterium für die Hermeneutik einer Institution sind die wesentlichen Vorschriften, die sie regeln: die systematische Interpretation ist immer subsidiär[79]. Aber in einem Gesetzeswerk, das kodikarischer Art und deshalb in höchstem Maße umfassend angelegt ist, ist es nicht belanglos, ob die Systematik wirklich eine Orientierungshilfe gibt.

Aufgrund der Option des Codex von 1983 kann auf die Frage, was die Personalprälaturen seien, *positiv* nur von einer Hermeneutik des wesentlichen Inhalts ihrer kodikarischen Regelung geantwortet werden; und dies im Licht vor allem der konziliaren Absicht (*mens et voluntas* der Konzilsväter), sowie einer theologisch-kanonistischen Vertiefung, die im Laufe der Entwicklung des Textes vollzogen wurde und von einer systematisch-

---

78) In seinem o.zit. Artikel (S. 28, Anm.18 nach Veröffentlichung des CIC 83 erschienen) läßt H. Schmitz selbst diese Unsicherheit in der Abgrenzung der neuen Rechtsfigur erkennen. Für eine kritische Würdigung der Einordnung dieser Personalprälaturen im CIC 1983 s. E. COLAGIOVANNI, *Incardinazione ed escardinazione nel nuovo Codice di Diritto Canonico*, in „Monitor Ecclesiasticus" 109 (1984) 49-57, insb. S. 51.

79) Über den Sinn der systematischen Gesetzesinterpretation s. J. M. GONZALEZ DEL VALLE, *The method of the CIC*, Beitrag zum V. Internationalen Kongreß für kanonisches Recht, Ottawa, August 1984.

theologischen Betrachtung der der Kirche eigenen Stuktur. Dies stellt die Kanonistik und die Theologie vor eine harte Arbeit; sie ist zu leisten in einem intensiven Dialog im Rahmen der je eigenen Erkenntnisbereiche. Zwei Monate vor der Promulgation des Codex errichtete Johannes Paul II. unter Anwendung der Vorschriften von *Presbyterorum Ordinis*, *Ecclesiae Sanctae* und *Regimini Ecclesiae universae* die erste – und bisher einzige – Personalprälatur, das Opus Dei[80]. Die im Zusammenhang mit dieser Prä-

---

[80] Der Papst läßt seine Entscheidung am 23. August 1982 veröffentlichen und errichtet die Prälatur am 28. November desselben Jahres. Die Ap.Konst. *Ut sit* trägt dasselbe Datum und wird am 19. März 1983 durch den Nuntius in Italien, der für diesen Akt zum Apostolischen Delegierten ernannt worden war, während der offiziellen Inauguration der Prälatur ausgeführt; später wurde die Ap.Konst. in AAS 75 (1983) 423-425 promulgiert; ebd., S. 464-468 wird auch die *Declaratio* wiedergegeben, mit welcher die Kongregation für die Bischöfe mit Datum vom 23.8.1982 die wichtigsten Merkmale der Prälatur beschrieben hat. Text der Ap.Konst. und der *Declaratio* s.u. Anh. XII und XIII. Diese gesamte Dokumentation nebst den offiziellen Kommentaren von Kard. Baggio, dem damaligen Präfekten der Kongregation für die Bischöfe, und von Msgr. Costalunga, dem Untersekretär ders. Kongregation, und den Erklärungen von Msgr. Del Portillo, dem Prälaten des Opus Dei, in *Osservatore Romano*, in *ABC* und *Ya* kann in dem Buch *El Opus Dei, Prelatura personal*, Madrid 1983, nachgelesen werden. Ferner s. Dokumentation, *Errichtung des Opus Dei als Personalprälatur*, hrsg.v. Informationsbüro des Opus Dei in Deutschland, Köln 1983. – Die Errichtung dieser Prälatur war Anlaß für eine wachsende wissenschaftliche Bibliographie. Vgl. insb. R. TOMASSETTI, *L'Opus Dei e la nuova figura giuridica delle prelature personali*, in „Aggiornamenti sociali" 35 (1984) 677-692; C. DE DIEGO-LORA, *El nou estatut de L'Opus Dei* in „Questions de vida cristiana" 121 (1984) 100-103; J.L. GUTIERREZ, *La Costituzione Apostolica „Ut sit" e la figura giuridica della Prelatura Personale*, in „Apollinaris" 57 (1984) 335-340; J. A. MARQUES, *A Prelatura de Santa Cruz e Opus Dei*, in „Theologica" 18 (1984) 3-65; A. ARANDA, *El Opus Dei, Prelatura personal*, in „Scripta Theologica" 125 (1983) 109-118; J. ARIAS, *Prelatura personal del Opus Dei*, in „Naturaleza y Gracia", 30 (1983) 407-417; J. I. ARRIETA, *L'atto di erezione dell'Opus Dei in Prelatura personale*, in „Apollinaris" 56 (1983) 89-114; J. FORNES, *El perfil jurídico de las Prelaturas personales. Un comentario a la Constitución Apostólica „Ut sit" de 28.XI.1982*, in „Monitor Ecclesiasticus" 108 (1983/IV) 436-472; A. DE FUENMAYOR, *La erección del Opus Dei en Prelatura personal*, in „Ius Canonicum" 23 (1983) 9-55; ders., *El Vaticano II y el Opus Dei* in „La Ciudad de Dios" 196 (1983) 495-504; M. GUERRA, *La configuración jurídica del Opus Dei como Prelatura personal*, in „Burgense" 24 (1983) 315-330; D. LE TOURNEAU, *L'Opus Dei Prélature personnelle: dans le droit fil de Vatican II*, in „Revue des Sciences Religieuses" 57 (1983) 295-309; ders., *L'„Opus Dei", son histoire, sa spiritualité, sa nature juridique*, in „Esprit et Vie" 42, 43 und 44 (1983) 561-569; 577-588; 593-598; J. OTADUY, *Carisma y derecho en la erección del Opus Dei como Prelatura personal*, in „Iglesia Viva" 184 (1983) 227-238; M. PEREZ RECIO, *El Opus Dei erigido en Prelatura personal*, in „Studium Legionense" 24 (1983) 159-172; P. RODRIGUEZ,

latur veröffentlichten Dokumente stellen ohne Zweifel eine Hilfe für die Reflexion von Theologen und Kanonisten dar. Vor Eintritt in diese Reflexion soll jedoch als Abschluß zu den vorangehenden Abschnitten eine Zusammenfassung die bisherigen Ergebnisse bündeln, einige Gesichtspunkte hervorheben und einige Schlußfolgerungen aufweisen.

d) Zusammenfassung

Die letzte Etappe des redaktionellen Werdeganges des Codex und der promulgierte Wortlaut selbst verdeutlichen einige Punkte, die für die vorliegende Untersuchung von nicht unerheblicher Bedeutung sind:

1. Seit der Sitzung des *coetus de Populo Dei* im März 1980 zeichnen sich zwei Interpretationen der Rechtsfigur der Personalprälaturen ab: eine – von der Mehrheit vertretene und vom *coetus* von Anfang angenommene –, welche die Absicht des Konzils mit dieser neuen Figur wohl verstanden hatte, schlug vor, ihre Regelung innerhalb der hierarchischen Organisation der Kirche anzusiedeln, und optierte dafür, auf ihre Gleichbehandlung *in iure* mit den Teilkirchen zurückzugreifen[81]; die andere Interpretation war die Meinung einer Minderheit und kam erst später auf, fand aber nie Aufnahme in die aufeinander folgenden Entwürfe des Codex oder gar in den endgültigen Text. Diese Meinung verfolgte das Ziel, die neuen Jurisdiktionsstrukturen zu reduzieren auf die Regelung für Gebilde vereinigungsrechtlicher Art.

Opus Dei: Charism and Law, in „Position Papers", März 1983, S. 26-30; G. W. RUTLER, *The Rise of Opus Dei*, in „New Oxford Review", Juni 1983, S. 6-8; W. H. STETSON, *Opus Dei: The Church's first personal prelature*, in „Homiletic and Pastoral Review", Juli 1983, S. 64-70; R. SCHUNCK, *Die Errichtung der Personalprälatur Opus Dei*, in „Theologie und Glaube", 73 (1983) 71-107; ders., *Säkulare Spiritulität des Opus Dei*, in „Münchener Theologische Zeitschrift", 35 (1984) 47-59; J. I. ARRIETA, *El Opus Dei, prelatura personal. Decisión histórica del Papa Juan Pablo II*, in „Revista Española de Teología" 42 (1982) 457-465; J. T. MARTIN DE AGAR, *El nuevo estatuto canónico del Opus Dei* in „Mayéutica" 8, 22 (1982) 241-249.

81) So wenigstens lautete der Mehrheitsbeschluß der Codex-Kommission bis zur Vollversammlung von 1981. Zum Begriff der Gleichbehandlung s. u. S. 175-181.

2. Die Canones des Codex über die Personalprälaturen[82] halten sich in diesem Sinne treu an die *mens* und an die *intentio* des Konzils und der entsprechenden Ausführungsbestimmungen. Denn der wesentliche Inhalt dieser Canones richtet sich nach dem Motu proprio *Ecclesiae Sanctae*.

3. Der erwähnte Widerstreit der Meinungen im Laufe des redaktionellen *iter* führt zu begrüßenswerten Präzisierungen hinsichtlich der neuen Rechtsfigur und zu Modifizierungen in der systematischen Einordnung ihrer Normierung in den nacheinander erstellten Entwürfen. Von hoher theologisch-juristischer Präzision zeugt der Vorschlag der *Relatio* von 1981. Hier wird klar zwischen Teilkirchen und Personalprälaturen unterschieden, zugleich aber wird eine Gleichbehandlung *in iure* beibehalten.

4. Der *systematische* Ort, den die Vorschriften über die Prälaturen im Codex schließlich einnehmen, hebt zwei für die vorliegende Arbeit äußerst wichtige Gesichtspunkte hervor:

a) Die neuen Prälaturen *sind keine Teilkirchen*, denn es sind andere Merkmale, die sie in ihrer Eigenart bestimmen: sie brauchen nicht von einem Gebiet umschrieben oder auf ein solches hinbezogen zu sein; auch wenn sie – so wie es dem Wesen einer jeden Prälatur entspricht – einen *coetus fidelium* haben, der dem Prälaten anvertraut ist, ist diese Gemeinschaft von Gläubigen *sensu stricte* nicht identisch mit dem charakteristischen Element der Teilkirchen, der *portio Populi Dei*; d.h. sie brauchen keine *congregatio fidelium* unter der *vollen* Jurisdiktion eines Bischofs, der sie als eigener Hirt weidet. Deshalb sind sie nicht in der Sektion II im zweiten Teil des Buches *De Populo Dei* untergebracht, die den „Teilkirchen und deren Verbänden" gewidmet ist.

b) Die neuen Prälaturen *sind keine Vereinigungen*: kraft ihres Wesens unterscheiden sie sich von dem theologisch-juristischen Phänomen des Vereinigungsrechtes in der Kirche; und dies unabhängig von dem bereits vorher bestehenden ekklesialen *Faktum*, das der Apostolische Stuhl aufgreifen mag, um ihm die juristische Prägung als Personalprälatur zu verleihen. Aus diesem Grund sind sie nicht im dritten Teil des Buches „De Populo Dei" eingeordnet, der den Instituten des geweihten Lebens und

---

[82] Cann. 294-297.

den Gesellschaften des apostolischen Lebens, einem völlig andersartigen Phänomen, gewidmet ist; ebensowenig haben sie im Titel V des ersten Teils ihren Platz gefunden, der den Vereinen von Gläubigen im allgemeinen gewidmet ist.

5. Beide Gesichtspunkte umreißen den systematischen Rahmen innerhalb des Codex für das theologisch-kanonistische Verständnis des Wesens der Personalprälaturen – einen Rahmen, welcher vollständig der *intentio* des Konzils und seiner Ausführungsbestimmungen entspricht, was noch ausführlich behandelt wird. Jegliche spätere Vertiefung, wie auch die im folgenden versuchte, wird in diesem doppelten Ausschluß zwei Elemente für die theologische Wesensbestimmung dieser Prälaturen haben.

6. Ebenso steht fest, daß die erwähnte Option zur systematischen Einordnung nicht beabsichtigt, dem Wesensmerkmal der erwähnten Prälaturen zu widersprechen, nach dem sie eine hierarchische Jurisdiktion sind. So hat es nämlich, dies sei noch einmal wiederholt, die *voluntas Concilii* und die anschließende Entwicklung der entsprechenden Normierung gewollt.

a) Die Tatsache, daß die Vorschriften über die Personalprälaturen einen neuen Standort zugewiesen erhielten, liegt nicht darin begründet, daß man Zweifel an ihrem hierarchischen Wesen hegte, sondern daran, daß die Bearbeiter des letzten Entwurfes keine andere Möglichkeit sahen, ihre begriffliche Unterscheidung zu den Teilkirchen auszudrücken[83];

b) die neue Einordnung der Canones über die genannten Prälaturen als ein eigenständiger Titel IV im ersten Teil des Buches II entspricht dem Wunsch, mit aller Deutlichkeit darzutun, daß sie sich vom Vereinigungsrecht in der Kirche unterscheiden. Die Tatsache, daß der Titel über die Personalprälaturen vor dem Titel V über die Vereine seinen Platz gefunden hat, ist ein Hinweis auf den Willen des Gesetzgebers, der vermieden wissen wollte, daß die Personalprälaturen als eine Sonderform des genannten vereinigungsrechtlichen Phänomens interpretiert werden könnten.

---

[83] So allgemein anerkannt; vgl. hierzu T. BERTONE, *Fedeli, laici, chierici e costituzione gerarchica*, in „La normativa del nuovo Codice", hrsg. v. E. CAPELLINI, Brescia 1983, S. 84. Bertone betont, der Wechsel sei vollzogen worden, „ad evitare che le Prelature personali siano considerate alla stregua delle Chiese particolari".

7. Gesetzestechnisch betrachtet, ist die hier untersuchte systematische Option unvollkommen, wenn es darum geht, das theologisch-kanonistische Wesen der Personalprälaturen zu erhellen. Wenn auch diese Option Auskunft darüber gibt, was die Personalprälaturen *nicht sind*, so sagt sie doch – von der Gesetzessystematik aus gesehen – nichts darüber aus, *was sie sind*. Innerhalb einer richtigen Systematik, die dazu beigetragen hätte, die neuen Prälaturen begrifflich von den Teilkirchen zu unterscheiden – und das war es ja, worum es ging –, wäre die in sich schlüssigste Lösung z.B. gewesen: die Personalprälaturen als eine neue Sektion III im zweiten Teil des Buches II aufzunehmen, der die Organisation der hierarchischen Einrichtungen in der Kirche regelt.

***

Die auf den vorangehenden Seiten dargelegte Ansammlung von Daten gewährt meines Erachtens ein Mindestmaß an Informationen, das nötig ist, um sich aus theologischer Sicht der Frage zuzuwenden, was eigentlich diese Personalprälaturen sind, und schon eine Antwort darauf im Ansatz zu versuchen.

Für ein geordnetes Vorgehen erscheint es angebracht, der gerade aufgezeigten Systematik zu folgen und zum zweiten Teil der vorliegenden Arbeit überzugehen. Dabei wird zuerst das Wesen dieser neuen Rechtsfigur selbst zu bestimmen sein, so wie diese uns aus den sie regelnden Canones entgegentritt, d.h. es wird um das gehen, was oben der „wesentliche Inhalt" der Personalprälatur genannt wurde; anschließend und von dem derart gewonnenen Bestand an Einsichten ausgehend, wird es um eine formale theologische Reflexion gehen, welche die aufgeworfene Frage beantworten soll.

ZWEITER TEIL

Systematisch-theologische Betrachtung der Personalprälaturen

III. Kapitel

Das theologisch-kanonistische Wesen der Personalprälaturen gemäß den sie regelnden Canones

Die historische Untersuchung der Regelung der Personalprälaturen, wie dies im ersten Teil dieser Arbeit versucht wurde, führt zu der abschließenden Frage, welches Licht die Systematik des Codex in unsere Fragestellung bringt. Wenn man von der Gesetzessystematik ausgeht, sowohl von dem, was sie positiv aussagt, als auch negativ von dem, was sie nicht aussagt, so wird deutlich, daß diese Prälaturen einer konzeptionellen Besonderheit eigener Art entsprechen. Aber mit hermeneutischer Gültigkeit läßt sich das Wesen einer Institution nur aus den sie regelnden Vorschriften ableiten. Während die „Systematik" eines Dokumentes vor allem zeigt, bis zu welchem Grad die Verfasser dieses Dokumentes zu einem „organischen" Verständnis der mit dieser Institution zusammenhängenden Fragen vorgedrungen sind, geben die wesentlichen Vorschriften – wie gesagt – Aufschluß über die objektive Identität der geregelten Rechtsfiguren. Daher ist es nötig, nun unter dem Gesichtspunkt der Systematik die Untersuchung fortzusetzen und den theologisch-kanonistischen Grundlagen der Vorschriften nachzuspüren, die sich im Codex ausdrücklich mit den Personalprälaturen befassen; das sind die cann. 294 bis 297. Damit gehen wir also über zur Untersuchung des Titels IV vom ersten Teil des Buches II, der die Überschrift „De praelaturis personalibus" trägt. Selbstverständlich werden wir uns hier nur damit auseinandersetzen, soweit ihre Normierung dazu beiträgt, die theologisch-kanonistische Identität der Personalprälaturen zu beleuchten. Dabei wird die denkbar einfachste

Methode angewandt: der Reihe nach werden die vier Canones 294 bis 297 analysiert[1].

1. Die Errichtung der Personalprälaturen

Can. 294 greift zu Beginn das pastorale Motiv auf, um dessentwillen das Konzil die Errichtung von Personalprälaturen wünscht. Auf die besondere Bedeutung dieses Motives wird noch zurückzukommen sein[2]. Diesbezüglich sagt der Gesetzestext, daß sie errichtet werden, „um eine angemessene Verteilung der Priester zu fördern oder um besondere seelsorgliche oder missionarische Werke für verschiedene Gebiete oder unterschiedliche Sozialverbände zu verwirklichen." Desweiteren regelt der Canon Gesichtspunkte, die im Hinblick auf das Verständnis des Wesens dieser Prälaturen außerordentlich wichtig sind:

a) Ihre Errichtung ist ausschließlich Sache des Apostolischen Stuhls, entsprechend der kodikarischen Norm zur Errichtung anderer hierarchischer Institutionen[3].

b) Es wird festgelegt, daß der Heilige Stuhl die betreffenden Bischofskonferenzen anhören muß. Dies ist eine Voraussetzung, die für die Errichtung von vereinigungsrechtlichen Einrichtungen nicht vom Recht vorgeschrieben ist: weder im Fall der klerikalen Institute päpstlichen Rechts[4], noch für die gesamtkirchlichen und internationalen öffentlichen Vereine[5]. Es ist hingegen eine charakteristische Voraussetzung für die Errichtung jeglicher hierarchisch verfaßter Einrichtungen, deren Fundament nicht ausschließlich territorial ist. Tatsächlich wird für ihre kanonistische

---

[1] In diesem Kapitel werden im wesentlichen die Ausführungen aus dem Beitrag von P. RODRIGUEZ – A. DE FUENMAYOR, *Sobre la naturaleza de las Prelaturas personales...*, S. 23 ff aufgegriffen.

[2] Vgl. unten S. 120-125.

[3] Vgl. can. 373.

[4] Vgl. can. 589.

[5] Vgl. can. 312 § 1, 1°.

Errichtung ein und dasselbe Verfahren für die Teilkirchen[6] wie auch für die Personalprälaturen vorgeschrieben: die höchste Autorität nimmt die Errichtung vor. Es handelt sich um eine Ermessensentscheidung: „erigi possunt", die nach einer Beurteilung ihres pastoralen Nutzens erfolgt und „auditis Episcoporum conferentiis quarum interest"[7]. In beiden Fällen ist die Voraussetzung mit dem Grundsatz der *communio pastorum* in Ausübung ihres jeweiligen hierarchischen *munus* und mit dem Grundsatz der Kollegialität, welche beide die gesamte Ekklesiologie des Konzils und des Codex prägen, völlig vereinbar.

c) Eine wesentliche und notwendige Voraussetzung ist, daß die Personalprälaturen „aus Priestern und Diakonen des Weltklerus bestehen". Diese Vorschrift belegt auf der einen Seite, daß das Phänomen des geweihten Lebens – einschließlich der geweihten Säkularität, die ihren eigenen Ort im Codex hat[8] – ganz anderen Ursprungs ist; auf der anderen Seite bestätigt sie einmal mehr das Wesensmerkmal der pastoralen „Selbstorganisation" der Kirche, dem sich diese Prälaturen verdanken[9].

2. Die Leitung dieser Prälaturen

Can. 295 legt die Leitung der Personalprälaturen fest. Die wesentlichen Punkte dieses Canons lassen sich wie folgt zusammenfassen:

a) Während can. 294 bestätigt hat, daß die Konstituierung von Personalprälaturen – wie die jeder anderen autonomen hierarchischen Struktur – Sache des Apostolischen Stuhls ist, bestimmt can. 295 eine Form der Leitung, die für die hierarchischen Institutionen charakteristisch, aber *natura*

---

[6] Vgl. can. 372 § 2.

[7] Ebenso ist die Anhörung der Bischofskonferenzen und insbesondere der Bischöfe einer Kirchenprovinz oder Region immer dann vorgesehen, wenn es darum geht, die territorialen Zirkumskriptionen der hierarchischen Organisation der Kirche abzuändern: vgl. can 431 § 3; Dekr. *Christus Dominus*, Art. 24 und Motu proprio *Ecclesiae Sanctae* I, Art. 12.

[8] Buch II, Teil III, Sektion I, Titel III.

[9] Zur Säkularität der Personalprälaturen, s. G. LO CASTRO, *Le Prelature personali...*, S.126-129.

sua unvereinbar mit vereinigungsrechtlichen Gebilden ist. Die für jede einzelne Personalprälatur gültige Rechtsnorm wird ihr vom Apostolischen Stuhl *gegeben*: es sind die „ab Apostolica Sede conditis“ Statuten. Hier wird auf besonders augenfällige Weise deutlich, daß zwischen Prälaturen – wie auch den anderen hierarchischen Jurisdiktionen – und jedweder Vereinigung in der Kirche (Institute des geweihten Lebens, Gesellschaften des apostolischen Lebens, usw.) ein wesentlicher Unterschied besteht.

Die Vereinigung entspringt ja der Ausübung der Privatautonomie der Gläubigen – Klerikern oder Laien –, die ein verfassungsmäßig verankertes Recht haben, Vereinigungen zu gründen und die Rechtssatzungen, nach denen diese geleitet werden sollen, in dem vom Recht abgesteckten Rahmen zu vereinbaren.

Selbst im Falle der vom Apostolischen Stuhl errichteten öffentlichen Vereine *gibt* dieser ihnen nicht ihre Satzungen, sondern es ist der konkrete Verein selbst, der sich diese selbst gibt, und der Apostolische Stuhl beschränkt sich darauf, sie anzuerkennen und zu approbieren[10]. Dasselbe geschieht bei den Konstitutionen, welche die Leitung der Institute des geweihten Lebens festlegen: die kirchliche Autorität erteilt diesen Codices Anerkennung und Genehmigung[11], aber sie gibt sie nicht dem betroffenen Institut. Der Unterschied zwischen dem einen und dem anderen Phänomen – Personalprälatur und Institut des geweihten Lebens – ist derselbe wie der zwischen den Begriffen der hierarchischen Organisation (Verfassungsrecht) und vereinsrechtlichem Phänomen (Vereinigungsrecht).

Es ist von entscheidender Bedeutung, diese Dimension der neuen Rechtsfigur bis auf den Grund zu erfassen. Juristisch gesehen hat die Errichtung einer Personalprälatur nicht den Sinn, einer bereits vorhandenen Wirklichkeit eine vom Recht vorgesehene Form zu verleihen; vielmehr handelt es sich bei ihr um einen Rechtsakt, durch den die höchste Autorität der Kirche ein von ihr gewolltes Projekt der kirchlichen „Selbstorganisation“ verwirklicht. Dies wird sehr deutlich, wenn im Verfahren der Konstituierung und Errichtung einer Prälatur die Initiative von der höchsten

---

[10] Siehe can. 314.

[11] Siehe can. 587 § 2.

kirchlichen Gewalt selbst ausgeht. Es wird aber gleichermaßen deutlich in dem Fall, daß der konstitutive Akt sich auf eine vorgegebene Wirklichkeit in Form eines im Leben der Kirche unter dem Impuls des Geistes bereits hervorgegangenen pastoralen Phänomens stützt. In diesem Fall handelt es sich, im juristischen Sinne, nicht darum, daß ein Ergebnis der Privatautonomie von der kirchlichen Autorität anerkannt wird, sondern vielmehr wird die Privatautonomie von der kirchlichen Autorität durch diesen Akt der Rechtssetzung „absorbiert"[12]. Sowohl vom theologischen als auch vom kanonistischen Standpunkt her betrachtet, erfährt das frühere ekklesiale Phänomen charismatischen Ursprungs nicht nur Anerkennung und Genehmigung; vielmehr wird es bei vollständigster Wahrung seiner inhaltlichen Eigenart als integrierender Bestandteil der „seelsorglichen Erfordernisse" oder der „gesellschaftlichen Gruppe" gegenüber der höchsten Autorität konstituiert, und damit wird, *in bonum commune totius Ecclesiae*, die Errichtung der Prälatur als eigene Entscheidung der Autorität gerechtfertigt, wobei die Autorität auf diese Weise ihre besonderen institutionellen Ziele erreichen will[13].

b) Can. 295 regelt auch *die Rechtsfigur des Prälaten*. Die in diesem Zusammenhang wichtigste Aussage ist die, welche den Prälaten zum „Ordinarius proprius" der Prälatur erklärt. Er leitet tatsächlich die Prälatur mit Leitungsgewalt, „quae quidem ex divina institutione est in Ecclesia et etiam potestas iurisdictionis vocatur"[14]. Es handelt sich hierbei um eine Gewalt, die ordentliche – d.h. mit dem Amt verbundene – Gewalt ist, nicht eine, die auf die Person von einer anderen kirchlichen Autorität übertragen wird[15]. Tatsächlich handelt es sich um eine selbständige Jurisdiktion, die einzig den Apostolischen Stuhl als höhere Instanz hat. Diese Gewalt des Prälaten umfaßt alle Bereiche – und nur diese –, die zu den *opera pastoralia*

---

[12] Vgl. G. LO CASTRO, *Le Prelature personali...*, S. 109.

[13] Dieses Verfahren ist auch eingehalten worden bei der Errichtung der Prälatur Opus Dei. Siehe Ap. Konst. *Ut sit*, Vorwort, AAS 75 (1983) 423; hier wird die Besonderheit und der Nutzen des ekklesialen Phänomens des Opus Dei erörtert, und es erfolgt der Hinweis, daß seine Errichtung als Personalprälatur angebracht ist. Wortlaut in Anh. XII.

[14] Can. 129.

[15] Siehe can. 131 § 1.

gehören, die Daseinsberechtigung einer jeden Prälatur sind. Der Canon bestimmt einige Inhalte dieser Gewalt: nationale oder internationale Seminare zu errichten, Kleriker zu inkardinieren und sie auf den Titel des Dienstes für die Prälatur zu den heiligen Weihen zu führen.

Im Hinblick auf das bessere Verständnis des Wesens der Personalprälaturen verdient dieser letzte Aspekt – das *ius incardinandi* des Prälaten – eine weitergehende Betrachtung. Es darf nicht vergessen werden, daß im *iter idearum* des Textes von *Presbyterorum Ordinis* beide Themen – Inkardinierung und Personalprälaturen – unmittelbar miteinander verbunden waren. In diesem can. 295 nun wird, vom Gesichtspunkt der Gewalt des Prälaten her betrachtet, etwas behandelt, das der Codex bereits vorher in dem Kapitel über die Inkardinierung festgelegt hat[16]. Um Notwendigkeit und Wirkungen der Inkardinierung der Kleriker zu beschreiben, führt can. 265 zwei Möglichkeiten mit je zwei Alternativen an. Gemäß den Vorschriften dieses Canons müssen Kleriker inkardiniert sein:

- „*aut* alicui Ecclesiae particulari *vel* praelaturae personali,
- *aut* alicui instituto vitae consecrata *vel* societati hac facultate praeditis".

Auf diese Weise wird in Übereinstimmung mit dem konziliaren und kodikarischen Denken die Inkardinierung in den hierarchischen Strukturen von derjenigen unterschieden, die in den vereinigungsrechtlichen Gebilden erfolgt. Gleichzeitig werden im Rahmen der hierarchischen Körperschaften mit aller Deutlichkeit die zwei Institutionen hervorgehoben, in denen eine Inkardinierung erfolgen kann: die Teilkirchen und die Personalprälaturen[17].

Die Personalprälatur ist also einem Prälaten anvertraut, der mit der eben

---

[16] Cann. 265-272.

[17] Der Regelung des Can. 266 liegt folgender Gedanke zugrunde: In § 1 wird die Inkardinierung in eine Teilkirche oder eine Personalprälatur als Grundlage für den Amtsdienst für diese Kirche oder diese Prälatur angesehen; die §§ 2 und 3 beschreiben dagegen die Wirkungen der Inkardinierung in vereinigungsrechtlichen Gebilden, d.h. in den Ordensinstituten, den Säkularinstituten und den Gesellschaften des Apostolischen Lebens.

beschriebenen Gewalt ausgestattet ist. Dem Tenor von can. 295 ist ferner zu entnehmen, daß es offensichtlich Sache des Heiligen Stuhls ist, im Rahmen der in can. 147 aufgezählten Arten der Amtsübertragung diejenige Art festzusetzen, die für die jeweils zur Entscheidung anstehende Prälatur am geeignetsten ist. Es ist zu berücksichtigen, daß gemäß der Apostolischen Konstitution *Regimini Ecclesiae universae* diese Ernennungen in die Zuständigkeit der Kongregation für die Bischöfe fallen. Die Amtsübertragung für den Prälaten wird also gemäß einer der beiden Arten erfolgen, die im Codex für jene vorgesehen sind, die hierarchischen Einrichtungen vorstehen, d.h. es wird sich um unmittelbare Ernennung oder um Bestätigung des rechtmäßig Gewählten handeln, aber nie ohne entscheidende Mitwirkung des Papstes vonstatten gehen[18]. Hier zeigt sich einmal mehr, was in der vorliegenden Analyse der wesentlichen Vorschriften immer wieder klar zu Tage tritt: das hierarchische Wesen dieser Prälaturen; und noch deutlicher wird ihre scharfe Unterscheidung von den Institutionen des geweihten Lebens, deren Generaloberer in Übereinstimmung mit den Konstitutionen des Instituts gewählt und ernannt wird, ohne daß eine Bestätigung oder Ernennung seitens des Heiligen Stuhles erforderlich wäre[19].

3. Die Laien in den Personalprälaturen

Die Normierung der Personalprälaturen im Codex greift die *voluntas Concilii* auf und formalisiert sie. Dies tut sie durch Übernahme der in dem Motu proprio *Ecclesiae Sanctae* enthaltenen Lehre, wie sich in hervorragender Weise in can. 296 zeigt, der eine konkrete Art der Präsenz der Laien innerhalb dieser neuen kirchenrechtlichen Figuren regelt.

Ehe hier jedoch der konkrete Inhalt dieses Canons analysiert wird, ist auf einen Punkt hinzuweisen, dessen Beachtung angesichts der theologisch-kanonistischen Natur der Personalprälaturen, so wie sie auf dem

---

[18] Vgl. can. 337 § 1.
[19] Vgl. can. 625 § 1.

Ökumenischen Konzil konzipiert und im Laufe der Vorarbeiten zum neuen Codex entfaltet wurden, unumgänglich ist. In einer Personalprälatur gibt sich nicht der *ordo clericalis*, sondern *die Kirche* selbst eine eigene Ordnung: sie ist nicht Hierarchie, sondern hierarchisch verfaßte Institution. Zu ihrem Wesen gehört also der *coetus fidelium*, der der Seelsorge des Prälaten und seines ihm beistehenden Klerus anvertraut ist. Der Grund für diese Regelung – und hier liegt das Spezifikum der Personalprälatur – ist das Ziel, eine besondere pastorale Aufgabe zu erfüllen. Der *coetus fidelium* ist um der *peculiaria opera pastoralia* willen vorhanden. In jeder anderen Hinsicht gehören diese Gläubigen zu den *portiones Populi Dei*, die ihre jeweiligen Teilkirchen ausmachen. Auf diesen ganz entscheidenden Punkt wird noch zurückzukommen sein, hier soll jedoch bereits im Zusammenhang mit der Erörterung darauf hingewiesen werden, daß auch Laien zu diesen Prälaturen gehören und daß dies begriffsnotwendig zum Wesen einer Prälatur und zur Daseinsberechtigung der Personalprälaturen gehört. Gerade die Laien sind es ja, die mit ihren geistlichen Erfordernissen den eigentlichen Grund für jede mögliche Prälatur darstellen.

Es ist Sache des vom Hl. Stuhl für jede Prälatur erlassenen Rechtes – ihrer Statuten, von denen in cann. 295 § 1, 296 und 297 die Rede ist –, juristisch exakt zu umschreiben, wie sich im Hinblick auf die vom Hl. Stuhl der betreffenden Prälatur vorgegebene pastorale Zielsetzung der je eigene *coetus fidelium* zusammensetzt. Das einzige, was der Canon 296 regelt, ist eine besondere Voraussetzung für die Bildung des *coetus fidelium*. Diese Voraussetzung bedurfte offensichtlich einer entsprechenden Rechtsnorm, und zwar aus zwei Gründen: zum einen gehört dies zum Wesen dieser Voraussetzung, und zum anderen ergab sich dies aus der Entscheidung, die Personalprälaturen in ihrem Kerngehalt nicht im Wege der allgemeinen Gleichbehandlung mit den Teilkirchen zu regeln. Darüberhinaus ergibt eine korrekte Hermeneutik des Codex, daß die Personalprälaturen eigene Gläubige haben können, die *a iure* und nicht nur durch *conventiones* bestimmt sind.

Der Wortlaut von can. 296 ist folgender:

> „Aufgrund von mit der Prälatur getroffenen Vereinbarungen, können Laien sich apostolischen Werken der Personalprälatur

widmen; die Art dieser organischen Zusammenarbeit und die hauptsächlichen Pflichten und Rechte, die damit verbunden sind, sind in den Statuten in angemessener Weise festzulegen."

Der Tenor dieses can. 296 verdient eine ausführliche Betrachtung; denn er enthält Anhaltspunkte ersten Ranges für das Verständnis der seelsorglichen Dynamik der Personalprälaturen und folglich für das Erfassen ihres theologischen Wesens.

a) Die „organische Zusammenarbeit" der Laien

Die theologisch-kanonistische Reflexion über die Personalprälaturen, die ihren Ausgang beim Konzilstext nimmt und sich in Gestalt von Normen bereits in dem zitierten Motu proprio von 1966 niederschlägt, läßt begreiflich erscheinen, daß die Laien innerhalb dieser Prälaturen apostolische Verantwortungen übernehmen können. Wie bereits an anderer Stelle erwähnt, fällt hier die Theologie des Konzils über die Laien als Teil der originären und konstitutiven Sendung der Kirche ins Gewicht. Das Konzil hat ja in großartiger Weise die ekklesialen Horizonte geweitet; es unterstrich, daß die Sendung der Kirche nicht auf die der Hierarchie zustehende Tätigkeit beschränkt werden darf, und gab folglich Anregungen für die Aufgaben, die den Laien in Einklang mit dieser Sendung zustehen[20]. Mit dem Canon 296 haben wir – so der Kirchenrechtler Lo Castro[21] – „ein pastorales Programm der rechtlich verfaßten Kirche vor uns, das den Laien nicht aufgedrängt, sondern angeboten wird".

In der Tat können Laien mittels einer Vereinbarung (*conventio*) mit der Prälatur an deren apostolischen Aufgabe verantwortlich teilhaben, indem sie ihre eigene *cooperatio* leisten, die can. 296 als „organisch" qualifiziert. Diese Terminologie ist von Bedeutung, da sie den theologischen Gehalt des juristischen Phänomens anzeigt. Gemäß dem II. Vatikanischen Konzil

---

20) Vgl. *Lumen Gentium*, Art. 10; *Christus Dominus*, Art. 17; *Apostolicam Actuositatem*, Art. 25 etc; *Presbyterorum Ordinis*, Art. 9.

21) G. LO CASTRO, *Le Prelature personali...*, S. 113.

wird die Struktur der Heilsökonomie auf einer zweifachen Ebene mit dem Terminus *cooperatio* ausgedrückt: die Kirche vollzieht ihre *cooperatio* mit Gott, und in ihr tun dies die Gläubigen. So wird die Kirche als solche, als *sacramentum salutis*, „a Spiritu Sancto ad *cooperandum* compellitur, ut propositum Dei, qui Christum principium salutis pro universo mundo constituit, effectu compleatur“[22]. Der Begriff *cooperatio* findet logischerweise auch Verwendung im Codex, um die zweite Ebene zu beschreiben, d.h. die jedem Christen – sei er nun Kleriker oder Laie – eigene Art und Weise, sich in die Sendung der Kirche einzufügen. Dies bringt der Codex zum Ausdruck, wenn er sagt, daß alle „secundum propriam cuiusque condicionem et munus, ad aedificationem Corporis Christi *cooperantur*“[23]. Dies ist dieselbe Terminologie, die auch das Konzil benutzte, um seine Theologie über die Teilnahme der Laien an der Sendung der Kirche zu erklären mit der Feststellung, daß Gott sie ruft „ut variis formis et modis unius apostolatus Ecclesiae, novis necessitatibus temporis continenter aptandi, *cooperatores* ei se exhibeant“[24]. Die Konstitution *Lumen Gentium* hat es noch schärfer ausgedrückt: „ut omnes suo modo ad commune opus unanimiter *cooperentur*“[25].

Der Ausdruck „organische Zusammenarbeit“ umfaßt auf diese Weise die verschiedensten Formen und Grade, in denen sich die Laien den Aufgaben der Prälatur widmen. Es kann sich um eine mehr oder minder intensive Widmung handeln, je nach den übernommenen und in den Statuten festgelegten Verpflichtungen, und sie kann einen solchen Grad an Intensität erreichen, daß sie eine formale Eingliederung der Laien in die Prälatur zur Folge hat, d.h. daß sie *pleno iure* einen Teil der Prälatur bilden[26].

Hier wird deutlich, daß die Lehre des Konzils über die „organische

---

[22] *Lumen Gentium*, Art. 17.

[23] Can. 208.

[24] *Apostolicam Actuositatem*, Art. 33, Abs.2.

[25] *Lumen Gentium*, Art. 30.

[26] Sehr zu Recht wird die Beziehung der Laien, die sich den apostolischen Werken der Prälatur Opus Dei widmen, als „Eingliederung“ bezeichnet. Vgl. die Erklärung der Kongregation für die Bischöfe, Decl. *Praelaturae personales*, vom 23.8.1982, Nr. I, b; II, b; III, b; IV, c, in AAS 75 (1983) 464-468. Text in Anh. XIII.

Zusammenarbeit" innerhalb der Sendung der Kirche hinfällig würde, wenn man die Personalprälatur als eine Institution des *ordo clericalis* verstehen wollte. In diesem Falle würden die Laien nur noch als Empfänger oder als solche verstanden, die „Hilfsdienste" leisten, sofern sie an der pastoralen Arbeit „teilhaben", welche die Kleriker verrichten. In beiden Fällen wäre das Christsein der Laien als etwas verstanden, was außerhalb der als klerikale Struktur verstandenen Prälatur liegt. Darüber hinaus würde im zweiten Fall einmal die genuine christliche Berufung der Laien verkannt, indem sie in die *longa manus* der Hierarchie umgewandelt werden; zum anderen würde ihr ureigenes Apostolat darauf reduziert, am hierarchischen Apostolat teilzuhaben, wie man in den Jahren zu sagen pflegte, die dem II. Vatikanum vorausgingen. Dieses Konzil hat dagegen erklärt: „Das Apostolat der Laien ist Teilnahme an der Heilssendung der Kirche selbst. Zu diesem Apostolat werden alle vom Herrn selbst durch Taufe und Firmung bestellt"[27].

Demnach sind die Laien des can. 296 nicht Mitarbeiter des *Klerus* der Prälatur, sie sind Mitarbeiter *Christi* zur Erreichung des Ziels der Prälatur, und dies innerhalb und kraft ihrer eigenen Stellung als Laien. Dasselbe gilt für die Priester und Diakone der Prälatur: sie sind als Mitarbeiter Christi tätig und dies innerhalb und kraft ihrer Stellung im *Amt* und im Rahmen der Zielsetzung der Prälatur. Die Art und Weise, wie sich gemäß göttlicher Offenbarung diese zwei Dienste an dem Wirken Christi in der Kirche und in der Welt miteinander verbinden, ist die „organische Zusammenarbeit", von der in can. 296 die Rede ist.

Kurzum: Die in diesem Canon angesprochenen Laien arbeiten nicht am Apostolat des Klerus mit, sondern Priester und Laien, jeder von seiner eigenen Stellung in der Kirche aus, arbeiten *mit* Christus *in* der Prälatur *für* das pastorale Ziel, das die Kirche ihnen durch den Nachfolger Petri angewiesen hat.

Mit anderen Worten: Innerhalb der Personalprälatur stehen Prälat, Priester und Gläubige in einem Beziehungsgeflecht zusammen, das seinen Ursprung im Wesen der Kirche selbst hat. Den Personalprälaturen wie den

---

[27] *Lumen Gentium*, Art. 33, Abs. 2.

Teilkirchen ist gemeinsam, daß es sich um Institutionen der hierarchisch-pastoralen Organisation der Kirche handelt. In ihrem Innersten wirkt die christliche Dynamik, die den spezifischen Funktionen des Amtspriestertums und des gemeinsamen Priestertums aller Gläubigen eigen ist (was einige Kanonisten die Spannungspole clerus-plebs nennen). Beide Funktionen sind unterschieden von einander, ergänzen einander und bauen so die Kirche auf. Was daher diejenigen Laien der Prälaturen, die mit ihnen in eine organische Zusammenarbeit eingehen im Akt ihrer Eingliederung und im Vollzug der darauf aufbauenden organischen Zusammenarbeit einbringen, ist nichts weiter als ihre bloße christliche Berufung, die in der Taufe wurzelt, und das Charisma ihrer laikalen Stellung. Ihre Daseins- und Wirkweise in der Personalprälatur entspricht *congrua congruis referendo* der Daseins- und Wirkweise, die sie in ihrer je eigenen Teilkirche haben und behalten, d.h. sie sind und wirken als gewöhnliche Laien. In diesem Sinne sind die Vereinbarungen des can. 296 nur eine Bestätigung ihrer radikalen christlichen Berufung und ihrer laikalen Stellung im Hinblick auf das apostolische Ziel der Prälatur.

Der hier kommentierte Canon ist m.E. einer der Canones, die mit größter Schärfe das Gedankengut des II. Vatikanischen Konzils widerspiegelt, als es das Wesen und die grundlegenden Prinzipien des Apostolates der Laien erklärte, wie sie im Dekret *Apostolicam actuositatem* dargelegt sind. Diese Prinzipien hatten für die kommenden Arbeiten zur Revision des Kirchenrechtes den Charakter verbindlicher Rechtsnormen[28]. Jede Interpretation des Codex von 1983 bezüglich der Stellung der Laien in den Personalprälaturen steht im Widerspruch zum II. Vatikanischen Konzil, wenn sie nicht mit den Wesensmerkmalen der Laikalität übereinstimmt; dies ist ein spezifisch hermeneutisches Kriterium für diese Rechtsmaterie im Codex.

---

28) In Art. 1 des genannten Dekr. heißt es: „Hoc in Decreto Concilium apostolatus laicorum naturam, indolem et varietatem illustrare intendit, necnon principia fundamentalia enuntiare instructionesque pastorales tradere ad eiusdem efficacius exercitium; quae omnia tamquam normae habeantur *in recognoscendo iure canonico* quod ad laicorum apostolatum attinet".

b) Vertraglicher und säkularer Charakter der Bindung

Die konkrete Art und Weise, wie sich diese „organische Zusammenarbeit" der Laien vollzieht, wird von den jeweils vom Heiligen Stuhl bei Errichtung der Prälatur erlassenen Statuten bestimmt: in ihnen wird der Inhalt der Vereinbarungen festgelegt. Diese Regelung über die „organische Zusammenarbeit" betont den unermeßlichen pastoralen Horizont, der sich dieser neuen Rechtsfigur eröffnet, und läßt gleichzeitig nochmals den hierarchischen Charakter dieser Institutionen hervortreten, der bereits in den vorangehenden Canones festgelegt wurde. Dies wird vor allem deutlich, wenn man die Merkmale der Bindung betrachtet, welche die Laien kraft dieser Vereinbarungen mit der Prälatur eingehen:

a) Es ist eine Bindung vertraglicher Art, deren Inhalt sich ausschließlich vom Zweck der Prälatur und vom Umfang der Zuständigkeit des Prälaten her bemißt. Das Wesen der *peculiaria opera pastoralia*, das sehr unterschiedlich sein kann, bestimmt Art und inhaltlichen Umfang der prälatären Jurisdiktion. Das aus den *conventiones* erwachsende Band bewirkt mit anderen Worten eine Gesamtheit wechselseitiger Rechten und Pflichten zwischen dem Prälaten und seinen Gläubigen, die auf die Verwirklichung des apostolischen Ziels der Prälatur ausgerichtet sind. Wie bereits gesagt, nehmen die Laien kraft ihrer Stellung und innerhalb des ihnen als Laien originär zukommenden Umfeldes diese Aufgabe wahr[29].

b) Die Bindung an die Prälatur ist theologisch wie juristisch in ihrem Wesen verschieden von den „sacra ligamina" (Gelübde, Eide, Versprechen), die den Instituten des geweihten Lebens wesenseigen sind[30]; jene ist rechtlich unter die Vorschriften zu subsumieren, welche das Vertragsrecht

---

[29] In ihrer dritten Vorschrift sagt die Ap.Konst. *Ut sit* im Zusammenhang mit der Jurisdiktion des Prälaten über die Laien der Prälatur, daß sie diese betrifft „nur bezüglich der Erfüllung der besonderen Verpflichtungen, die sie durch ihre rechtliche, mittels Vertrag mit der Prälatur eingegangene Bindung übernommen haben". Text in Anh. VII.

[30] Vgl. *Lumen Gentium*, Art. 44 und can. 573 § 2.

in der Kirche regeln[31], und ihre Wirkung „weiht" die Laien nicht, noch macht sie aus ihrer ursprünglichen Säkularität eine „geweihte".

c) Der profunde Unterschied zwischen Personalprälaturen und Vereinigungen wird überdies deutlich, wenn man bedenkt, daß die Bindung an die Prälatur nicht vom Vertragswillen derer bestimmt wird, die diese Bindung eingehen. Nicht sie sind es, die mittels eines *Vertrages über die Gründung eines Vereins* die Prälaturen konstituieren oder schaffen. Vielmehr setzen diese eine bereits bestehende hierarchische Jurisdiktion voraus, der sich die Laien mittels eines *Beitrittsvertrages* unterwerfen, um in ihren apostolischen Unternehmungen mitzuarbeiten[32]. Die Jurisdiktion des Prälaten ist also nicht ein vertraglich erworbenes Recht: der Prälat hat seine Jurisdiktion kraft eines Akts des Apostolischen Stuhls, der die Prälatur errichtet, und kraft der entsprechenden Übertragung des Amtes, und die Laien unterwerfen sich freiwillig dieser Jurisdiktion.

d) Der Akt des Laien, der Personalprälatur mittels der Vereinbarung beizutreten, ruft folglich erhebliche Konsequenzen hervor, die sich, formal betrachtet, wie folgt konkretisieren lassen: Er unterwirft den Gläubigen in den spezifischen Kompetenzbereichen der Prälatur der Jurisdiktionsgewalt des Prälaten. Nach Lo Castro handelt es sich um einen Akt der *Privatautonomie* der in die Sphäre der freien Verfügungsbefugnis des Laien fällt, aber Rechtsfolgen *öffentlicher Art* hat, da die Prälatur, insofern sie eine

---

[31] D.h., diese Bindung ist unter can. 1290 zu subsumieren, der die allgemeine Regelung des Vertragsrechtes betrifft, und setzt für ihre Gültigkeit die in can. 98 § 1 vorgesehene Volljährigkeit wie auch die Voraussetzungen der cann. 124-126 für die Gültigkeit von Rechtshandlungen voraus.

[32] Die Willenserklärung jener Gläubigen, die sich den Prälaturen eingliedern und sich freiwillig der Jurisdiktion des Prälaten unterwerfen, ist ihrem Wesen nach ähnlich zu beurteilen, wie andere derartige Erklärungen. Das Kirchenrecht sieht andere Fälle vor, in welchen sich ein Gläubiger durch eine Rechtshandlung einer bereits existierenden hierarchischen Struktur unterwirft und diese Unterwerfung durch eine Willenserklärung vollzieht. In can. 112 werden verschiedene Fälle der Aufnahme in eine andere Rituskirche kraft Willenserklärung geregelt, nachdem der Betroffene bereits die Taufe empfangen hat. Gemäß der vom neuen CIC vorgesehenen Regelung ist es dem Laien, der sich dem Weltklerus anschließen will, völlig unbenommen, die Diözese frei auszusuchen, in welcher er seinen Dienst leisten will und der er mit der Diakonatsweihe inkardiniert wird (vgl. can.1016).

Einrichtung der hierarchischen Organisation der Kirche und vom Heiligen Stuhl geschaffen ist, öffentlich-rechtlichen Charakter hat[33].

4. Die pastorale Einbettung der Personalprälaturen in die Teilkirchen

Der Canon 297 rundet die allgemeine Regelung für alle Personalprälaturen ab und formuliert mit wenigen Worten einen höchst wichtigen Punkt, nämlich die Frage, wie sich diese Prälaturen mit ihrer apostolischen Tätigkeit kirchenrechtlich in das Leben der Teilkirchen einbetten.

Dieser Gesichtspunkt der Normierung taucht bereits in dem ersten skizzenhaften Entwurf der neuen Rechtsfigur im II. Vatikanischen Konzil auf. Zuerst die Konzilsväter und später der nachkonziliare Gesetzgeber sind sich wohl bewußt, daß die Personalprälaturen nicht geschaffen werden dürfen, um die Teilkirchen zu ersetzen, sondern um ihnen zu dienen. Aus diesem Grund legt das Konzilsdokument in diesem Sinne zwei Dinge fest: erstens, daß diese Prälaturen eingerichtet werden, wenn sie sich aufgrund der apostolischen Erfordernisse als notwendig erweisen, „ubi ratio apostolatus postulaverit"; zweitens, daß die seelsorgliche Verantwortung derer, die den Ortskirchen vorstehen, vollkommen unangetastet bleibt, „salvis semper iuribus Ordinariorum locorum". Paul VI. seinerseits wiederholt in dem Motu proprio *Ecclesiae Sanctae* ausdrücklich das konziliare Kriterium für die Errichtung der Prälaturen (das *bonum commune totius Ecclesiae* und die *ratio apostolatus* nehmen jetzt in den „subsidia Dioecesibus praestanda" konkrete Gestalt an und fügen sich in den Zusammenhang der „communio Ecclesiarum" ein) und erläßt mit unmißverständlicher Deutlichkeit die Klausel über das Recht der Diözesanbischöfe: in der Ausübung der Aktivität der Prälaturen „sedulo caveatur, ut iura Ordinariorum locorum serventur".

Hier ist nun die Frage zu beantworten, wie der Codex diese Kriterien des Konzils umgesetzt hat. Die korrekte pastorale Einbettung der neuen Prälaturen in die Ortskirchen erfolgt in zwei Phasen. Erstens werden in

---

33) Siehe hierzu G. LO CASTRO, *Le Prelature personali...*, S. 133-134.

einer Phase der Konsultation die betreffenden Bischofskonferenzen eingeschaltet[34], deren Stellungnahme über die neue Prälatur bereits vor deren Errichtung dazu beiträgt, daß der Apostolische Stuhl sein abschließendes Urteil bildet. Aber dies sagte bereits das Motu proprio von 1966. In diesem Sinne ist das Originellere an der kodikarischen Regelung die zweite Phase. Danach ist es Sache der für jede Prälatur „a Sancta Sede conditis" Statuten[35], „das Verhältnis der Personalprälaturen zu den Ortsordinarien zu bestimmen, in deren Teilkirchen die Prälatur ihre seelsorglichen oder missionarischen Werke nach vorausgehender Zustimmung des Diözesanbischofs ausübt oder auszuüben beabsichtigt"[36]. Auf diese Weise ist es der Papst selbst, der als höchster Inhaber der Jurisdiktion in der Gesamtkirche die Verantwortung dafür übernimmt, die Rechte der Diözesanbischöfe zu schützen und dafür zu sorgen, daß jede Personalprälatur sich pastoral mit den Teilkirchen abstimmt. Das rechtliche Instrument, in welchem diese Abstimmung ihren Ausdruck findet, sind die Statuten, die der Heilige Stuhl jeder Prälatur gibt. So drückt sich in diesen Statuten in ganz besonderer Weise die Aufgabe des Nachfolgers Petri im Hinblick auf die *communio Ecclesiarum* aus, eine Aufgabe, die immer das *ministerium unitatis Ecclesiae* ist.

5. Die „Daseinsberechtigung" der Personalprälaturen

Bis hierher befaßte sich dieses Kapitel mit einer synthetischen Beschreibung des wesentlichen Inhalts der Personalprälaturen, so wie er sich aus den sie regelnden Canones ableitet. Das hervorstechendste Merkmal dieser Rechtsfiguren, die erstmals in einer kodikarischen Bestimmung auftauchen, ist, daß es sich um neue Einrichtungen der hierarchischen Organisation der Kirche handelt, die geschaffen werden, damit die Kirche ihre eigene apostolische Sendung besser erfülle.

---

[34] Vgl. can. 294.

[35] Vgl. can. 295 § 1.

[36] Can. 297.

Wie bereits angedeutet, ist jetzt noch einmal auf can. 294 zurückzukommen, um der Frage nach der *Daseinsberechtigung* dieser Institutionen nachzugehen. Die *ratio essendi* ist es gerade, welche das Wesen der Personalprälaturen im Aufbau der Kirche ausmacht, so wie es anhand der Canones, die ihm der neue Codex widmet, dargelegt wurde.

Im Laufe der historischen Untersuchung im ersten Teil dieser Arbeit wurde es möglich, die Absicht des II. Vatikanischen Konzils bzgl. der Zielsetzung der von ihm vorgesehenen Personalprälaturen zu erfassen und zu erkennen, wie diese Absicht in den Ausführungsdokumenten zum Konzil deutlichere Konturen gewann[37]. Nach dem komplexen Werdegang der Redigierung des Codex, der ebenfalls im ersten Teil beschrieben wurde[38], wird die Zielsetzung der Personalprälaturen mit folgenden Worten angedeutet: „Um eine angemessene Verteilung der Priester zu fördern oder um besondere seelsorgliche oder missionarische Werke für verschiedene Gebiete oder unterschiedliche Sozialverbände zu verwirklichen". Es kann nicht gerade behauptet werden, der Wortlaut dieses Textes, der aus dem *Schema novissimum* stammt, sei in seinem Tenor trefflich gelungen, denn er könnte zu der Interpretation führen, als gebe es zwei alternative Zielsetzungen für die Prälaturen und das würde eine Unstimmigkeit hinsichtlich des Konzilstextes und dessen Ausführungsdokumente, insbesondere dem Motu proprio *Ecclesiae Sanctae*, bedeuten, die mit aller Deutlichkeit die Daseinsberechtigung der Personalprälaturen festgelegt haben: „Zur Durchführung besonderer, seelsorglicher oder missionarischer Aufgaben" nationalen oder internationalen Umfanges; dies impliziert zwar eine Umverteilung von Priestern, aber ohne daß diese zu einer eigenen Zielsetzung würde.

Can. 294 muß meines Erachtens von dieser Hermeneutik her verstanden werden, wenn es darum geht, die seelsorglichen Bedürfnisse und die apostolischen Phänome in den Blick zu nehmen, die durch Errichtung von Personalprälaturen betreut werden könnten. Andernfalls würde man den authentischen Sinn dieser neuen Institutionen bereits in dem Augenblick in

---

[37] S. o. S. 35-55.
[38] S. o. S. 57-101.

seinem Kern verfälschen, da sie gerade auf den richtigen Weg gebracht werden sollen.

Um eine bessere Verteilung der Priester *qua talis* zu erreichen, ist ja die Schaffung einer Personalprälatur nicht der geeignete Weg. So hat es, angefangen vom Motu proprio *Ecclesiae Sanctae* von Paul VI. bis zu den jüngsten *Bestimmungen* der Kongregation für den Klerus[39], die gesamte Ausführungsgesetzgebung des Konzils verstanden. Keines der Dokumente, die das Thema der Verteilung von Priestern im einzelnen regelt, hat je in irgendeinem Punkt auch nur auf die Möglichkeit einer Anspielung in Richtung dieser Prälaturen hingewiesen. Sowohl das Motu proprio als auch die Rechtsbestimmungen folgen dem Konzil und weisen der Verteilung von Priestern ihren Platz im Bereich der Zusammenarbeit zwischen den Teilkirchen zu, die ja auch durch die flexiblere Gestaltung der Bestimmungen über die Inkardinierung und die Exkardinierung erleichtert wird: Normen, die in demselben Konzilstext bereits angedeutet wurden und schließlich im neuen Codex Gestalt angenommen haben, wobei gleichzeitig bereits bestehende Einrichtungen von den Bischofskonferenzen her bestärkt wurden[40]. Die Personalprälaturen arbeiten in der ihnen eigentümlichen Weise an dieser Zielsetzung mit, d.h. im Rahmen und von der Grundlage her, die ihre *peculiaria opera pastoralia* abstecken.

Es ist nicht unwichtig, darauf hinzuweisen, daß Papst Johannes Paul II. in der Apostolischen Konstitution *Ut sit*, wodurch die erste Personalprälatur in der Kirche errichtet wird, ausdrücklich sagt, daß „das II. Vatikanische Konzil durch das Dekret *Presbyterorum Ordinis*, Art. 10 – zur Ausführung gebracht im Motu proprio *Ecclesiae Sanctae*, I, Art. 4 – die Figur der Personalprälatur zur Wahrnehmung besonderer pastoraler Aufgaben in die Kirchenordnung einführte..."[41]. Dies ist tatsächlich die vom Konzil geforderte und im Codex aufgenommene Personalprälatur. Deswegen ist meines Erachtens der *technische* Ausdruck für die Institution, die Gegen-

---

[39] S. o. S. 53, Anm. 21.

[40] R. MOYA, *Dimensión universal de la Iglesia en el nuevo Código de Derecho Canónico*, in J. A. BARREDA u.a., „Iglesia misionera al servicio del Reino de Dios", Madrid 1984, S. 121, legt sorgfältig die Sicht des neuen Codex zur Verteilung des Klerus dar.

[41] S. lat. Text in Anh. XII.

stand dieser Untersuchung ist, der, den die beiden Apostolischen Konstitutionen, nämlich *Regimini Ecclesiae universae* von Paul VI. und *Ut sit* von Johannes Paul II., verwenden: „Praelatura personalis ad peculiaria opera pastoralia perficienda“[42].

Zu demselben Ergebnis kommt man übrigens, wenn man bei der Lektüre von can. 294 die Bestimmungen der anderen drei Canones des Codex über die Personalprälaturen berücksichtigt. So werden z.B. die Priester, von denen can. 294 spricht, gemäß can. 295 *titulo servitii Praelaturae* inkardiniert, was nur sinnvoll ist vor dem Hintergrund der besonderen *opera pastoralia*, welche die Prälatur verwirklichen soll. Die Laien ihrerseits widmen sich laut can. 296 den apostolischen Werken der Prälatur. Und wenn schließlich laut can. 297 die Statuten der Personalprälaturen ihr Verhältnis zu den Ortsordinarien regeln, so geschieht dies um der *opera pastoralia vel missionalia* willen, welche sie in den Teilkirchen zu verwirklichen beabsichtigten. Wie man sieht, setzen die cann. 295 bis 297, welche die Gesamtheit der in can. 294 genannten Rechtsfigur regeln, voraus, daß es sich in den von uns beschriebenen Umrissen um eine einzige Figur handelt.

Wenn man die Daseinsberechtigung der Prälaturen vollständig erfaßt, versteht man auch, wie Msgr. Castillo Lara es ausdrückte, daß „eine Prälatur, die nur aus Priestern oder aus Priestern und einigen wenigen Laien bestünde, nicht logisch wäre“[43]. Die apostolischen Aktivitäten, die am Ursprung einer jeden Prälatur stehen, sind immer auf eine besondere soziale Gruppe ausgerichtet, die normalerweise erhebliche Dimensionen aufweist, und diese Personen – Männer und Frauen, die nach wie vor Gläubige ihrer jeweiligen Teilkirchen bleiben – bilden den *christifidelium coetus* der Prälatur, welcher der besonderen und spezifischen Seelsorge des Prälaten mit seinem Presbyterium anvertraut ist.

Dieser *coetus fidelium* ist in seinem Wesen unterschieden von der *portio Populi Dei*, welche die Teilkirchen charakterisiert. Schon bei der Beschreibung der Vorbereitungsarbeiten für den Codex wurde darauf hingewiesen,

---

42) S. Texte in Anh. VI und XII. Diesselbe Terminologie findet sich auch in der Decl. *Praelaturae personales* vom 23.8.1982, Anh. XIII.

43) S. o. S. 77.

im Zusammenhang mit der Behandlung der wesentlichen Normen soll aber darauf noch einmal eingegangen werden. Die *portio* der Teilkirchen wird auf allgemeine und umfassende Weise von den Gläubigen gebildet, die der Jurisdiktion des Bischofs unterstehen. Diese Jurisdiktion erstreckt sich folglich – wie Lo Castro sagt[44] – auf „die gesamte rechtliche Stellung des Gläubigen". Der *coetus* dagegen, den der „Personalprälat" um sich schart, untersteht seiner Jurisdiktion nur in dem, was sich auf das Ziel der Prälatur bezieht. Deshalb ist es nicht unvereinbar, daß die Laien der Prälaturen gleichzeitig Gläubige ihrer jeweiligen Teilkirche sind. Es liegt in der Natur der Sache, daß jeder Prälatur aus dem bereits genannten Grund ein entsprechender *coetus fidelium* gehört. Die Personalprälaturen des neuen Codex sind Personalprälaturen *ad peculiaria opera pastoralia perficienda*, die dem Prälaten mit seinem Presbyterium anvertraut sind; technisch gesprochen ist eine Personalprälatur ein *christifidelium coetus* regionalen oder internationalen Umfanges über den der Prälat gemäß den Statuten der Prälatur die ordentliche Jurisdiktion ausübt. Diese Jurisdiktion steht in vollkommenen Einklang mit derjenigen der Bischöfe der Teilkirchen, denen die in dem erwähnten *coetus fidelium* vereinten Christen nach wie vor als gewöhnlichen Gläubige angehören[45].

Es ist Sache der Statuten jeder Prälatur, diesen *christifidelium coetus* rechtlich ganz eindeutig zu umreißen, um auf diese Weise sicherzustellen, daß die in can. 297 angestrebten Ziele – nämlich die Koordinierung zwischen der Prälatur und den Ortsordinarien – eine eindeutige und juristisch sauber definierte Grundlage haben.

In diesen Rahmen fügen sich Personalprälaturen unterschiedlichster Art ein. Je nach Bindung des Klerus an die Prälatur kann diese *inkardinierte* Kleriker oder *addicti* Kleriker haben – wie sie bereits in *Presbyterorum Ordinis*, Art. 10 vorgesehen wurden – oder die einen und die ande-

---

[44] G. LO CASTRO, *Le Prelature personali...*, S. 140.

[45] Die *Instructio de pastorali migratorum cura* der Kongregation für die Bischöfe vom 22.8.1969 sah in ihrem Art. 16 § 3 die Figur der Personalprälaturen für die „spiritualis cura" von Gruppen von Einwanderern innerhalb einer Nation oder auch auf internationaler Ebene vor, wenn solche Gruppen den *christifidelium coetus* der Prälatur darstellen. Vgl. AAS 61 (1969) 614-643, insb. 621.

ren. Die Laien der Prälaturen sind jene, an die sich die besonderen seelsorglichen Werke wenden, die zur Errichtung der Prälatur führen. So gesehen kann es Prälaturen geben, deren *coetus fidelium a iure* (z.B. im Falle von Militärvikariaten oder möglichen Prälaturen für Auswanderer oder Flüchtlinge einer bestimmten Nation) oder durch persönliche Vereinbarungen, von denen in can. 296 die Rede ist, bestimmt ist. Entscheidend dafür ist die Art der besonderen apostolischen Aufgabe, die der Prälatur anvertraut ist.

Diese Aufgabe ist es auch, die den Aktionsradius der Prälatur bestimmt, der immer überdiözesan ist[46], sei er nun regional oder international. Sie bestimmt auch die Art und Weise der Seelsorge, die der Prälat mit seinem Klerus ausübt; von ihr hängt es ab, ob es sich um eine Prälatur mit *kumulativer* oder mit *jurisdictio mixta* handelt. In der Tat kann das besondere pastorale Werk in der *cura ordinaria* bestimmter Gruppen von Gläubigen bestehen, wie z.B. bei den Militärvikariaten, und dann ist die Jurisdiktion der Personalprälatur über die Gläubigen der Prälatur *kumulativ* zu derjenigen der Diözesanbischöfe. In den typischeren Fällen wird es sich um eine *iurisdictio mixta* handeln, d.h. sie betrifft eine andere Materie als die der Jurisdiktion des Bischofs, die um der *cura ordinaria* willen besteht, die sie auch über die Gläubigen der Prälatur uneingeschränkt beibehalten.

---

[46] Wenn man die Canones über die Personalprälaturen im Licht des gesamten CIC betrachtet, wird z.B. deutlich, daß eine Personalprälatur, die auf eine einzige Teilkirche beschränkt bliebe, kaum sinnvoll erscheint, da ihre Ziele leicht in dem vom Codex weit gesteckten Rahmen der Organisation von Kaplänen in einer Diözese (cann. 564-572), oder analog zu den Vorschriften des Dekr. *Christus Dominus*, Art. 23 § 3 mittels bischöflichen Vikaren, die mit den entsprechenden Befugnissen ausgestattet sind, erreicht werden könnten. Wenn can. 294 die Bischofskonferenzen erwähnt, so beweist dies, daß im Sinne des Codex die Prälaturen regionale oder internationale Ausbreitung haben sollen. Dasselbe ergibt sich aus der Regelung von can. 295 § 1, wonach der Prälat das Recht hat, ein nationales oder internationales Seminar zu errichten.

IV. Kapitel

Gesamtkirche und Teilkirchen

In den bisherigen Kapiteln dieser Arbeit wurde die Entstehungsgeschichte der Texte des Konzils und des neuen Codex zu den Personalprälaturen ausführlich untersucht. Eindeutig ergibt sich daraus, daß es sich bei den Personalprälaturen um ekklesiale Wirklichkeiten handelt, die autonome Jurisdiktionsstrukturen sind; d.h. Einrichtungen, die zur hierarchischen Organisation der Kirche gehören und die von der Kirche selbst geschaffen werden zur Wahrnehmung bestimmter pastoraler Zwecke, die im Bereich ihrer ursprünglichen und unverzichtbaren Sendung liegen. Der redaktionelle Werdegang hat überdies erkennen lassen, welche Mühen und Anstrengungen es auf sich zu nehmen galt, als es darum ging, die Personalprälaturen begrifflich in allen ihren theologisch-kanonistischen Dimensionen zu erfassen. Das ist um so mehr verständlich, wenn man bedenkt, daß diese vom Konzil angekündigte neue Rechtsfigur nicht nur kanonistisch, sondern auch theologisch eine Neuheit ersten Ranges darstellt.

Gleichzeitig läßt dieser Werdegang aber auch erkennen, daß dieses Ringen um die Personalprälaturen ihrerseits nur ein geringer Hinweis auf das noch grundsätzlichere Bemühen war, die vertiefte Sicht von Wesen und Sendung der Kirche des II. Vatikanischen Konzils in ihrer ganzen Fülle zu erfassen und ihnen in Institutionen und in juristisch einwandfreier Sprache Ausdruck zu verleihen. Die Frage nach dem *theologischen* Wesen der neuen Prälaturen ist mit anderen Worten untrennbar verbunden mit der grundsätzlichen *theologischen* Betrachtungsweise des Volkes Gottes, vor allem in seiner hierarchischen Dimension. Nur von ihr aus kann der Versuch unternommen werden, fundiert die Fragen zu beantworten, von denen die vorliegende Untersuchung ihren Ausgang nimmt: Was sind *theologisch* gesehen die Personalprälaturen? Welche Elemente des Wesens und der Sendung der Kirche finden in ihnen ihren Ausdruck? Wie fügen sie sich in die Struktur des Volkes Gottes ein? Ohne Rückgriff auf die Grundlagen der dogmatischen Ekklesiologie ist hierauf keine Antwort möglich[1].

1. Gesamtüberblick über die Verfasstheit des Volkes Gottes in der Ekklesiologie des II. Vatikanischen Konzils

a) Christi „exousia" und ihr Niederschlag in der Struktur der Gesamtkirche

Die von Christus gestiftete Kirche ist ein „Geheimnis": Das Geheimnis der göttlichen Huld des Vaters durch den Sohn im Heiligen Geist[2]. Vielleicht ist diese Erkenntnis die erstrangige und entscheidende der theologischen Errungenschaften des II. Vatikanischen Konzils. Es ist das Geheimnis Christi selbst, der auf dem geschichtlichen Antlitz seiner Kirche widerscheint und sie zum Sakrament macht, zum Zeichen und Werkzeug für die Vereinigung der Menschen mit Gott und untereinander[3]. Sie wurde freilich von Christus gestiftet, aber sie ist nicht eine „Stiftung", so als ob sie nach den „Gesetzen", die ihr Stifter ihr gab, leben würde, nach Gesetzen, die in Geltung blieben, nachdem der Stifter „entschwunden" ist. Der Stifter der Kirche entschwindet nicht: „Jesus Christus ist derselbe gestern, heute und in Ewigkeit"[4]. Mehr noch, das Geheimnis der Kirche ist das Geheimnis der ständigen Gegenwart Christi unter seinen Jüngern: „Ich bin bei

---

[1] In den folgenden Erörterungen beschränken wir uns hauptsächlich auf jene Elemente der Verfassung der Kirche, welche mit unserem Thema zu tun haben. Andere, ebenso wesentliche Elemente werden nur *in obliquo* gestreift, wie z.B. jene, die sich aus der Würde ableitet, die sich aus der Wiedergeburt in Christus ergibt. Damit soll ausgedrückt werden, daß die Konstitution der Kirche nicht nur eine *hierarchische* Konstitution ist. S. hierzu P. RODRIGUEZ, *El concepto de estructura fundamental de la Iglesia*, in A. ZIEGENHAUS – F. COURTH – Ph. SCHAEFER, *Veritati Catholicae. Festschrift für Leo Scheffczyk zum 65. Geburtstag*, Aschaffenburg 1985, S. 237-247. S. auch A. DEL PORTILLO, *Gläubige und Laien in der Kirche*, Paderborn 1972, und P. VILADRICH, *Teoría de los derechos fundamentales del fiel*, Pamplona 1969.

[2] Vgl. *Lumen Gentium*, Art. 2-4.

[3] *Lumen Gentium*, Art. 1.

[4] Hebr 13, 8.

euch alle Tage bis zum Ende der Welt"[5]. Wenn es tatsächlich etwas gibt, wovon das Neue Testament auf unumstößliche Weise Zeugnis ablegt, dann davon, daß die ersten Christen sich von Anfang an dessen bewußt waren, daß sie durch den in der Taufe vollzogenen Schritt vom Tod zum Leben in eine Gemeinschaft göttlichen Ursprungs eingetreten sind, die das neue Gottesvolk ist, die Jesus „meine Kirche" nannte[6] und von der Paulus sagen sollte, sie sei der Leib Christi[7]. Die Kirche ist ja schließlich auch nichts anderes als Christus selbst, der seinem Leib neue Glieder einverleibt, nämlich jene, die durch die Taufe wiedergeboren wurden, und sie in der Feier der Eucharistie durch die innigste Vereinigung mit Gott und untereinander vereint. Die Eucharistie ist die wirkmächtige Gedächtnisfeier des Paschafestes Christi: sie ist die „communio seu convocatio et congregatio hominum cum Deo et inter se per Filium in Spiritu Sancto"[8].

Diese „communio" mit Gott in Christus durch den Geist, welche die Kirche ist, ist in ihrem wesentlichen Bestand Frucht der *exousia* unseres Herrn Jesus, der *Gewalt*, die ihm im Himmel und auf der Erde verliehen worden ist[9]. Jesus empfängt im Geheimnis seines Seins – der hypostatischen Union – die *exousia* vom Vater. Diese *exousia* zeigt sich ihrerseits, in bezug auf die Konstitution der Kirche, in seinem österlichen Geheimnis: sie wurde als Verdienst durch seinen Tod erworben und durch seine Auferstehung „bekräftigt"[10].

Dem Inhalt der *exousia* Christi hat das II. Vatikanische Konzil Ausdruck verliehen, wenn es sagt: „Dazu sandte nämlich Gott seinen Sohn,

---

5) Mt 28, 20.

6) Mt 16, 18.

7) Kol 1, 24.

8) Vgl.P. RODRIGUEZ, *Teología Dogmática „de Ecclesia"*, Pamplona 1983, Bd. I, S. 262-279 (pro manuscripto).

9) S. hierzu W. FOERSTER, *Exousia*, in „Theol. Wörterbuch zum NT", hrsg.v. G. KITTEL, Tübingen 1935, Bd. II, Sp. 563-571. „Dieses Wort bezeichnet die Jesus von Gott gegebene Vollmacht und Macht zum Handeln. Ist er der Sohn, so ist auch die ihm gegebene Vollmacht nicht als beschränkte Beauftragung zu denken, sondern als Verwaltung in freier Willenseinheit mit dem Vater zu verstehen"(ebd., Sp.565). Siehe auch B. KLOPPENBURG, *Nota sobre la Potestad Sagrada*, in „Medellin" 8 (1982) 135-138.

10) „Constitutus Filius Dei *en dynamei*", Röm 1, 4.

den er zum Erben des Alls gemacht hat, daß er Lehrer, König und Priester aller sei und das Haupt des neuen und allumfassenden Volkes der Söhne Gottes“[11]. Zu dieser *exousia* gehört auf unverzichtbare Weise ihr Wesen der *diakonia*[12], die sich endgültig in der Stiftung der Kirche äußert. Es ist letzten Endes die *exousia-diakonia* des auferstandenen Christus, welche die Kirche entstehen läßt; sie bewirkt dies durch die doppelte Sendung der Apostel und des Geistes in die Welt.

Papst Paul VI. hat es in einer Ansprache an die Väter des II. Vatikanischen Konzils mit einzigartiger Präzision formuliert: „Wie wir wissen, sind es zwei Elemente, die Christus zur Fortführung seines Werkes versprochen und gesandt hat. Sie wirken in je eigener Weise, um das von ihm gegründete Reich in der Zeit und über die Erde auszubreiten und aus der erlösten Menschheit seine Kirche, seinen mystischen Leib, seine Fülle zu machen, in Erwartung seiner endgültigen und triumphalen Wiederkehr am Ende der Zeiten: das Apostolat und der Geist. Das Apostolat wirkt nach außen und objektiv feststellbar; es bildet sozusagen den materiellen Leib der Kirche und verleiht ihr ihre sichtbaren Strukturen in der Gesellschaft. Der Geist hingegen wirkt nach innen, im Inneren eines jeden einzelnen als Person als auch in der gesamten Gemeinschaft; er regt an, belebt und heiligt. Diese beiden Antriebskräfte, das Apostolat, dessen Ausfluß die heilige Hierarchie ist, und der Geist Christi, der aus ihr sein gewöhnliches Werkzeug im Dienst des Wortes und der Sakramente macht, diese beiden wirken gemeinsam: Pfingsten sieht sie zu Beginn des großen Werkes Christi auf wunderbare Weise vereint, heute zwar unsichtbar, aber doch ständig in seinen Aposteln und ihren Nachfolgern gegenwärtig, die er als seine Hirten und Stellvertreter in seinem Werk berufen hat; beide wirken, freilich auf je unterschiedlich Weise, zusammen und legen Zeugnis ab von Christus dem Herrn; sie tun dies, vereint in einem Bund, welcher dem apostolischen Tun seine übernatürliche Kraft verleiht (vgl. 1 Petr. 1, 22)“[13].

---

[11] *Lumen Gentium*, Art. 13, Abs. 1.

[12] Vgl. Mk 10, 45.

[13] PAUL VI. *Ansprache in der Eröffnungssitzung der III. Sitzungsperiode des Zweiten Vatikanischen Konzils*, 14.11.1964, in AAS 56 (1964) 807.

Hier sind skizzenhaft die im höchsten Maße unverzichtbaren Elemente der theologischen Konstitution der Kirche dargestellt: a) das Haupt: es ist Christus, vom Vater gesandt; die *acta et passa Christi in carne* verleihen der *exousia*, aus welcher die Kirche entspringt, ihre erlösende Dynamik; b) der Leib: ihn bilden die Christgläubigen, seine Jünger, „die Heiligen", die Männer und Frauen, welche sich ihm durch Taufe und Eucharistie einverleiben und mit Ihm und von Ihm leben. c) Damit aber die Gläubigen wirklich den Leib Christi bilden, damit sich diese Einverleibung vollzieht, sendet der Auferstandene – so wie der Vater Ihn gesandt hatte[14] – die Apostel. Durch die Ausübung ihres apostolischen Amtes – im Wort und im Sakrament –[15] bauen sie den Leib als Leib Christi auf: „Und er gab den einen das Apostelamt, andere setzte er als Propheten ein, andere als Evangelisten, andere als Hirten und Lehrer, um die Heiligen für die Erfüllung ihres Dienstes zu rüsten, für den Aufbau des Leibes Christi"[16]. d) All das ist möglich, weil Christus dieser apostolischen Struktur und dem Leib, den diese organisch aufbaut, seinen Geist sendet: den Heiligen Geist, den Geist des Vaters und des Sohnes, welcher das „principium congregationis et unitatis"[17] ist.

Die *exousia* Christi ist also auf zweifache Weise in der Kirche gegenwärtig: durch die Kraft des Geistes – erkennbar an der persönlichen Heiligkeit[18], den Charismen, ekklesialen Initiativen der Gläubigen, denn die „Seele" ist im „ganzen" Leib – und durch die *sacra potestas* der Apostel[19],

---

14) Vgl. Joh 20, 21.
15) Vgl. Mt 28, 19-20.
16) Eph 4, 11-12. Zur Bedeutung dieser Passage für die Verfassung der Kirche s. P. RODRIGUEZ, *Iglesia y Ecumenismo*, Madrid 1979, S. 212-216.
17) *Lumen Gentium*, Art. 13, Abs. 1.
18) Zu Recht hebt die kath.-anglik. Vereinbarung von Venedig dieses Merkmal der „Autorität" in der Kirche hervor. Vgl. auch *Authority in the Church. A Statement on the question of authority*, Venedig 1976, London, CTS/SPCK, 1977, Nr. 4. Vgl. zu diesem Thema P. RODRIGUEZ, *Iglesia y ecumenismo*, S. 249 ff. Die allgemeine Berufung zur Heiligkeit und die Ausübung der christlichen Freiheit sind Frucht der *exousia* Christi, die durch den Geist vermittelt wird. Beide gehören zur Kirchenverfassung. Im Neuen Testament „bezeichnet *exousia* die der Gemeinde gegebene Freiheit" (W. FOERSTER, o.zit. Sp. 567).
19) *Lumen Gentium*, Art. 19: „*suae* participes potestatis".

welche „die Kirche ausbreiten und unter der Leitung des Herrn durch ihr Dienen weiden" sollen[20], d.h. die ihr Amt aus der Kraft des Geistes erfüllen, den Christus sendet[21].

Beide Arten, in denen die *exousia* auftritt, haben ihr je eigenes theologisches Statut: die erste – die Kraft des Geistes – wirkt belebend, und die Gläubigen, angetrieben durch den Geist, handeln *in Spiritu Christi*; die zweite dagegen – das Apostelamt – gibt den Gläubigen in sakramentaler und öffentlicher Weise eine Struktur, und der Apostel handelt *in nomine Christi*, ja sogar *in persona Christi*. Die erste ist Leben, das vielfältige Leben der Kirche; die zweite ist hierarchisches Element, *repraesentatio Christi*.

Es ist jedoch zu berücksichtigen, daß sich die *exousia* Christi, insofern in der Kirche auf die gerade genannte zweite Art (das Konzil nennt sie *sacra potestas*) daran teilgenommen wird, durch zwei Eigenschaften auszeichnet: einerseits haben die Apostel sie *in solidum*, als Kollegium empfangen: „diese Apostel richtete er nach Art eines Kollegiums oder einer festen Gemeinschaft ein, an deren Spitze er den aus ihrer Mitte erwählten Petrus stellte"[22]. Das Kollegium der Apostel, das als *Haupt*-Element, welches das Sein selbst dieses Kollegiums prägt, Petrus zum Haupte hat, ist also ekklesiale Instanz, in welcher sich die gesamte verfassungsmäßige und hierarchische Teilhabe an der *exousia* des Herrn vorfindet, die dieser seiner Kirche übertragen hat; andererseits hat der Apostel Petrus, Fels der Kirche und Inhaber der Schlüssel, Haupt des Kollegiums und der Kirche, seinerseits die *exousia* als spezifischen Inhalt seines Amtes empfangen. Dies ist defi-

---

[20] Ebd.

[21] „Auch im apostolischen Wirken ist der Begriff (*exousia*) unentbehrlich; der Ton liegt dabei auch auf dem Moment der Macht (...) Diese Macht kann nicht willkürlich gebraucht werden, auch in ihrer Verwendung bleibt der Apostel gebunden an seinen Herrn" (W. FOERSTER, o.zit., Sp. 567). Das Wort *exousia* bezeichnet im NT „die Macht, die ‚zu sagen hat' (...), es eignet sich darum in besonderer Weise dazu, die unsichtbare Macht Gottes auszudrücken, dessen Wort schöpferische Macht ist. Denselben Charakter trägt auch die *exousia* Jesu und der Apostel" (ebd. Sp. 563). – Zur Klarstellung: Diese beiden Arten der Teilhabe an der *exousia* Christi in der Kirche kann man einerseits *hierarchische exousia* bezeichnen, d.i. die besondere Teilhabe der Apostel und ihrer Nachfolger aufgrund des Weihesakramentes (*sacra potestas*); andererseits *allgemeine exousia*, d.i. die Teilhabe aller Gläubigen aufgrund der Taufe (und der Firmung) und, im besonderen Fall, aufgrund der Charismen des Geistes.

[22] *Lumen Gentium*, Art. 19.

nierter Gegenstand der Konstitution *Pastor Aeternus* des I. Vatikanischen Konzils.

Die ekklesiale Dynamik aller dieser verschiedenen Dimensionen der *exousia* Christi, an der die Kirche teilhat, wird in den folgenden Worten der Konstitution *Lumen Gentium* deutlich ausgedrückt:

> „Die Apostel aber verkündeten allenthalben die frohe Botschaft (vgl. Mk 16, 20), die von den Hörenden *Spiritu Sancto operante* angenommen wurde, und versammelten so die universale Kirche, die der Herr in den Aposteln gegründet und auf den heiligen Petrus, ihren Vorsteher, gebaut hat: Christus Jesus selbst aber ist der Eckstein"[23].

Im Leib Christi, welcher die Kirche ist, gibt es nicht eine „Sukzession" derart, daß einige Glieder anderen als Glieder nachfolgen; was sich vielmehr abspielt, ist, daß im Laufe der Geschichte immer neue Glieder dem Leibe hinzugefügt werden. Gemäß der im II. Vatikanischen Konzil festgehaltenen Glaubenslehre gibt es wohl eine „Sukzession" im *Apostelamt*[24]. So sagt es *Lumen Gentium*, Art. 20, und fügt anschließend hinzu:

> „Die Bischöfe haben also das Dienstamt an der Gemeinschaft zusammen mit ihren Helfern, den Priestern und den Diakonen übernommen. An Gottes Stelle stehen sie der Herde vor, deren Hirten sie sind, als Lehrer, im Vollzug der heiligen Liturgie, im Dienst der Leitung. Wie aber das vom Herrn dem Petrus, dem ersten der Apostel, in einzigartiger Weise zugewiesene Amt fortdauert, das von ihm auf seine Nachfolger übergehen sollte, so dauert auch das Amt der Apostel, die Kirche Gottes zu weiden, fort und ist von der heiligen Ordnung der Bischöfe immerfort auszuüben. Aus diesem Grunde lehrt die heilige Synode, daß die

---

[23] Ebd.

[24] Hierzu siehe auch A. M. JAVIERRE, *Orientación en la doctrina clásica sobre la sucesión apostólica*, in „Concilium" 34 (1968) 19-30.

> Bischöfe aufgrund göttlicher Einsetzung an die Stelle der Apostel nachgefolgt sind, als Hirten der Kirche, die zu hören Christus hören bedeutet und die zu verachten Christus verachten heißt und den, der Christus gesandt hat (vgl. Lk 10, 16)"[25].

Nur die Bischöfe empfangen das Weihesakrament in seiner Fülle[26], kraft dessen man Aufnahme findet in den Strom der apostolischen Sukzession, wie sie bei den Bischöfen gegeben ist – und ebenfalls in dem ihnen eigenen Rang bei ihren Mitarbeitern vorliegt. Durch diese Handlung empfangen sie im Heiligen Geist die *sacra potestas*[27], d.h. die „offizielle" Teilhabe an der *exousia* Christi, damit sie „eminenti ac adspectabili modo ipsius Christi Magistri, Pastoris et Pontificis partes sustineant et in Eius persona agant"[28]. Diese *potestas* kann freilich ihrem Wesen nach nur in der hierarchischen Gemeinschaft mit dem Haupt und den Mitgliedern des Kollegiums ausgeübt werden, was für jeden Bischof bedeutet, daß er die entsprechende *missio canonica* empfangen muß[29].

Damit soll gesagt sein, daß jeder Bischof Nachfolger nicht eines Apostels, sondern „der" Apostel ist, d.h. er ist dies in Gemeinschaft mit den übrigen Bischöfen und mit dem Nachfolger Petri, mit anderen Worten heißt dies, daß die Sukzession des einzelnen Bischofs dadurch eintritt, daß er dem Kollegium der Nachfolger der Apostel, dem Bischofskollegium hinzugefügt wird: „Glied des Bischofskörpers wird jemand durch die sakramentale Weihe und die hierarchisch geordnete Kommunioneinheit

---

25) *Lumen Gentium*, Art. 20, Abs. 3.
26) *Lumen Gentium*, Art. 21, Abs. 3.
27) *Lumen Gentium*, Art. 18, Abs. 1.
28) *Lumen Gentium*, Art. 21, Abs. 2.
29) Ganz bewußt werden die Ausdrücke hierarchische *exousia* und *sacra potestas* austauschbar verwendet, um auszudrücken, daß vom biblischen und theologischen Standpunkt aus gesehen eine radikale Einheit zwischen der Weihegewalt und der Jurisdiktion und den *tria munera* besteht, die der Inhalt der Teilhabe der Hierarchie an der *exousia* ist. Beim Erkenntnisstand unserer Darlegung ist es noch nicht möglich, auf die Diskussionen innerhalb der Kanonistik darüber einzugehen, wie sich die verschiedenen Inhalte von einander unterscheiden und in welchem Verhältnis ihre Ausübung zu einander stehen. Hier möge der Hinweis genügen, daß ein enger Zusammenhang zwischen den Begriffen *exousia*, apostolische Sukzession und Weihesakrament besteht.

mit Haupt und Gliedern des Kollegiums"[30]. Das heißt, es ist der „*ordo Episcoporum*", der dem Kollegium der Apostel im Lehr- und Hirtenamt nachfolgt"[31]. Dies aber setzt als Fundament folgendes voraus: „Wie nach der Setzung des Herrn der heilige Petrus und die übrigen Apostel ein einziges apostolisches Kollegium bildeten, so sind in gleicher Weise der römische Bischof, der Nachfolger Petri, und die Bischöfe, die Nachfolger der Apostel, untereinander verbunden"[32]. Diese Tatsache, daß jeder Bischof unmittelbar zum Bischofskollegium gehört, findet in dem auch vom Dekret *Christus Dominus* anerkannten Recht seinen Ausdruck, wonach jeder Bischof, der Glied des Bischofskollegiums ist, am Ökumenischen Konzil teilnehmen kann, das ja eine dem Kollegium zustehende und feierliche Ausübung seiner Gewalt ist[33]. Der Codex des kanonischen Rechtes vervollständigt folgerichtig diese konziliare Norm, indem er festlegt, daß *nur* die Bischöfe dieses *ius et officium* haben[34].

Für den Papst und die Bischöfe ergibt sich aus dem hier Ausgeführten eine Schlußfolgerung, die parallel zu dem verläuft, was oben bezüglich der *exousia* der Apostel gesagt wurde. Die Struktur der *sacra potestas* für die Gesamtkirche ist gleichermaßen zur Zeit der Apostel wie in der Zeit ihrer Nachfolger eine *communio hierarchica*, die sich in zweifacher Weise äußert, einmal primatial und einmal kollegial: „Der römische Bischof hat nämlich *vi muneris sui* als Stellvertreter Christi und Hirt der ganzen Kirche, volle, höchste und universale Gewalt über die Kirche, die er immer frei ausüben kann. Die Ordnung der Bischöfe ist ihrerseits ... gemeinsam mit ihrem Haupt, gleichfalls Träger der höchsten und vollen Gewalt über die ganze Kirche"[35]. Der Papst also und das Bischofskollegium sind die *höchsten* hierarchischen Verfassungsdimensionen, durch welche Christus durch die Entsendung seines Geistes die erlösende *exousia* ausübt. Die Gesamtkirche ist in ihrem inneren und äußeren Wachstum, wie auch in der

---

30) *Lumen Gentium*, Art. 22, Abs. 1.
31) Ebd., Abs. 2.
32) Ebd., Abs. 1.
33) Vgl. *Christus Dominus*, Art. 4, Abs. 1.
34) Vgl. can. 339 § 1.
35) *Lumen Gentium*, Art. 22, Abs. 2.

Entfaltung ihrer Sendung von ihrem Herrn und ihrem Haupt durch die Amtsgewalt des Papstes und des Bischofskollegiums „hierarchisch" strukturiert. In diesen Dimensionen von *exousia-diakonia* wirkt der Geist Jesu und so machen sie aus der weltweiten Menge der Gläubigen „die" von Christus versammelte Kirche, „den" Leib des Herrn selbst.

Hier wird bereits sichtbar, um es *in sermone canonistico*[36] zu sagen, daß es theologisch gesehen in der Kirche keine andere Gewalt gibt, die „voll" und „eigenberechtigt" wäre, als die Gewalt Christi; im Verhältnis zu dieser ist jedwede andere Gewalt lediglich „teilhabend" und „stellvertretend", angefangen von der Gewalt des Papstes (*Stellvertreter Christi*) und derjenigen der Bischöfe (*Vicarii Christi*)[37].

Das Mysterium der Kirche ist also das Geheimnis der Einheit der *communio* aller Gläubigen unter der *exousia* Christi, die *in Spiritu Sancto* durch das Leben aus dem Glauben durch das höchste Amt des Papstes und des Bischofskollegiums wirksam wird. So heißt es zu Recht, daß „der, welcher in Rom wohnt, weiß, daß die Inder seine Glieder sind"[38]. Dies ist die weltweite *congregatio fidelium*, die geheimnisvolle *ekklesia* – verstreut in der Welt und doch immer versammelt im Herrn –; d.h. die Versammlung derer, die „an der Lehre der Apostel und an der Gemeinschaft, am Brechen des Brotes und an den Gebeten" festhalten[39]. Der Artikel des Apostolischen Glaubensbekenntnisses, der da lautet *credo sanctam Ecclesiam catholicam*, ist endgültiges Zeugnis dafür, daß dies von Anfang an Wirklichkeit war[40]. Wenn in unseren Tagen das II. Vatikanische Konzil den *unicus Mediator Christus* und die *unica Christi Ecclesia*[41] in Beziehung miteinander setzt, so tut es damit nichts anderes, als diese grundlegende Dimension des Erlösungswerkes des Mensch gewordenen Wortes wieder aufzugreifen.

---

[36] Diesen Ausdruck verwendet JOHANNES PAUL II. in der Const. *Sacrae disciplinae leges*, vom 25.1.1983, mit welcher er den neuen Codex promulgiert. S.o. Anm. 2 der Einleitung.

[37] *Lumen Gentium*, Art. 27, Abs. 1.

[38] JOHANNES CHRYSOSTOMUS, *In Jo.*, Hom.65 : PG 59,361; zit. nach *Lumen Gentium*, Art. 13, Abs. 2.

[39] Apg 2, 42.

[40] Siehe. J. RATZINGER, *Einführung in das Christentum*, München 1968, S. 281-288.

[41] *Lumen Gentium*, Art. 8, Abs. 1 und 2.

b) Christi „exousia" und ihr Niederschlag in den Teilkirchen

Dem II. Vatikanischen Konzil ist jedoch noch eine andere entscheidende Wiederentdeckung gelungen, als es darum ging, das Geheimnis der Kirche und ihre verfassungsmäßige Struktur theologisch zu verstehen. Gemäß der Konstitution *Lumen Gentium* ist die Kirche nicht nur diese universale *congregatio fidelium*, sondern außerdem auch der *corpus Ecclesiarum*. Das bedeutet, die von Christus gestiftete Kirche vereint nicht nur die weltweite Menge der Gläubigen unter der höchsten Autorität des Papstes und des Bischofskollegiums, vielmehr sind diese Gläubigen in den Teilkirchen, denen die Bischöfe vorstehen, zusammengerufen und versammelt, und die *communio* dieser Kirchen konstituiert die Kirche Christi: „Darum gibt es auch in der kirchlichen Gemeinschaft zu Recht Teilkirchen, die aus ihren eigenen Überlieferungen leben, unbeschadet des Primats des Stuhles Petri, welcher der gesamten Liebesgemeinschaft vorsteht"[42]. Dies ist die Lehre von *Lumen Gentium*, Art. 23, in der auch die folgende Formulierung zu finden ist, wonach „der mystische Leib auch die leibliche Gemeinschaft der Kirchen ist"[43].

G. Philips, Sekretär der Konzilskommission, welche die Konstitution *Lumen Gentium* ausarbeitete, hat behauptet, daß die Teilkirchen in ihrem

---

[42] *Lumen Gentium*, Art. 13, Abs. 3. Zur Terminologie „Ecclesia particularis" im Vat.II siehe K. MÖRSDORF, *L'autonomia della chiesa locale*, in „La Chiesa dopo il Concilio", Mailand 1972, S. 166-169; G. GHIRLANDA, *De definitione Ecclesiae universalis, particularis, localis iuxta Concilium Vaticanum II*, in „Periodica..." 71 (1982) 605-636 und H. DE LUBAC, *Pluralismo di Chiese o unità della Chiesa?*, Brescia 1973, S.27-38.

[43] „Die Kirche, welche auf ontologischer Ebene eine *communio cum Deo et hominibus* ist, ist auf struktueller Ebene ihrer Konstitution eine *communio ecclesiarum*" (E. CORECCO, *Sinodalità* in „Nuovo Dizionario di Teologia", Rom 1972, S. 1484). Der Grund hierfür ist, daß die *communio Ecclesiarum* über ihre eigenen Strukturen der *communio* verfügt: Papst und Bischofskollegium. d.h., daß die *potestas* („propria, ordinaria et immediata"), mit welcher die Bischöfe ihre Teilkirchen leiten, wesensimmanent mit der höchsten Autorität der Kirche verbunden ist, der es zukommt, Ausübung und territoriale Begrenzung dieser Vollmacht „intuitu utilitatis Ecclesiae vel fidelium" auszugestalten (*Lumen Gentium*, Art. 27, Abs. 1). Daher fügt can. 381 § 1 bei der Bestimmung, wonach dem Diözesanbischof die ganze ordentliche, eigenberechtigte und unmittelbare Gewalt zukomme, hinzu: „exceptis causis quae iure aut summi Pontificis decreto supremae aut alii auctoritati ecclesiasticae reserventur". S. u. S. 146, Anm. 57.

theologischen Inhalt zum *ius divinum* der von Christus gestifteten Kirche gehören[44]; dabei stützt er sich auf schlüssige Argumente aus der Tradition, angefangen vom Neuen Testament bis zum II. Vatikanum. Man kann folglich zu der Aussage gelangen, daß die Wechselbeziehung von Gesamtkirche und Teilkirchen eine konstitutive Dimension des Geheimnisses der Kirche hier auf Erden ist. Die Kirche Christi begegnet uns als eine Wirklichkeit mit doppeltem Erscheinungsbild. Die Gesamtkirche ist in ihrer Bedeutung nur faßbar, wenn man in Blick nimmt, daß sie in beiden Erscheinungsformen in gleicher Weise hervortritt, wie eine Münze mit ihren zwei Seiten. Zum Geheimnis der Kirche gehört mit anderen Worten, daß diese zweifache Dimension nie eine Alternative ist: entweder Teilkirche oder Gesamtkirche; sie kann auch nie aufgehoben werden, indem einer der beiden Spannungspunkte beseitigt wird. Es können immer nur beide gleichzeitig gedacht und ausgesagt werden. Nach katholischem Glauben ist die Kirche – die eine und eine einzige ist – gleichzeitig ein „Leib von Kirchen" oder, wenn man es so vorzieht, „der Leib der Kirchen"[45].

Die Konstitution *Lumen Gentium* hat freilich die Thematik der Theologie der Teilkirchen nicht erschöpfend behandelt. Ihre wichtigsten diesbezüglichen Aussagen erscheinen *in obliquo*, und zwar gelegentlich der Darlegung der Beziehungen der Bischöfe zueinander innerhalb des Kollegiums, d.h. der Ausgangspunkt ist das Studium der Struktur der Autorität in der Kirche. Dasselbe trifft für das Dekret *Christus Dominus* zu. Die Lehre über die höchste Autorität der Kirche hingegen wurde – wie bereits erwähnt – im Rahmen des Geheimnisses der (universalen) Kirche und nach Darlegung der wesentlichen Bedingungen des Volkes Gottes behandelt. Dies ist bei der Teilkirche nicht der Fall; diese wurde, wie gesagt, nicht in sich, sondern vom Bischof her behandelt. In diesem Sinne hat das Konzil die Theologie der Teilkirchen sehr unvollständig umrissen. Trotz allem

---

[44] „Particulares vero Ecclesiae, saltem episcopales seu dioecesanae, in quibus praesens et activa adest Ecclesia universalis, et quae suo modo catholicitatem et universalismum Ecclesiae manifestant, secundum Traditionem pertinent ad institutionem iuris divini" (G. PHILIPS, *Utrum Ecclesiae particulares sint iuris divini an non*, in „Periodica..." 58 (1969) 143-154).

[45] Siehe P. RODRIGUEZ, *Iglesia local e Iglesia universal*, in „Sacramentalidad de la Iglesia y sacramentos. IV Internationales Symposium über Theologie", Pamplona 1983, S. 399.

sind der Theologie und der Kanonistik nicht die Aussagen zum Thema entgangen, die in der Konstitution (und in den Dekreten) enthalten sind[46].

Die theologisch in dieser Hinsicht gehaltvollsten Aussagen befinden sich in *Lumen Gentium*, Art. 23. Dort wird die Teilkirche *portio Populi Dei* und *portio Ecclesiae universalis* genannt, die der Hirtensorge eines Bischofs anvertraut (*commissa*) ist[47]. Das Dekret *Christus Dominus* wird hierauf aufbauend seine bereits berühmt gewordene Definition abfassen, von der die gesamten kanonistischen Überlegungen zum kodikarischen Werdegang unseres Themas ihren Ausgang nahmen: Die Diözese ist danach „Teil des Gottesvolkes, der dem Bischof in Zusammenarbeit mit dem Presbyterium zu weiden anvertraut wird (*concreditur*). Indem sie ihrem Hirten anhängt (*adhaerens*) und von ihm durch das Evangelium und die Eucharistie im Heiligen Geist zusammengeführt wird (*congregata*), bildet sie eine Teilkirche, in der die eine, heilige, katholische und apostolische Kirche wahrhaft wirkt (*operatur*) und gegenwärtig ist (*inest*)“[48]. Hier zeichnen sich deutlich die drei Bestandteile ab, welche die Wirklichkeit der Teilkirchen ausmachen: der Teil des Gottesvolkes, der Bischof, der ihn zusammenführt, und das Presbyterium, das mit dem Bischof zusammenarbeitet. Wenn eines dieser drei Elemente fehlt, liegt streng genommen theologisch keine Teilkirche vor.

Der wesentliche Bestandteil dabei ist die Gemeinschaft, die *portio*; sie ist das Ziel der beiden anderen Elemente mit *Dienstcharakter*, welche durch ihren Dienst diese Gemeinschaft als Kirche strukturiert: der Bischof, in seiner Teilkirche „Prinzip und Fundament der Einheit“[49], und das Presbyterium, „ordinis episcopalis providi cooperatores eiusque adiutorium et organum“[50]. Dank der Ausübung des bischöflichen Dienstes zusammen

---

46) Siehe hierzu auch H. DE LUBAC, *Pluralismo di Chiese o unità della Chiesa?*, Brescia 1973; ferner J. HAMER, *Iglesia local y comunión eclesial*, in „Scripta Theologica“ 9 (1979) 1057-1075.

47) *Lumen Gentium*, Art. 23, Abs. 2.

48) *Christus Dominus*, Art. 11, Abs. 1.

49) *Lumen Gentium*, Art. 23, Abs. 1.

50) *Lumen Gentium*, Art. 28, Abs. 2.

mit den Priestern – Predigt und Sakramente, vor allem die Eucharistie – ist die Teilkirche, die *portio*, als Kirche gegenwärtig und lebt: „die" Kirche Christi als solche *inest et operatur* nur dort, wo dieser Dienst wahrgenommen wird.

Hiermit wird das „Geheimnis" der Teilkirchen berührt, deren exakteste Definition sich in *Lumen Gentium*, Art. 23 befindet. Dort wird zunächst die Lehre des I. Vatikanischen Konzils in Erinnerung gerufen, wonach der Papst als Nachfolger Petri das immerwährende und sichtbare Prinzip und Fundament für die Einheit der Bischöfe wie auch der Gläubigen insgesamt ist. Anschließend fügt die Konstitution hinzu: „Die Einzelbischöfe hinwiederum sind in ihren Teilkirchen sichtbares Prinzip und Fundament der Einheit. Diese sind *ad imaginem* der Gesamtkirche gestaltet, *in quibus et ex quibus una et unica Ecclesia Catholica exsistit*".

Diese Aussage wird, wie gesagt, ausgehend von der Lehre über die Aufgaben der Bischöfe getroffen, aber nichtsdestoweniger handelt es sich um eine Darlegung über das Wesen der Teilkirchen an sich. Hiervon leitet sich unmittelbar die Schlußfolgerung ab, daß das Geheimnis der Teilkirchen auf ihrer immanenten Beziehung zur Gesamtkirche beruht. Von der *Teil*-Kirche heißt es, daß sie *ad imaginem Ecclesiae universalis* gebildet ist (dies ist eine Art auf den theologischen und begrifflichen Vorrang der Gesamtkirche hinzuweisen). Die *Gesamt*-Kirche hingegen, so heißt es dort, bestehe als eine und einzige Kirche *in* ihnen und *aus* ihnen: „*in* quibus et *ex* quibus exsistit." Wenn auf diese Weise das Geheimnis der Teilkirche erklärt wird, so enthält diese Erklärung gleichzeitig eine Erläuterung einer wesentlichen Dimension der Gesamtkirche: zum Geheimnis dieser gehört ihre immanente Beziehung zu den Teilkirchen.

Dem Geheimnis der Kirche – in seiner doppelten Dimension von Gesamtkirche *und* Teilkirchen – wird man jedoch in seiner Vollständigkeit nur gerecht, wenn man den Ausdruck *in quibus et ex quibus* einheitlich versteht. Keines dieser beiden Bestandteile ist für sich allein genommen in der Lage, das Geheimnis zu erklären[51]. Das Wörtchen *in* bringt zum Aus-

---

[51] Siehe hierzu K. MÖRSDORF, *Über die Zuordnung des Kollegialitätsprinzips zu dem Prinzip der Einheit von Haupt und Leib in der hierarchischen Struktur der Kirchenverfassung*,

druck, daß Gesamtkirche und Teilkirche nicht nebeneinander gestellte Größen sind, sondern daß in jeder Teilkirche – und in ihnen allen – die Gesamtkirche gegenwärtig ist (*exsistit*), wie der Text von *Christus Dominus* nachdrücklich hervorhebt, wenn es dort heißt, daß in der Teilkirche die Gesamtkirche *inest et operatur*.

Betrachtete man aber den Ausdruck *in quibus* isoliert, so würde sich daraus ergeben, daß die Gesamtkirche sozusagen in den Teilkirchen aufgelöst würde und ihres eigenen Bestandes entbehrte: ihr Sein würde sich in dem der Teilkirchen erschöpfen und jede Teilkirche wäre bereits – aus und von sich selbst her – *die* Gesamtkirche. Das Wesen der Gesamtkirche würde auf diese Weise entstellt und letztlich liefe es darauf hinaus, sie mit einer vagen Gemeinschaft unsichtbarer Bande zu verwechseln, sie zu einer Art Universalismus der aus dem Leben der Teilkirchen entspringenden christlichen Werke zu machen; oder sie wird schließlich in ihrem theologischen Sein interpretiert als die schiere Wirklichkeit übernatürlicher Gnade, welche die Menschen in Gott vereint. Wenn von diesem Gesichtspunkt aus von Gesamtkirche in Begriffen von sichtbarer Struktur die Rede ist, wird sie fast zwangsläufig als eine „föderative" Wirklichkeit verstanden. Die „getrennten" Teilkirchen schließen sich erst in einem zweiten Schritt in einer allgemeinen oder weltweiten Struktur „kraft einer Vereinbarung" zusammen: der Papst wäre demnach ein ständiger Beauftragter der Bischöfe und das Bischofskollegium die Repräsentierung der Summe aller Teilkirchen.

Dies ist die naturgemäße Tendenz jeder Ekklesiologie, die sich ausschließlich von unten, vom Phänomen der Teilkirche her aufbauen will. Diese „romantische Verklärung" der Ortskirche, wie Kardinal Ratzinger

---

in „Wahrheit und Verkündigung" II (München-Paderborn-Wien 1975) 1435-1445; W. AYMANS, *Das synodale Element in der Kirchenverfassung*, München 1970, S. 318-324; K. MÖRSDORF, *L'autonomia della chiese locale*, in „La Chiese dopo il Concilio", Mailand 1972, S. 169-170; L. SCHEFFCZYK, *Notwendige Klärung eines neuen Sprachgebrauchs. Eine theologische Überlegung zum Verhältnis zwischen Gesamtkirche und Ortsgemeinde*, in „Aus der katholischen Welt", 4.6.1976, S. 31; A. M. ROUCO-VARELA, *Iglesia universal – Iglesia particular*, in „Ius Canonicum" 22 (1983) 221-239.

es nennt[52], gerät in unmittelbaren Widerspruch zu dem, was bereits oben über die *congregatio fidelium* und über die universellen Dimensionen der *exousia* Christi (Papst und Bischofskollegium) gesagt wurde, welche die gesamte Kirche auf sichtbare Weise in der Geschichte führen. Diese *congregatio* und die *potestas* leiten sich weder von der Tendenz der Teilkirchen ab, sich zusammenzuschließen, noch sind sie das Ergebnis dieser Tendenz, sondern vielmehr eine konstitutionelle Struktur der Kirche[53].

Der Aspekt *in quibus* muß daher durch den Aspekt *ex quibus* vervollständigt und in diesen integriert werden. Die dogmatische Konstitution sagt nicht nur, daß die Gesamtkirche in den Teilkirchen gegenwärtig ist, sondern daß sie aus ihnen besteht und sich zusammensetzt. Die

---

52) Siehe J. RATZINGER, *Probleme und Hoffnungen des anglikanisch-katholischen Dialogs*, in „Communio" 12 (1983) 245.

53) Damit soll gesagt werden, daß die hierarchische Gemeinschaft mit dem Bischof von Rom, dem Nachfolger Petri, zum Wesen der universellen *koinonia* gehört, und zwar derart, daß die Gemeinschaft mit dem Papst zum Wesensbestandteil der Definition der Teilkirche gehört. Dieser entscheidende Punkt zeigt die immanenten Grenzen – sozusagen die genetische Insuffizienz – einer jeden Ekklesiologie, die ausschließlich von der Analyse der Teilkirche her erarbeitet wird. Das soll heißen, daß es unmöglich ist, im Wege der *Deduktion* das universale Statut der *communio Ecclesiarum* von der schlichten Analyse des Phänomens Teilkirche zu erschließen. Diesen Versuch unternimmt eine Richtung der Theologie der Orthodoxen (s.N. AFANASIEFF, M. SCHMEMANN u.a., *La primauté de Pierre dans l'Eglise Orthodoxe*, Neuchâtel 1960). Die Ergebnisse zeigen, daß man über diesen Weg nicht zum Verständnis des päpstlichen Primates gemäß der Tradition gelangt. Diese Ekklesiologie „der Gemeinschaft" muß notwendigerweise, wie es das Vat.II getan und Y. CONGAR, *Mysterium salutis*, IV/1: *La Iglesia* (Madrid 1973), S. 415-417, betont hat, um eine Ekklesiologie „der Gesamtkirche" ergänzt worden, wenn man eindeutige Aussagen in der hl.Schrift aufrecht erhalten will, in denen *in recto* die Kirche als ein Ganzes erscheint. Die Ekklesiologie, welche von der Teilkirche ausgeht, beleuchtet unentbehrliche Aspekte des Mysteriums der Kirche, aber sie zeigt eine Unfähigkeit, die man fast einen Geburtsfehler nennen könnte, wenn es darum geht zu begreifen, daß „ein Ganzes, eine universale Gemeinschaft eigene Voraussetzungen hat, die bestimmte Strukturen erfordern" (Y. CONGAR, ebd.). Der universale Primat Petri ist eines dieser Wesensmerkmale. Wenn also, wie das Vat.II anerkennt, in jeder Teilkirche die Kirche Christi, die eine, heilige, katholische und apostolische Kirche wahrhaft gegenwärtig ist (Dekr. *Christus Dominus*, Art. 11); und wenn andererseits der Primat des Papstes ein Wesenselement der Verfassung der Kirche Christi ist, dann gehört der Papst zum Wesen der Teilkirche selbst, ist Teil ihrer Definition: ohne die *koinonia* mit dem Papst hat eine Teilkirche keinen Anteil an der universalen *koinonia*.

Teilkirche ist in diesem Sinne *Teil* ein Teil der Gesamtkirche: eine *„portio* Populi Dei", wie der Konzilstext sagt.

Doch auch hier gilt dasselbe: wenn man sich darauf beschränkt, diesen Ausdruck isoliert zu betrachten, so scheint er die Vorstellung nahezulegen, als handele es sich bei den Teilkirchen um schlichte Verwaltungseinheiten, gleichsam um „Distrikte" der Gesamtkirche, von denen diese auch absehen könnte, wenn sie sich anders organisieren wollte. Im Bereich der Struktur der *sacra potestas* tritt diese in der *potestas* der Gesamtkirche (Papst und Bischofskollegium) in ihrer ganzen Fülle in Erscheinung, von dort wird sie dann „delegiert" an Bischöfe oder an andere Prälaten, die „Teilbezirken" vorstehen. Weder das *ius divinum* der Teilkirchen noch das Recht des Bischofs scheinen bei diesem Ansatz genügend beachtet zu sein. Das juristisch-administrative Moment würde jedenfalls gegenüber der sakramentalen Betrachtungsweise und dem Geheimnis-Charakter das Übergewicht erhalten.

Die bellarminische Ekklesiologie – hier mag offen bleiben, ob sie zurecht so genannt wird – ist voll diesem Risiko der Einseitigkeit verfallen. Mit ihren Begriffs- und Gedankenschemata ist es schwierig, den Wert und die theologische Bedeutung der Teilkirchen zu erfassen. Ihr gegenüber gilt es darauf zu bestehen, daß nicht nur die weltweite *congregatio fidelium*, sondern auch die *communio ecclesiarum* zum Wesen der ursprünglichen Konstitution der Kirche gehört.

Das wahre theologische Wesen der Teilkirche – und somit auch das der Gesamtkirche – wird, kurz gesagt, nur dann deutlich, wenn beide sie tragenden Pfeiler mit bedacht werden. Die Teilkirche ist *Kirche*, d.h. in ihr ist die eine und universale Kirche gegenwärtig (*exsistit, inest, operatur*); aber sie ist *Teil*-Kirche, d.h. sie ist nicht ohne weiteres die Gesamtkirche, sondern *Teil* von ihr, *portio* dieser Gesamtkirche, die alle Teilkirchen umfaßt und in der *communio* durch den Papst und das Bischofskollegium vereint. Nur sie haben an der Fülle der *exousia-diakonia* des Auferstandenen Anteil, auf der sich die Kirche gründet. Das Geheimnis der Teilkirche, so kann zusammengefaßt gesagt werden, ist das Geheimnis der Gegenwart des *Ganzen* im *Teil*, wobei dieser doch *Teil* des *Ganzen* bleibt.

c) Zusammenfassung

Die Bestandteile der Ekklesiologie des Vatikanums II, die hier aufgezeigt wurden, stellen in ihrem wesentlichen Kern dar, was man das *ius divinum* hinsichtlich der Struktur der Kirche und ihrer hierarchischen Konstitution nennen könnte. Zusammengefaßt, handelt es sich dabei um folgendes:

a) Die Kirche ist das Volk Gottes und Leib Christi oder, was dasselbe ist, die *communio christifidelium* weltweiter Art, die sich historisch in den Teilkirchen verwirklicht – *exsistit, inest, operatur* –, so daß die Gesamtkirche gleichzeitig und auf untrennbare Weise die *communio Ecclesiarum* ist.

b) Um die Kirche in dieser doppelten Gestalt ihrer Existenz zu leiten und ihr zu dienen, hat Christus die Hierarchie apostolischen Ursprungs eingerichtet und sie auf zweifacher Ebene an seiner Dienstgewalt teilhaftig werden lassen: den Papst und das Bischofskollegium als höchste Autorität der Gesamtkirche und die Bischöfe, welche den Teilkirchen als Prinzip der Einheit und der Gemeinschaft in ihren jeweiligen *portiones Populi Dei* vorstehen.

Diese Elemente der Struktur sind, wie bereits gesagt, *de iure divino* und gehören daher überall und zu jeder Zeit zum Wesen der von Christus gestifteten Kirche. Ohne diese Struktur wäre die Kirche nicht die Kirche Christi. Juristisch gesprochen, bestimmen diese theologischen Elemente das *hierarchische Verfassungsrecht der Kirche göttlichen Ursprungs*. Von diesem Gesichtspunkt aus betrachtet ist hingegen die Geschichte der Kirche seit ihren Ursprüngen die Entwicklungsgeschichte der Organisationsformen und der pastoralen Anpassung dieser *de iure divino* Bestandteile an das Wachstum des Gottesvolkes: Antwort auf die apostolischen und geistlichen Erfordernisse, denen die Kirche je nach den zeitlichen Umständen in Wahrnehmung ihrer Heilssendung zu begegnen hat, wobei selbstverständlich jene wesentlichen Elemente unangetastet bleiben[54].

---

[54] Hier sei darauf hingewiesen, daß die Internationale Theologenkommission in einem im Oktober 1985 veröffentlichten Dokument zu einer ähnlichen Interpretation der Entwicklung der Struktur der Kirche kommt, s. Commissio Theologica Internationalis, *Themata selecta de ecclesilogia occasione XX anniversarii conclusionis Concilii Oecumenici Vaticani II*, Libreria Editrice Vaticana 1985, S. 30-31: „Distinguimus etiam inter essentialem Ecclesiae structuram eiusque definitam et mutabilem formam (vel eius organizationem). Structura essentialis com-

Da es hier um den Bereich der Verwirklichung der Gesamtkirche in den Teilkirchen geht, mag es genügen, die Sektion II des zweiten Teils des Buches „De Populo Dei“ im Codex zu überfliegen, um aufzuzeigen, wie ein und dasselbe theologische Wesen *de iure divino* – nämlich die Teilkirche – verschiedene Ausprägungen annimmt, je nach den unterschiedlichen Eigenarten, die *de iure ecclesiastico* in can. 368 aufgezählt und im Kapitel I des Titels I beschrieben werden, und wie sich der wesentliche Kern der hierarchischen Konstitution der Teilkirche nach oben in verschiedenen organisatorischen Entwicklungen, wie z.B. den Bischofskonferenzen[55], und nach unten in der vielschichtigen Organisation oder „inneren Ordnung der Teilkirchen“[56] fortsetzt, immer jedoch in Formen des Kirchenrechtes.

In diesem Rahmen der *kirchlichen Organisation*, welche die *Konstitution der Kirche* mit ihrer hierarchischen Dimension in der Geschichte entfaltet und ihr Gestalt gibt, finden nach allem, was bisher an Erkenntnissen hierzu gewonnen werden konnte, die Personalprälaturen ihren Platz. Die Frage jedoch, *wie* sie sich in diesen Rahmen einordnen, wird nur zu beantworten sein, wenn die Theologie dieser grundlegenden Konstitution und die theologisch-kanonistische Bedeutung ihrer geschichtlichen Entwicklungen vertieft worden ist. So wie die Bestimmungen über die Personalprälaturen in den kodikarischen Arbeiten innerhalb des Kapitels über die Teil-

---

plectitur omnia quae in Ecclesia ex eius a Deo institutione (iure divino), mediante eius a Iesu Christo fundatione et Spiritus Sancti dono, proveniunt. Ipsa structura nonnisi unica et durabilis esse potest. Attamen, ista essentialis et permanens structura semper aliquam definitam formam atque organizationem (iure ecclesiastico) induit, ex contingentibus et mutabilibus, sive historicis vel culturalibus, sive geographicis vel ad rem publicam spectantibus, elementis constitutam. Ex hoc sequitur quod definita Ecclesiae forma mutationibus subiecta est; in ipsa apparent legitimae et etiam necessariae differentiae. Tamen, institutionum diversitas ad structurae unitatem refertur. Inter essentialem structuram et definitam Ecclesiae formam (vel organizationem) discernere non est disiungere. Essentialis Ecclesiae structura in quadam definita forma semper implicata est, extra quam subsistere non potest.“ Die Parallelstellen zu den von uns vorgetragenen ekklesiologischen Gedanken sind vor allem die Kapitel 5, 6 und 7 des Dokumentes mit den Überschriften: *Ecclesiae particulares et Ecclesia universalis*, *De novo Populo Dei ut est societas hierarchice ordinata*, *De sacerdocio communi in sua relatione ad sacerdotium ministeriale*.

[55] Siehe Titel II dieser Sektion II.

[56] Siehe Titel III ders. Sektion.

kirchen herausgebildet wurden, so soll die vorliegende Arbeit in drei auf einander folgenden Schritten abgeschlossen werden: an erster Stelle sollen einige theologische Schlußfolgerungen aus dem hier erarbeiteten wesentlichen Kern *de iure divino* vorgelegt werden; im zweiten Schritt soll der Abschnitt „de Ecclesiis particularibus“ im neuen Codex einer theologischen Analyse unterzogen werden; schließlich soll die Theologie der Personalprälaturen innerhalb der Struktur der Kirche wenigstens in ihren Umrissen skizziert werden.

2. Die Beziehung wechselseitiger Immanenz zwischen Gesamtkirche und Teilkirchen: einige theologische Konsequenzen

Im letzten Abschnitt wurde der Versuch unternommen, die allgemeine theologische Lehre, das sogenannte *ius divinum* bzgl. der Konstitution der Kirche darzulegen. Die jetzt vorgestellten Überlegungen bewegen sich im Bereich der theologischen Schlußfolgerungen, die sich bei vertieftem Nachdenken aus dieser Lehre gewinnen lassen.

1. „*In quibus et ex quibus* una et unica Ecclesia Catholica exsistit“. Mit diesen Worten soll meines Erachtens unter anderem ausgesagt werden, daß die weltweite *congregatio fidelium* in *portiones Populi Dei*, welche die Teilkirchen sind, *aufgeteilt* ist (*ex quibus*), und daß gleichzeitig jede *portio* die Gesamtkirche gegenwärtig setzt (*in quibus*). Das bedeutet zweierlei:

a) Erstens ergibt sich daraus, daß die Teilkirche nicht als ein „Zwischen“-Gebilde zwischen den Gläubigen und der Gesamtkirche verstanden werden darf, so als gehöre man der Gesamtkirche durch eine Teilkirche an. Diese Vorstellung würde das Geheimnis der wechselseitigen Immanenz zerstören; ganz im Gegenteil stellen Zugehörigkeit zur Teilkirche und Zugehörigkeit zur Gesamtkirche eine *einzige* christliche Wirklichkeit mit einer zweifachen Dimension dar[57].

---

[57] Die wechselseitige Durchdringung von Teilkirche und Gesamtkirche schlägt sich juristisch im Bereich der bischöflichen Gewalt und der Primatialgewalt darin nieder, daß beide Gewalten gleichzeitig ordentliche und unmittelbare Gewalten sind, wobei sich die des Bischofs auf eine Teilkirche über seine Gläubigen, und die des Papstes über dieselben Gläubi

b) Dies bedeutet aber auch, daß niemand sein Leben in der Kirche, „ausschließlich" in der Gesamtkirche vollziehen kann, so als ob diese eine von den Teilkirchen verschiedene Wirklichkeit wäre. Eine solche Auffassung würde einen „Universalismus" offenbaren, der paradoxerweise wenig „katholisch" wäre, da im Grunde genommen eine derart verstandene Gesamtkirche tatsächlich eine „andere" oder eine „größere" Teilkirche wäre. Es gilt dagegen festzuhalten, daß jemand an der Gesamtkirche nur teilhat, wenn er zugleich in irgendeiner Weise am Geheimnis der Teilkirche teilhat, in der ja die Gesamtkirche *exsistit, inest, operatur*: sogar der Papst ist ja schließlich Haupt der Gesamtkirche, weil er Bischof der Kirche von Rom ist[58].

Es wäre freilich verfehlt, aus der hier vorgestellten Theologie Schlußfolgerungen hinsichtlich einer Gleichförmigkeit und Einheitlichkeit im juristischen Bereich abzuleiten; denn im sakramentalen Geheimnis der Kirche gibt es eine Vielfalt von Charismen und Ämtern, die sich mit ihrer je eigenen Identität innerhalb der *communio* zu einer Gesamtheit zusammenfügen. Die noch vorhandene Tendenz, Folge einer schon überholten ekklesiologischen Sicht – nämlich die Zugehörigkeit zur Kirche als eine reine „Abhängigkeit" von der kirchlichen Autorität zu verstehen – muß als mit dem richtigen Verständnis von *communio* unvereinbar zurückgewiesen werden. In der Kirche „sein" heißt letztlich, durch Taufe und Eucharistie in den mystischen Leib Christi eingefügt zu sein. Dieses Eingefügtsein ist das Primäre, freilich hat es bestimmte Abhängigkeiten von den Trägern der *sacra potestas* zur Folge, diese jedoch sind sekundär. Gerade weil die Autorität *iure divino* eine doppelte Ausprägung – weltweit und teilkirchlich – besitzt, die ihrerseits wiederum *de iure ecclesiastico* in vielfältigen Gestalten in Erscheinung tritt, findet die geheimnisvolle Einbettung der Gläubigen in der Teilkirche in allen rechtlichen Belangen Ausdruck. Sie reicht von der all-

---

gen erstreckt. S. cann. 331 § 1 und 381 § 1, welche die dogmatische Regelung von *Pastor Aeternus* und *Lumen Gentium* zusammenfassen; s. o. S. 137, Anm. 43.

[58] Der Römische Oberhirte „qua Episcopus Romanus simul est Papa, id est, pastor et caput totius Ecclesiae, caput omnium Episcoporum omniumque fidelium" (*Declaratio Episcoporum Germaniae*, 1875; diese Erklärung wurde von Pius IX am 4.3.1875 gegengezeichnet; vgl. DS 3113 und 3117).

gemeinrechtlichen Stellung der Christgläubigen bis zum eigenen Stand der exemt genannten Ordensleute; oder von der Stellung der in der Diözese inkardinierten Priester bis zu der Stellung anderer, welche auf der Durchreise in Vereinigung mit dem Bischof die eine Eucharistie feiern. Alle diese Personen – mit ihren spezifischen Lebensumständen – leben im Tiefsten aus dem Mysterium der Kirche, die eben gleichzeitig universal und partikulär ist. Mit einer ständig anwachsenden Komplexität in institutioneller und charismatischer Hinsicht hat die Kirche es im Laufe der Jahrhunderte immer wieder verstanden, diese vielfältigen Sondererscheinungen innerhalb des Geheimisses der Kirche zu erkennen und zu regeln; damit hat sie in der Praxis den Beweis dafür gebracht, daß Gemeinschaft nicht juristische Eingleisigkeit bedeutet.

So weist die Fülle des Priestertums, wie sie der Bischof an der Spitze der Ortskirche besitzt, bestimmte juristische Ausprägungen auf, die vollkommen damit zu vereinbaren sind, daß es in dieser Ortskirche eine ganze Reihe von verschiedenen Jurisdiktionsbereichen gibt und daß es Glieder dieser *portio Populi Dei* gibt, die kirchenrechtliche Beziehungen zu einer Vielzahl von Jurisdiktionen haben können. Ja, diese Vielfalt innerhalb der *communio* ist im Bereich des Rechts beredtes Zeugnis für den Reichtum, den bei theologischer Betrachtung dieses Geheimnisses die wechselseitige Immanenz von Gesamtkirche und Teilkirche aufweist.

Die Identifizierung der *congregatio fidelium* mit dem *corpus Ecclesiarum*, die sich als Schlußfolgerung der Lehre des II. Vatikanischen Konzils entnehmen läßt, ist folglich ein Kriterium für die theologische Inspiration, deren kanonistische Umsetzung dem heutigen Kirchenrecht ein weites Arbeitsfeld bietet. Ihr obliegt es, juristisch zu verdeutlichen, wie sich die Autonomie der Teilkirchen in die *communio* der Gesamtkirche einfügt und wie sich die Wirklichkeit diversifizierter Jurisdiktionsbereiche mit weltweiter Ausdehnung in die christliche und seelsorgliche Einheit der Teilkirchen einfügt[59]. Es läßt sich bereits absehen, daß es sich hierbei um

---

59) Eine andere *theologische* Sicht könnte zu ähnlichen *juristischen* Schlußfolgerungen führen ohne vorher die Identität zwischen *congregatio fidelium* und dem *corpus ecclesiarum* zu behaupten. Solche Theologie würde *in recto* die vielfachen Jurisdiktionsbereiche und ihre un-

einen wesentlichen Punkt handelt, wenn es darum geht zu verstehen, wie sich die Personalprälaturen in das Leben der Teilkirchen einfügen.

2. Es gehört zum theologischen Wesen der Teilkirche, daß ihre Oberhirtengewalt dem Bischof *zukommt*. Eine Teilkirche ohne Bischof ist theologisch keine Teilkirche. Wie sich dies mit der einen oder anderen der in cann. 368 bis 374 genannten Rechtsfiguren vereinbaren läßt, wird noch zu zeigen sein. Hier kann aber bereits als Ergebnis des bereits Gesagten festgehalten werden, daß in den Teilkirchen (*in quibus*) die Gesamtkirche gegenwärtig ist. In dieser Gegenwart[60] birgt sich ja gerade das Geheimnis des Wirkens der *exousia* Christi, welche in der Fülle des Weihesakramentes dem Bischof übertragen wird. Christus übertrug die *exousia-diakonia* für seine gesamte Kirche den im Kollegium vereinten Bischöfen, dessen Haupt der Papst ist. Es gehört zum Geheimnis der Kirche, daß sich diese erlösende Wirkmächtigkeit – kraft deren Christus in der Welt „seine" Kirche zusammenruft und versammelt – in den Koordinaten von Raum und Zeit in der *exousia-diakonia* eines jeden Bischofs und seines „Organs" – des Presbyteriums – verwirklicht. Im Bischof und seinem Presbyterium wird die Gesamtkirche in der ihnen anvertrauten *portio Ecclesiae* gegenwärtig, in anderen Worten gesagt: in ihnen werden diese Gläubigen zu einer *Kirche*.

Letzten Endes liegt der Grund hierfür in der apostolischen Sukzession und im Geheimnis der Eucharistie. Die Eucharistie „konstituiert" Kirche, weil in ihr alles Gut der Kirche gebündelt vorliegt. Die Dynamik der Erlösung vollzieht sich vom (toten und auferstandenen) Leib Christi zum Leib Christi (der Kirche) über die Gemeinschaft des Leibes Christi (Eucharistie)[61]. Es waren die Apostel – und in ihnen ihre Nachfolger, die Bischöfe –,

---

terschiedlichen Beziehungen betrachten und nur *in obliquo* die Art und Weise berücksichtigen, wie sich diese Jurisdiktionsbereiche in das sakramentale Mysterium der Teilkirche einfügen. Ohne diese Möglichkeit völlig ausschließen zu wollen, entspricht m.E. die von mir vorgeschlagene Interpretation eher der Sicht, die das Vat.II von der Kirche hat.

[60] *Ex-sistere: Lumen Gentium*, Art. 23; *in-esse: Christus Dominus*, Art. 11. Sinn und Grenzen dieser Gegenwart sind ausführlich untersucht worden von A. BANDERA, *Iglesia universal e Iglesia particular*, in „La Ciencia Tomista" 105 (1978) 67-112.

[61] Siehe hierzu J. RATZINGER, *Das neue Volk Gottes*, Düsseldorf 1969, S. 90-104 und J. HAMER, *Iglesia local...*, o.zit., S. 1062-1065. Die Eucharistie konstituiert die Teilkirche als Kirche, weil die ihr eigene Wirkung die eine und universale Kirche ist. Gegenüber AFANA-

die der Herr in die Fülle des Priestertums eingesetzt hat; sie empfingen ursprünglich den Auftrag, das eucharistische Opfer zu feiern. Selbst wenn die Priester *divina institutione* Amtspriester sind und die Vollmacht erhielten, das Opfer zu feiern, so sind sie doch Priester „zweiten Ranges" und nur jene Feier der Eucharistie ist legitim, die in Gemeinschaft mit dem Bischof gefeiert wird. Deshalb heißt es auch in *Lumen Gentium* zu Recht: „Der Bischof, der mit der Fülle des Weihesakramentes ausgezeichnet ist, steht da als Ausspender der Gnade des höchsten Priestertums, vorzüglich in der Eucharistie, die er selbst darbringt oder darbringen läßt und kraft deren die Kirche immerfort lebt und wächst"[62]. Die vom Bischof oder seinen Priestern in Gemeinschaft mit ihm vollzogene Eucharistie bewirkt auf diese Weise, daß die eine, heilige, katholische und apostolische Kirche in dieser *portio Populi Dei* gegenwärtig ist. Dies ist selbstverständlich im Grund genommen, wenn auch nicht ausschließlich, nur möglich, weil der Bischof Mitglied des *ordo episcoporum* ist und sein Amt in hierarchischer Verbundenheit mit dem Haupt und den Mitgliedern des Kollegiums lebt und vollzieht.

3. Nach *Lumen Gentium*, Art. 23 ist die Teilkirche *ad imaginem Ecclesiae universalis* gestaltet. Die bisher hier vorgetragenen Gedankengänge beweisen dies bereits. Wilhelm Bertrams hat diesen Punkt unter dem Aspekt der hierarchischen Dimension der Teilkirche weiter entwickelt[63]. Es gilt jedoch, diese *imago* in der ganzen Fülle ihrer Bedeutung zu verstehen. Die Gesamtkirche ist – zumindest potentiell – in jeder Teilkirche gegenwärtig, dergestalt daß sich in ihr und in sakramentaler Gemeinschaft mit ihrem Oberhirten die Einheit, die Heiligkeit, die Katholizität und die Apostolizität der Kirche entfalten. Diese Potentialität, die sich auf einer ontologischen Ebene bewegt, muß sich in der Vielfalt der Möglichkeiten

---

SIEFF hält A. BANDERA an dieser Ansicht fest in *La Iglesia ‚communio sanctorum': Iglesia y Eucharistia*, in „Sacramentalidad de la Iglesia y sacramentos. IV Internationales Symposium über Theologie der Universität von Navarra", hrsg.v. P. RODRIGUEZ u.a., Pamplona 1983, S. 269-357.

[62] *Lumen Gentium*, Art. 26. Vgl. auch *Sacrosanctum Concilium*, Art. 41, Abs. 2.

[63] Vgl. W. BERTRAMS, *De analogia quoad structuram hierarchicam inter Ecclesiam universalem et Ecclesiam particularem*, in „Periodica..." 56 (1967) 267-308.

christlichen Lebens äußern; nur so wird die Teilkirche wirklich *imago* der Gesamtkirche. Die Vielfalt der *communio* erscheint so als Forderung im Geheimnis der Teilkirche. Darum finden in den Teilkirchen alle Reichtümer der Kirche Christi den ihnen zustehenden Platz: die verschiedenen Charismen, die vielfältigen Berufungen, die unterschiedlichsten Vereinigungen, das Zeugnis des geweihten Lebens, das apostolische Wirken der Personalprälaturen usw.; d.h. der Reichtum an Lebensformen und Strukturen der Gesamtkirche, alle Erfordernisse ihrer Sendung in der Welt, *exsistunt, insunt, operantur* in der lebendigen Wirklichkeit der Teilkirche, welche aufgrund all dessen *ad imaginem Ecclesiae universalis* ist. Hier begegnen uns – diesmal in Ausdrücken des Lebens und der Seelsorge – jene Wirklichkeiten, die beim ersten Ansatz unserer Überlegungen unter *rechtlichen* Gesichtspunkten als Jurisdiktionsbereiche auftauchten.

3. Die Theologie der Teilkirchen und das Kapitel „De Ecclesiis particularibus" des neuen Codex

Vorab sei bemerkt, daß sich die Sektion II des zweiten Teils im Buch II, was die Systematik angeht, als äußerst treu gegenüber der Konzilstheologie erweist, was sich leider in der Sektion I nicht so zeigt[64]. Eine wesentliche Dimension der Ekklesiologie des Vatikanums II liegt in der gegenseitigen Beziehung zwischen Volk Gottes und kirchlicher Hierarchie, einer Frucht der berühmten Modifizierung in der Anordnung der Kapitel in der Konstitution *Lumen Gentium*[65]. Die Autorität steht nicht *über* der Kirche, sondern ist *in* der Kirche als Volk Gottes verankert. Nur vom Wesen dieses messianischen Volkes her erfährt die wesentliche Funktion derer, welche in ihm Träger der Dienstgewalt sind, ihren eigentlichen Sinn, wie bereits oben hinreichend dargelegt wurde[66]. In diesem Sinne gibt der Name der Sektion

---

[64] Eine gut dokumentierte Übersicht über die ekklesiologischen Grundlinien, welche den verschiedenen kirchenrechtlichen Konzeptionen zugrundeliegen, ist zu finden in N. TIMPLE, *Das kanonistische Kirchenbild vom Codex Iuris Canonici bis zum Beginn des Vaticanum Secundum. Eine historisch-systematische Untersuchung*, Leipzig 1978.

[65] Siehe Y. CONGAR, *La Iglesia como Pueblo de Dios*, in „Concilium" 1 (1965) 9-33.

[66] S. o. S. 128-136.

II, vor allem aber die Überschrift ihres Titels I, die Gedankenführung des Konzils völlig getreu wieder: „De Ecclesiis particularibus et de auctoritate in iisdem constituta". Es sind also zunächst die Gemeinschaften, die „Teile des Gottesvolkes", auf die sich unmittelbar die Bestimmungen beziehen, und erst anschließend, davon ausgehend, die hierarchische Autorität.

In der Sektion I hingegen wird nicht so vorgegangen. Hier ist die *Autorität* in der Gesamtkirche unmittelbar Gegenstand der Vorschriften: „De suprema Ecclesiae auctoritate". Es wäre meines Erachtens theologisch reizvoll und erhellend gewesen, wäre man auch hier in Analogie zu Sektion II vorgegangen und hätte man die Überschrift der Sektion I ungefähr wie folgt formuliert: „De Ecclesia universali et de suprema auctoritate in eadem constituta", wobei man die Gesamtkirche *ut talis* wenigstens in einem Mindestmaß abgehandelt hätte[67]. Gleichwohl kann man auch zulässigerweise der Auffassung sein, der erste Teil dieses Buches II sei als ausführliche Darlegung der wesentlichen „Anthropologie" der Gesamtkirche konzipiert worden. Jedenfalls ist hier lediglich die Überschrift „De Ecclesiis particularibus" von Belang, die ganz eindeutig in grundlegender Weise mit der Ekklesiologie des Vatikanum II in Einklang steht.

Ehe wir uns jedoch weiteren Überlegungen zuwenden, erscheint es unentbehrlich, einen Blick auf den endgültigen Wortlaut des Canon 368 zu werfen, in dem die verschiedenen Arten von Teilkirchen beschrieben werden.

a) Analyse des Canon 368 und der in ihm enthaltenen Problematik

Dieser Canon erweist sich bereits begrifflich als theologisch äußerst strikt[68]. Wenn man ihn kritisch durchleuchtet, treten die theologischen und kanonistischen Ebenen unseres Themas deutlich hervor. Er beginnt

---

67) Siehe die Ausführungen oben S. 26 f. über die wünschenswerte Einbeziehung der cann. 1 und 2 der *Lex Ecclesiae Fundamentalis*. Dies sieht auch richtig W. AYMANS, *Ekklesiologische Leitlinien...*, S. 48-49.

68) Diese Präzision wurde auch von der Internationalen Theologenkommission erfaßt; s. o. zit (Anm. 54) S. 32. Jedoch verstehe ich nicht, warum man das *exsistit* des Vat.II und des CIC durch ein *subsistit* ersetzt, auch wenn dadurch eine Analyse nicht unmöglich wird.

mit der grundsätzlichen Aussage des II. Vatikanischen Konzils zu dieser Frage:

> „Ecclesiae particulares, in quibus et ex quibus una et unica Ecclesia catholica exsistit, sunt imprimis dioeceses..."

Für die Teilkirchen ist also jener theologische Inhalt charakteristisch, der bereits oben herausgearbeitet wurde und dessen *Haupt*-Dimension im strengen Sinne des Wortes die Person des Bischofs ist: ihm ist es zu verdanken, daß sich der Gnadenstrom ergießt, der aus der *portio* eine Teilkirche werden läßt.

Dies gilt vor allem – *imprimis* –, aber nicht ausschließlich für die Diözese. Diese ist aber bereits eine *juristische* Gestalt dieser *theologischen* Wirklichkeit. Die Diözese ist eine Teilkirche, welche – um den ihrem theologischen Wesen entsprechenden Dienst voll erbringen zu können – den vom kanonischen Recht geforderten Grad institutioneller Entwicklung aufweist, d.h. mit der „kirchlichen Organisation" ausgestattet ist, die heute für die göttliche Konstitution der Kirche vorgesehen ist[69]. Die Diözese ist die Teilkirche in ihrem *plene esse canonicum*. Es gibt aber auch andere, von der Diözese unterschiedene Rechtsfiguren, in denen das *theologische* Wesen der Teilkirche eine andere *rechtliche* Gestalt annimmt. Der Text fährt fort:

> „... quibus, nisi aliud constet, assimilantur praelatura territorialis et abbatia territorialis, vicariatus apostolicus et praefectura apostolica necnon administratio apostolica stabiliter erecta".

Alle diese Rechtsfiguren werden den Diözesen gleichgestellt. Dabei ist der Hinweis wichtig, daß es im Text nicht heißt, sie würden den Teilkirchen gleichgestellt, sondern den Diözesen. Aus dem Wortlaut folgt, daß diese anderen Rechtsfiguren (theologisch) Teilkirchen *sind*, wenn auch mit

---

[69] Siehe den ausführlichen Titel „de interna ordinatione Ecclesiarum particularium", cann. 460-572.

institutionellen Eigentümlichkeiten im Vergleich zu den Diözesen. Diese Eigentümlichkeiten jedoch berühren die *juristische* Regelung dieser Einrichtungen, nicht aber notwendigerweise ihr theologisches Wesen.

Auf diese Weise werden in der abschließenden Fassung des Canons – und zwar meines Erachtens mit gutem Recht – die Unsicherheiten überwunden, die sich im Laufe der Verfassung dieses Canons ergeben hatten und die Frage betrafen, welcher Art diese Rechtsfiguren seien. Sowohl der Entwurf von 1977[70)] als auch das *Schema 1980*[71)] hatten einen ähnlichen Wortlaut. In ihnen wurden ohne nähere Abstufung die Diözesen, die Apostolischen Vikariate und die Apostolischen Präfekturen und schließlich die Apostolischen Administraturen als Teilkirchen aufgeführt. Der Entwurf von 1977 erklärt zwar die Abteien und Prälaturen *cum proprio populo* nicht förmlich zu Teilkirchen, aber er stellte sie den Diözesen gleich, wie dies auch das Schema von 1980 mit den Gebietsprälaturen und Gebietsabteien tat[72)]. Aufgrund einer leichten Änderung des Textes sagt der jetzt geltende Canon 368 aber viel mehr aus: Teilkirchen sind theologisch *in erster Linie* die Diözesen und *auch* alle anderen Rechtsfiguren, die *rechtlich* den Diözesen gleichgestellt werden. Diese hier vorgelegte Auslegung wird ganz deutlich in can. 372 § 1 bestätigt, wo von „einer Diözese bzw. einer anderen Teilkirche" die Rede ist.

Auf die terminologischen Schwankungen in den Arbeiten für den Codex zwischen den Begriffen Gleichstellung und Gleichbehandlung wurde bereits hingewiesen[73)]. Die Bedeutung des Wortes *assimilantur* in can. 368 ist meines Erachtens schlicht die einer *juristischen Gleichbehandlung* wie die Diözese aufgrund des *gemeinsamen* (theologischen) Wesens als Teilkirche[74)].

---

70) Vgl. can. 217 in Anh. VII.

71) Vgl. can. 335 in Anh. VIII.

72) Zur Problematik dieser Optionen s. o. S. 63-70.

73) S. o. S. 69.

74) Dem widerspricht nicht can. 134, der sich auf die bezieht, die „einer Teilkirche oder einer dieser gemäß can. 368 gleichgestellten Gemeinschaft" vorstehen. Diese Formel ist dieselbe, die auch in can. 131 des *Schema 1980* Verwendung fand, die als § 2 dieses can. 368 (damals can. 335) die Personalprälaturen mit einschloß, die mit den Teilkirchen *in iure aequiparatae* waren.

Der Umstand, daß alle diese Rechtsfiguren im theologischen Wesen der Teilkirche übereinstimmen, bildet die theologische Grundlage für ihre Gleichstellung und ihre juristische Gleichbehandlung wie die Diözese. Gerade weil sie die theologischen Bestandteile einer Teilkirche besitzen, ist die komplexe Regelung, welche der Codex für die Diözesen trifft, auf sie anwendbar, *nisi aliud constet*; analog gilt die Bestimmung für den *Diözesan*-Bischof auch für ihren Hirten[75]. Im vorliegenden Falle wird die Gleichbehandlung *in iure* dadurch erleichtert, daß das theologische Wesen bei den angeführten Rechtsfiguren identisch ist. Der neue Codex beschränkt sich folgerichtig in den folgenden Canones darauf, jede einzelne Rechtsfigur von Teilkirchen, die der Diözese gleichgestellt wird, zu definieren; er kann dabei – im Gegensatz zum Codex von 1917 – davon absehen, für jede Rechtsfigur die entsprechende wesentliche Regelung hinzuzufügen.

Aber diese Auslegung von can. 368, die zu eindeutigen Ergebnissen führt, ist nicht ohne Probleme, wenn es darum geht, die begriffliche Eigenart jeder dieser in ihm aufgezählten Rechtsfiguren zu bestimmen, die alle Teilkirchen *sind*. Dies gilt für die Gebietsprälaturen und Gebietsabteien, die Apostolischen Vikariate und die Apostolischen Präfekturen und, schließlich, für die *stabiliter erectae* Apostolischen Administraturen. Wenn man einmal die Errichtung als formalen Bestandteil und das Gebiet als abgrenzendes Element außer Acht läßt, so sind nach der Theologie des Vatikanum II folgende Elemente wesentlich für die Definition von Teilkirchen: einerseits die *portio Populi Dei*, eindeutig umschrieben und von anderen Gemeinschaften abgegrenzt; sie bildet den Selbstand (in dem Sinne, daß in ihm die übrigen Bestandteile ihren eigentlichen Zweck erhalten); und andererseits das doppelte Element mit Dienstcharakter, d.h. das Amt der apostolischen Sukzession, das im Bischof personifiziert ist, und das Amt der Priester, die gemeinsam mit ihm der Gemeinschaft dienen. Diese zwei wesentlichen Elemente spiegeln in der Struktur der Teilkirche

---

Daß diese Formulierung beibehalten wurde, belegt lediglich eine Insufizienz bei der abschließenden Korrektur der Texte, die von der Streichung jenes § 2 betroffen waren.

[75] Vgl. can. 381 § 2.

jene Sequenz Volk Gottes – kirchliche Hierarchie wider, die ein charakteristisches Merkmal der konziliaren Ekklesiologie ist.

Der kodikarische Werdegang und Wortlaut der Canones der Sektion „De Ecclesiis particularibus" zeigen, daß die Verfasser des Codex von Anfang an dieses Element der *portio* im Blick hatten und bemüht waren, die verschiedenen *portiones Populi Dei*, welche die Grundlage der Teilkirchen bilden, genau zu umschreiben. Das Ergebnis dieses Bemühens findet in der Aufzählung des Canon 368 seinen Ausdruck: alle diese „Teile" des Gottesvolkes bilden „das" Volk Gottes; die Gesamtkirche ist in diese Teilkirchen aufgeteilt, „in quibus et *ex quibus* una et unica Ecclesia Catholica exsistit". Diese grundlegende Option der Verfasser des Codex ist meines Erachtens eine Folge aus dem richtigen Erfassen dessen, was im vorigen Abschnitt als erstes Ergebnis festgehalten worden ist[76]. Sie sind jedoch Volk Gottes, *weil* sie vom Amt der apostolischen Sukzession her strukturiert sind, das seinerseits wiederum genauso wesentlich Bestandteil der Teilkirche ist. Und hier taucht das Problem auf, und zwar aus zweifachem Grund: erstens, weil diese der Diözese gleichgestellten Teilkirchen *de facto* unter der Leitung von Prälaten stehen können, welche nicht die Bischofsweihe empfangen haben (abgesehen davon, daß es das Normalste ist, wenn sie, ebenfalls *de facto*, Bischöfe sind); zweitens, weil die Apostolischen Vikare, Präfekten und Administratoren ihre Kirchen dem Codex gemäß nicht im eigenen Namen, sondern „nomine Summi Pontificis" leiten[77].

Man könnte sagen, der Codex von 1917 sei im Verhältnis zu seiner eigenen Theologie schlüssiger gewesen. Da er, wie bekannt, tatsächlich nicht von den Gemeinschaften (den *portiones Populi Dei*), sondern von den territorialen Jurisdiktionsbezirken ausging, wurden diese Rechtsfiguren nicht unter die Teilkirchen subsumiert – tatsächlich taucht ja die Teilkirche als theologisch-kanonistischer Begriff in jenem Codex unmittelbar gar nicht auf –, sondern als Jurisdiktionsbereiche, die von Personen geleitet werden,

---

76) S. o. S. 146-148.

77) Siehe can. 371. In der gedruckten Dokumentation über den Werdegang des Codex wird leider die Grundsatzdebatte über diesen Punkt, die theologisch so weitreichende Folgen hatte, nicht wiedergegeben.

die *iure ecclesiastico* an der höchsten Gewalt des Papstes teilhaben, ob sie nun Bischöfe sind oder nicht[78]. Das, was wir heute Teilkirche nennen, ist im Codex von 1917 – wenn auch ohne diese Terminologie – nur die Diözese bzw. der Jurisdiktionsbereich, welcher der ursprünglichen Gewalt des Bischofs untersteht. Etwas vereinfacht und mit einer erst später aufgekommenen Redeweise könnte man sagen, für den Codex von 1917 seien Teilkirchen die Teile des Gottesvolkes, die der bischöflichen Gewalt unterstehen, und nicht jene, welche unmittelbar der päpstlichen Gewalt unterstehen. Der frühere Codex lieferte insofern nicht die Poblematik, die der neue aufwirft. Es ist jedoch klar, daß er diese Problematik nur auf Kosten einer Verzerrung des theologischen Wesens dieser *portiones* umging, die er gar nicht als Teilkirchen ansah.

Ganz im Gegensatz hierzu war es der Umstand, daß die Verfasser des neuen Codex dieses Wesen richtig erfaßten – schließlich darf nicht vergessen werden, daß zwischen beiden Codices das Vatikanum II stattfand –, der sie zu der Aussage veranlaßte, daß alle diese Rechtsfiguren Teilkirchen sind, und folglich dazu führte, daß die Regelung der Gebietsprälaturen, Gebietsabteien, Apostolischen Vikariate, Präfekturen und Administraturen innerhalb der Systematik des Codex einen anderen Platz erhielt und nicht mehr in der Sektion über die höchste Gewalt, sondern in der über bischöfliche Teilgewalt untergebracht wurde. Hier ist jedoch die Frage aufzuwerfen, ob nicht zwischen dieser Entscheidung und den „Anomalien“ dieser Rechtsfiguren, soweit ihr Bestandteil des Amtes betroffen ist, nicht ein Widerspruch klafft. Es gilt hier bei dieser Frage zu verweilen.

b) Theologisch-kanonistisches Wesen der den Diözesen „gleichgestellten“ Rechtsfiguren

Es ist vor allem darauf hinzuweisen, daß der neue Codex weder in der Aufzählung dieser Rechtsfiguren noch in ihrer Definition die bischöfliche Oberhirtengewalt derer ausschließt, welche sie leiten. Denn dies würde tatsächlich einen Widerspruch bedeuten. Um wohlbegründet auf die anste-

---

[78] Siehe Lib. II, tit. VII des alten Codex.

hende Frage einzugehen, erscheint es das geeignetste, jede der Rechtsfiguren für sich zu erörtern.

aa) Apostolische Vikariate, Präfekturen und Administraturen

In den Missions-„Gebieten“ befindet sich die Kirche in einer Phase der „Einpflanzung“. Im Laufe der Geschichte repräsentieren die Missionare, die bereits aus fest eingerichteten Teilkirchen kommen, die evangelisierende Kraft ihrer Kirchen, die sich auf Länder und Kulturen ausbreiten, welche noch nicht die Botschaft Christi vernommen haben und jetzt dank des Wirkens dieser Kirchen daran sind, diese Botschaft zu empfangen. So beginnt eine *portio Populi Dei* aufzukeimen, die im Augenblick theologisch gesehen noch in der *portio* der Mutter Kirche aufgehoben ist, bis sie theologisch und juristisch ihren eigenen Bestand aufweisen kann. Wie Louis Bouyer es ausdrückt, vollzieht sich die Ausbreitung der Kirche wie die Geschichte belegt, auf konstitutionelle Weise durch „Fortpflanzung und Verpflanzung“ der Teilkirchen [79].

„Das eigentliche Ziel dieser missionarischen Tätigkeit“, so lesen wir im Konzilsdekret über die Missionstätigkeit der Kirche, „ist die Evangelisierung und die Einpflanzung der Kirche bei den Völkern und Gemeinschaften, bei denen sie noch nicht Wurzel gefaßt hat. So sollen aus dem Samen des Gottesvolkes überall auf der Welt einheimische Teilkirchen hervorwachsen und wohl begründet werden, die mit eigener Kraft und Reife begabt sind. Sie sollen eine eigene Hierarchie in Einheit mit dem gläubigen Volk sowie die zum vollen Vollzug christlichen Lebens gehörigen Mittel in einer der eigenen Art gemäßen Weise besitzen und so ihren Teil zum Wohl der Gesamtkirche beitragen“ [80]. „Die Einpflanzung der Kirche in eine bestimmte Gesellschaft“, so heißt es an anderer Stelle dieses selben Dekretes, „erreicht einen gewissen Abschluß, wenn die Gemeinde der Gläubigen im sozialen Leben verwurzelt und der örtlichen Kultur in etwa angepaßt ist und so schon Stetigkeit und Festigkeit besitzt. Das heißt: Es steht ihr schon

---

[79] L. BOUYER, *L'Eglise de Dieu*, Paris 1970, S. 337.
[80] *Ad Gentes*, Art. 6, Abs. 3.

eine, wenn auch noch nicht genügend große Zahl von einheimischen Priestern sowie von Ordensleuten und Laien zur Verfügung, und sie ist mit den Ämtern und Einrichtungen ausgestattet, die das Gottesvolk für sein Leben und seine Ausbreitung braucht, all das unter der Leitung des eigenen Bischofs“[81].

In diesem missionarischen Zusammenhang sind die Apostolischen Vikariate und ihre Strukturen zu sehen[82], Einrichtungen, die einem höheren (Vikariate) oder niedrigeren Grad (Präfekturen) der Entwicklung der *portio Populi Dei* und ihrer Strukturen entsprechen. Diese *portio* und ihre Strukturen hängen rechtlich von der Mutterkirche ab, welche in der Missionstradition der lateinischen Kirche die Kirche von Rom ist. Diese Abhängigkeit wird beendet, wenn *portio* und dazugehörige Strukturen ihre Reife erlangt haben und eine eigene Diözese bilden können. Ihr pastorales und rechtliches Leben steht in enger Beziehung zum Papst, der gemäß can. 756 § 1 gemeinsam mit dem Bischofskollegium und „quoad universam Ecclesiam“ die Aufgabe hat, das Evangelium zu verkünden und das *sacramentum salutis* über die ganze Erde zu verbreiten. Daher leiten der Apostolischen Vikar und der Apostolische Präfekt ihre Gemeinschaften *nomine summi Pontificis*[83].

Wenn das Haupt einer solchen Gemeinschaft ein Bischof ist – was bei den Vikariaten der Normalfall ist –, dann tritt bezüglich der bischöflichen Oberhirtengewalt meines Erachtens keine Schwierigkeit auf. Vielleicht trifft auf sie in besonderer Weise das Wort des II. Vatikanischen Konzils zu: „In diesen Gemeinschaften, auch wenn sie oft klein und arm sind oder

---

81) *Ad Gentes*, Art. 19, Abs. 1.

82) Zu diesen Institutionen siehe R. NAZ, *Préfet Apostolique*, in „Dictionnaire de Droit Canonique“, Bd. VII 1965, Sp. 166-176, und *Vicaire Apostolique*, ebd., Sp. 1479-1487. Dieses Thema wurde erschöpfend untersucht in A. VERMEERSCH, *De munere et officiis vicarii et praefecti apostolici*, in „Periodica...“ 9 (1920). Die Regelung des neuen Codex ist kommentiert worden von I. TING PONG LEE, *Il Diritto missionario nel nuovo Codice di Diritto Canonico*, in „La nuova legislazione canonica. Corso sul nuovo Codice di Diritto Canonico, 14-25 febraio 1983“, Universität Urbaniana, Rom 1983, S. 405-422.

83) Vgl. can. 371.

in der Zerstreuung leben, ist Christus anwesend, *cuius virtute consociatur una sancta, catholica et apostolica Ecclesia*“[84].

Der entscheidende Punkt liegt darin, daß die Leitung dieser Kirche – bis sie die institutionelle Fülle der Diözesen erreicht hat – vom Bischof im Namen des Papstes ausgeübt wird. Diese rechtliche Abhängigkeit im Verhältnis zum Papst ändert aber meines Erachtens nichts am theologischen Wesen der *portio* und bedeutet auch nicht ein widerrechtliches Eindringen der Primatialgewalt des Papstes in eine Teilkirche. Vielmehr kommt dadurch eine besondere Beziehung dieser Kirche zum Haupt der Gesamtkirche, dem Papst, zum Ausdruck, der kraft seiner Primatialgewalt die Ausübung der Gewalt des Ortsbischofs gerade mit dem Ziel einschränken kann, um die Bemühungen der *communio Ecclesiarum* in besonderer Weise dieser Kirche zugute kommen zu lassen. Daß eine solche Einschränkung überhaupt möglich ist, ergibt sich übrigens aus der Beschaffenheit als *Teil*, die jede Ortskirche, sogar Diözese, hat[85].

Ein ganz anderer Fall ist die Apostolische Administratur. Während jene anderen Rechtsfiguren Kirchen darstellen, die im Werden begriffen sind – weshalb sie ja auch einer besonderen Regelung bedürfen –, können wir sagen, daß es sich bei den Apostolischen Administraturen um Teilkirchen „im Ausnahmezustand“ handelt. Aufgrund meist außerkirchlicher Um-

---

84) *Lumen Gentium*, Art. 26, Abs. 1.

85) Vgl. can. 381 § 1. S. o. S. 137, Anm. 43 und S. 146, Anm. 57. Die dort angestellten Überlegungen über die apostolischen Vikariate und apostolischen Präfekturen bewegen sich im Bereich der theologischen Reflexion über das Wesen dieser Institutionen. Die pastorale und juristische Komplexität des Themas, die vom Kirchenrechtler zu untersuchen ist, ist groß, vor allem hinsichtlich seiner außerordentlich weiten historischen Auswirkungen im Zusammenhang mit der starken missionarischen Ausbreitung der Kirche, die unter der Verantwortung der Missions-Institute des geweihten Lebens stattfand, und die dazu führten, daß diese Teilkirchen praktisch einem Missions-Institut überantwortet waren, was zu einer Reihe besonderer juristischer Beziehungen zwischen dem kirchlichen Oberen und den Ordens-Oberen und zwischen dem Vikariat und dem Institut führen kann (vgl. R. MOYA, *Dimensión misional de la Iglesia en el nuevo Código de Derecho Canónico*, in J. A. BARREDA u.a., „Iglesia misionera al servicio del Reino de Dios“, Madrid 1984, S. 129). Siehe hierzu die Instruktion *Relationes* der Kongregation für die Evangelisation der Völker vom 24.2.1964, in AAS 61 (1969) 281-287 und N. KOWALSKY, *Zur Entwicklungsgeschichte der Apostolischen Vikare*, in „Neue Zeitschrift für Missionswissenschaft“ 31 (1975) 159-270 und den zit. Artikel von R. MOYA.

stände – politischer und anderer – übernimmt die höchste Autorität der Kirche unmittelbar die Leitung einer Diözese *sede vacante* oder auch *sede plena* und entsendet einen Apostolischen Administrator, bis die Lage geklärt ist. Theologisch gesehen ist sie eine Teilkirche, deren bischöfliches Haupt unmittelbar der Bischof von Rom ist; gerade darin besteht der „Ausnahmezustand", der eine Ausnahme bleibt, auch wenn juristisch davon die Rede ist, die Apostolische Administratur sei *stabiliter erecta*.

Auch die vorher genannten Rechtsfiguren, selbst wenn sie der bischöflichen Oberhirtengewalt entbehren, sind innerhalb der sakramentalen Ekklesiologie des II. Vatikanischen Konzils, die ihren Niederschlag im neuen Codex gefunden hat, durchaus berechtigt. Allerdings ist es zum Verständnis dieser theologischen Einordnung nötig, wieder auf die Rolle zurückzugreifen, die dem Papst innerhalb der *communio Ecclesiarum* zukommt, nämlich weltweit die Mission und die *sollicitudo omnium ecclesiarum* voranzutreiben; das beinhaltet auch, auf die Ausübung der *sacra potestas* in den Teilkirchen einzuwirken.

Die Hirten, welche, ohne Bischöfe zu sein, diese Teilkirchen *nomine Romani Pontificis* leiten, sind ein Zeugnis dafür, daß der Papst *ad interim* die bischöfliche Oberhirtengewalt derselben unmittelbar an sich genommen hat, bis der Augenblick gekommen ist, daß ihre Hirten die Bischofsweihe empfangen können.

bb) Gebietsprälaturen und Gebietsabteien

Vom Standpunkt der theologischen Analyse her gesehen, liegt der Fall anders bei den Gebietsprälaturen und Gebietsabteien, die ehemals *nullius* hießen[86]. Im Licht der vom II. Vatikanischen Konzil ausgehenden Theologie des Bischofsamtes und der Teilkirche wirft die im neuen Codex enthaltene Regelung besondere Probleme auf. Es liegt ein eindeutiger Kontrast

---

[86] Siehe L. MÜLLER, *La notion canonique d'abbaye „nullius"*, in „Revue de Droit canonique" 6 (1965) 115-144; E. VON KIENITZ, *Die Rechtsstellung der gefreiten Äbte und Prälaten*, in „Theologie und Glaube" 25 (1933) 590-604; P. HOFMEISTER, *Gefreite Abteien und Prälaturen*, in „Zeitschrift der Savigny-Stiftung für Rechtsgeschichte" 81 (1964) 127-248.

zu den vorher genannten Rechtsfiguren vor: bei jenen handelt es sich um *provisorische* Einrichtungen, die unterwegs zur institutionellen Fülle der Diözese sind (Präfekturen und Vikariate) oder die Diözesen oder Teile von Diözesen im „Ausnahmezustand" sind (Administraturen). Hier jedoch haben wir es mit *auf Dauer angelegten* Einrichtungen zu tun: territorial abgegrenzte Teile des Volkes Gottes, ausgestattet mit eigenem Klerus und unter der Fürsorge eines Hirten – der nicht Bischof sein muß –, der sie als *eigenberechtigter* Hirte weidet[87].

Das Außerordentliche jener anderen Fälle wird deutlich und rechtfertigt sich in ihrer besonderen rechtlichen Abhängigkeit vom Papst, in der die Hirten jener Kirchen ihre *potestas* ausüben. In diesen Einrichtungen der Gebietsprälaturen und Gebietsabteien hingegen haben wir es mit einer *portio Populi Dei* zu tun, deren Haupt nicht ein Bischof zu sein braucht, der aber diese Gemeinschaft *im eigenen Namen*, d.h. wie ein Bischof seine Diözese, leitet. Hier ist die Frage zu beantworten, ob dies theologisch überhaupt möglich ist und ob hier noch von einer Teilkirche die Rede sein kann. Diese Einrichtungen sind meines Erachtens mit Grundzügen jener ekklesiologischen Konzeption behaftet, welche die Teilkirchen als „Distrikte" der Gesamtkirche begreift. Die Oberhirtengewalt der Teilkirche erscheint nicht als etwas, was in seiner sakramentalen Fülle in der Bischofsweihe empfangen wird (wozu freilich noch die *missio canonica* hinzukommen muß), vielmehr hat es den Anschein, daß ihre ganze theologische Substanz sich davon ableitet, daß der Papst dem Amtsinhaber „einige Untergebene zugewiesen" hat „ad normam praescriptorum iuris". Diese oberhirtliche Gewalt tritt vor allem als ein Amt der Jurisdiktion in Erscheinung. Auf diese Weise hätten der Bischof einer Diözese oder der Prälat einer Prälatur *nullius*, der nicht Bischof wäre, dasselbe Jurisdiktionsamt inne[88]: Das Sakrament der Bischofsweihe wäre diesbezüglich vollkommen irrelevant.

---

[87] Vgl. can. 370.

[88] In dieser Konzeption wird das spezifisch Sakramentale an der Oberhirtengewalt in einer Teilkirche ungenau erfaßt: „Die Inhaber dieser Ämter haben bischofsähnliche Rechtsstellung und Gewalt und werden mit Recht als Quasibischöfe bezeichnet" (H. SCHMITZ, *Die Gesetzessystematik...*, S. 134).

Die Theologie der Teilkirche jedoch, welche das II. Vatikanische Konzil auszeichnet, hat als Herzstück die Sakramentalität des Bischofsamtes, welches mit der Fülle des Priesteramtes und der damit verbundenen *sacra potestas* ausgestattet ist. Hier wird der Gegensatz zur Ekklesiologie nach bellarmin'schem Zuschnitt deutlich. Gemäß der sakramentalen Auffassung der Kirche steht an der Spitze jeder Teilkirche der Bischof; er gibt ihr in der sakramentalen und folglich in der rechtlichen Ordnung ihre Struktur. Er ist es, der seiner Kirche in zweifacher Weise ihr Dasein als Kirche sichert: durch die Fülle seines Priestertums vergegenwärtigt er die Gesamtkirche *in* der Gemeinschaft, die ihm anvertraut worden ist; und er macht sie zu einem *Teil* (*ex*) der Gesamtkirche kraft seiner Eigenschaft als Mitglied des Bischofskollegiums in hierarchischer Verbundenheit mit dem Haupt.

Daß es Prälaten gibt, die nicht Bischöfe sind und doch als *eigenberechtigte* Hirten von eindeutig umschriebenen und abgegrenzten Teilen des Gottesvolkes fungieren, läßt, so betrachtet, Zweifel über das theologische Wesen dieser Gemeinschaften aufkommen, deren Ortsbestimmung und Bedeutung in der konstitutionellen Struktur des Volkes Gottes somit höchst problematisch wird. Bereits in der nachkonziliaren Gesetzgebung vor dem Codex wurde ausdrücklich erwähnt, daß das Fehlen der bischöflichen Oberhirtengewalt in diesen Rechtsfiguren eine systemwidrige Anomalie im Zusammenhang mit dem neuen ekklesiologischen Ansatz darstellt[89]. So wurde für die Gebietsprälaturen vorgeschrieben, daß ihr Prälat gewöhnlich die Bischofsweihe empfangen soll, was bereits geübte Praxis ist[90]. Bezüglich der Gebietsabteien lautet die Vorschrift, daß künftig keine neuen mehr errichtet werden sollen; ferner soll dafür Sorge getragen werden, daß die bestehenden in Übereinstimmung mit den Kriterien von *Christus Dominus*, Art. 23 in andere Jurisdiktionsformen umgewandelt werden; und schließlich sollen die Äbte normalerweise nicht die Bischofsweihe empfangen[91].

---

[89] Vgl. den Kommentar von J.L. GUTIERREZ zu can. 370 in *Código de Derecho Canónico*, EUNSA, Pamplona 1983.

[90] Vgl. Kongregation für die Bischöfe, protokollierter Brief 335/77, vom 19.10.1977, nicht in AAS publiziert (vgl. *Communicationes* 9 (1977) 224).

[91] Vgl. Motu proprio *Catholica Ecclesia*, vom 23.10.1976, in AAS 68 (1976) 694-696.

Diese Gesetzgebung weist einen praktischen Weg, um zwischen der Regelung des Canon 368 und der konziliaren Ekklesiologie, auf die sie sich stützt, volle Stimmigkeit zu erzielen. Für die restlichen Fälle, in denen sich an der Spitze dieser *portiones Populi Dei* ein Prälat befindet, der nicht Bischof ist, ist meines Erachtens die Eigenschaft als „eigener Hirte", welche can. 370 diesen Prälaturen zuspricht, als eine komplexe Form stellvertretender Leitungsgewalt zu interpretieren. Es müßte sich hier um eine zweifache theologische Stellvertretung handeln: die eigentliche – im wesentlichen theologische –, die im Verhältnis zur absoluten *exousia* Christi für jede kirchliche Vollmacht gilt; und die andere – im Theologischen wie im Rechtlichen angesiedelte – im Verhältnis zum Papst.

Der Papst würde hiernach bewirken, daß die Vollmacht jenes Prälaten juristisch nach Art der eigenberechtigten Leitungsgewalt strukturiert ist, während gleichzeitig der Prälat vom Papst die nötige bischöfliche Oberhirtengewalt verliehen erhält: die Jurisdiktion wird dem Prälaten zwar als eigenberechtigte verliehen, leitet sich aber sakramental vom Bischofsamt des Papstes ab.

Wenn die Erörterung dieser Rechtsfiguren etwas ausführlicher erfolgte, so geschah dies nicht, weil ihnen praktisch eine größere Bedeutung beizumessen wäre, sondern wegen des theologischen Gewichtes, das dieser ganzen Problematik zukommt. Trotz allem verlangt die Wiederentdeckung des Geheimnisses der Teilkirche, die klar in den Texten des Vatikanum II zum Ausdruck kommt, daß diese alten, aus anderen Zeiten stammenden Rechtsfiguren konsequent in die vom Konzil angestoßene ekklesiologische Erneuerung an ihrem richtigen Platz eingeordnet werden. Die eindeutigste Forderung von allen ist, daß diese *eigenen* Hirten dieser Einrichtungen Bischöfe sein sollten – was übrigens de facto in fast allen Gebietsprälaturen der Fall ist –, damit zwischen der *juristischen* Eigenschaft und der *sakramentalen* Eigenschaft ihres Hirtenamtes in einer Teilkirche volle Übereinstimmung herrsche. Nur eine unmißverständliche Praxis in dieser Materie wird der ekklesiologischen Option des Codex – die im Konzil verankert ist – zum Durchbruch verhelfen, so wie sie im Kapitel „De Ecclesiis particularibus" zum Ausdruck gebracht ist.

V. Kapitel

Die Personalprälaturen im Aufbau der Kirche

1. Die Abgrenzung der Fragestellung

Während die theologisch-kanonistische Frage der bischöflichen Oberhirtengewalt der Teilkirchen im Laufe des kodikarischen *iter* kaum vertieft wurde, so daß es sogar zu den eben dargestellten Ergebnissen führen konnte, wurde wohl die *portio Populi Dei*, die materiell den Selbstand der Teilkirche ausmacht, zum Gegenstand einer wachsenden theologischen Betrachtung. Dies wurde zur Genüge oben dargestellt.

Es ist jedoch angezeigt, darauf hinzuweisen, daß dieser *portio* diese erhöhte Aufmerksamkeit vor allem gelegentlich der Suche nach dem geeigneten juristischen Ort der Personalprälaturen gewidmet wurde und so dazu beitrug, deren theologisch-kanonistisches Wesen herauszuarbeiten. In den Beratungen von 1980 hob man mit Nachdruck ein wichtiges Merkmal der Teilkirche hervor, das im Verlaufsprotokoll der Sitzung mit folgenden Worten festgehalten ist: „Die Teilkirche setzt sich dasselbe Ziel wie die Gesamtkirche"[1]. „Materiell ist die ganze Sendung mit allen ihren Elementen in der Teilkirche vorhanden. Es gibt keine der Gesamtkirche vorbehaltene materielle Verkündigung; es gibt keine exklusiv gesamtkirchlich wirksamen Sakramente"[2], wie Aymans selber schreibt. Gerade die Tatsache, daß die lebendige Wirklichkeit der Gesamtkirche in der Teilkirche vorhanden ist, bewirkt, daß diese *ad imaginem* jener ist und daß potentiell

---

1) *Communicationes*, 12 (1980) 276.

2) W. AYMANS, *Kirchliches Verfassungsrecht...*, S. 90-91.

alle lebendigen Wirkungskräfte der einen und einzigen Kirche in der Teilkirche vorliegen, wie bereits oben ausgeführt wurde. Hierin und in nichts anderem liegt ihr sakramentales Geheimnis.

Die unmittelbarste Schlußfolgerung aus diesen Gedankengängen ist, daß die Personalprälaturen keine Teilkirchen sind. Diese Erkenntnis brachte an sich nichts Neues, denn im Laufe der Beratungen war dies schließlich unbestritten. Aber die „Minderheit" ging darüber hinaus. Sie ging davon aus – und darin gab es im *coetus studiorum* keinen Dissens[3] –, daß diese Prälaturen dazu da sind, besondere apostolische Werke durchzuführen. Da im Gegensatz hierzu die Teilkirchen *iure divino* dazu bestimmt seien, die Fülle der Dimensionen der Kirche als solcher zu verwirklichen, lautet zuerst der Vorschlag der „Minderheit", die Personalprälaturen sollten nicht im Wege der Gleichbehandlung wie die Teilkirchen behandelt werden. Im nächsten Schritt stützen sich ihre Vertreter auf ein Wesensmerkmal des Vereinigungsrechtes in der Kirche, nämlich darauf, daß die Gläubigen in Befolgung bestimmter Zwecke Vereinigungen gründen können, übertragen dieses Merkmal auf die Personalprälaturen und betrachten diese als *Zweckverbände*, als Gebilde mit einer bestimmten *Zweckbindung*[4]. Auf dieser Grundlage kommen sie zu dem Vorschlag, die Personalprälaturen sollten im Rahmen des Vereinsrechtes ihre Regelung finden.

Wie bereits erörtert wurde, hat die CIC-Reformkommission der ersten Folgerung schließlich zugestimmt, die zweite aber verworfen. Dieser kodikarische Rahmen – sie sind keine Teilkirchen, aber auch keine Vereine – ist im Zusammenhang mit dem materiellen Inhalt der in cann. 294 bis 297 enthaltenen Regelung dieser Prälaturen zu sehen, wonach es sich bei ihnen um Einrichtungen der hierarchisch organisierten Kirche handelt; und er ist zu sehen im Zusammenhang mit dem Verlauf der abschließenden Beratungen. Damit legt dieser Rahmen die Richtung fest, in der das theologische Wesen dieser Prälaturen und die geeignete Art und Weise ihrer Einbindung in die hierarchische Organisation der Kirche weiter untersucht werden sollen;

---

[3] S. *Communicationes*, 12 (1980) 277.

[4] W. AYMANS, *Der strukturelle Aufbau...*, S. 44; ders. *Kirchliches Verfassungsrecht...*, S. 95.

d.h. er stellt uns unausweichlich vor die Frage, wie in der pastoralen und hierarchischen Struktur der Kirche und dem *de iure divino* vorgegebenen Verfassungsrahmen der Kirche andere, von den Teilkirchen und ihren Zusammenschlüssen verschiedene Einrichtungen überhaupt möglich sind.

2. Der Formalgrund der hierarchischen Strukturen der Gesamtkirche

Für den weiteren Fortgang der Analyse gilt es festzuhalten, was bisher zu zwei Themenkreisen dargelegt wurde: a) zu der Art und Weise, wie die Kirche sich als Gesamtkirche und als Gemeinschaft von Teilkirchen darstellt, und b) zu der *exousia*, kraft derer Christus mittels der apostolischen Sukzession und der Gabe des Geistes die Kirche in ihrem Sein und in ihrer Sendung strukturiert und erhält.

Die Gesamtkirche lebt und wirkt in ihrem sakramentalen Geheimnis in den Teilkirchen, *in quibus exsistit*. An diesem Ort ist folglich auch das Geheimnis der Teilkirche anzusiedeln. Sie ist folglich lebendiger Ausdruck dieses Geheimnisses, weil sie als *Teil* in der *communio ecclesiarum* bzw. in der Gesamtkirche lebt, die über besondere hierarchische Elemente zum Dienst an der *communio* verfügt. Ihren wesentlichen Kern bilden der Papst, Nachfolger Petri und sichtbares Haupt der Kirche, und das Bischofskollegium, welches dem Apostelkollegium nachfolgt und dessen Haupt wiederum der Nachfolger Petri ist. Beide Elemente (Papst und Kollegium) sind die zwei vollkommen aufeinander abgestimmten Dimensionen der Teilnahme an der *exousia* Christi, welche der Kirche, den Aposteln und ihren Nachfolgern verliehen ist, jener Größe, die Möhler und Scheeben *Apostolat* nannten[5]. Gemäß der Konstitution *Lumen Gentium* haben

---

[5] J. A. MÖHLER, *Symbolik*, § 36 (Hrsg. GEISELMANN, S. 389); M. J. SCHEEBEN, *Handbuch der katholischen Dogmatik*, I, § 8 (Hrsg. GRABMANN-HOFER, S. 50, Nr. 74). Mit diesem Ausdruck bezeichnen sie die bischöfliche hierarchische Struktur der Kirche in ihrer geheimnisvollen Verbindung zu den Personen der Apostel, ähnlich wie dies in *Lumen Gentium*, Art. 22, Abs. 2, geschieht, unter Bezugnahme auf den *Ordo Episcoporum*, wobei es heißt, die Bischöfe stünden nicht nur in der Nachfolge des Apostelkollegiums, „immo in quo corpus apostolicum continuo perseverat".

Papst und Kollegium die volle, höchste und universale Gewalt über die Kirche[6].

Der materielle Inhalt der höchsten Gewalt der Kirche wird in seinem Umfang vom Maß der Teilnahme an der *exousia* bestimmt: es gibt keine *kanonischen* Instanzen, welche sie einschränken, aber es gibt selbstverständlich die innere Einschränkung, die sich aus der Verfassung ergibt, die Christus seiner Kirche gab. Denn diese *exousia*, die in Christus ihren Ursprung hat, ist *zugunsten* der Kirche verliehen, welche die Kirche *Christi* ist. Deshalb kann der Papst nicht – und darauf ist zu Recht hingewiesen worden[7] – auf den Episkopat „verzichten" oder die Teilkirchen in der Kirche von Rom „aufgehen" lassen usw. Worauf es aber wirklich ankommt, ist der Formalgrund für diesen materiellen Inhalt.

Den *Formalgrund* dieser Autorität brachte, im Hinblick auf den Papst, die Konstitution *Pastor Aeternus* des I. Vatikanischen Konzils mit der Aussage zum Ausdruck, er liege in der *unitas fidei et communionis* sowohl unter den Hirten als auch in der Schar der Gläubigen[8]. Analog gilt dasselbe auch für das Bischofskollegium, in dessen Mitte der Papst als sein Haupt handelt, während er gleichzeitig diesem selben Formalgrund unterworfen ist.

Die Sorge um die Einheit des Glaubens und um die *communio* in der *congregatio fidelium* und im Leib der Kirchen ist jedoch nicht statisch, sondern dynamisch. Deshalb nimmt sie die Form jener *sollicitudo omnium ecclesiarum*, „quae nostros aggravat umeros" an, von der Papst Pius XII gesprochen hat[9], und die völlig zu Recht das II. Vatikanische Konzil auch dem Bischofskollegium zuspricht[10]. Diese *sollicitudo* drückt sich im Missionseifer der Kirche in der Welt aus und ist von der herausragenden Verantwortung des Papstes und des Kollegiums für diese Mission nicht zu trennen. „Cura Evangelium ubique terrarum annuntiandi ad corpus

---

[6] Diese Lehre hat Aufnahme in die cann. 331 und 336 gefunden.

[7] Vgl. die gemeinsame Erklärung des deutschen Episkopates, o. zit. S. 147, Anm. 58.

[8] Vgl. Vorwort der Konstitution, DS 3051.

[9] PIUS XII., Enz. *Fidei Donum*, vom 21.4.1957, in AAS 49 (1957) 237.

[10] *Lumen Gentium*, Art. 23, Abs. 2.

Pastorum pertinet, quibus omnibus in commune Christus mandatum dedit imponendo commune officium“[11].

Der Sinn der hierarchischen Dimension der Gesamtkirche also und der Maßstab für ihre sachgerechte Entwicklung in der Geschichte – sowohl in ihrem „konstitutionellen“ als auch in ihrem „organisatorischen“ Aspekt, die ja beide in der Geschichte eingebettet und folglich von ihr bedingt werden – liegen letztlich in ein und demselben: in der Einheit des Glaubens und der Gemeinschaft, die in der Sorge und im Dienst an der Gemeinschaft der Kirchen zum Ausdruck kommt aufgrund der Verantwortung für die Verkündigung des Evangeliums auf der ganzen Erde.

Gewiß, diese Sorge kommt auch den Trägern der Autorität und der „Re-präsentierung“ Christi in jeder Teilkirche zu, in besonderer Weise auch dem Bischof, der sie leitet. Der Unterschied freilich liegt in folgendem: die *exousia*, wie sie in besonderer Weise der Gesamtkirche zukommt, ist von dieser Sorge gleichsam in ihrem Formalgrund und unmittelbar in ihrer eigenen Existenz berührt; mit der *exousia* der Teilkirche ist diese Sorge jedoch nur *in obliquo* verbunden, und zwar über die unmittelbare Verantwortung des Bischofs für die *portio concredita*: „indem sie ihre eigene Kirche als Teilwirklichkeit der Gesamtkirche recht leiten, tragen sie wirksam bei zum Wohl des ganzen mystischen Leibes, der ja auch die leibhaftige Gemeinschaft der Kirchen ist“[12]. Als Mitglieder des Kollegiums also üben sie die *sollicitudo* für die Gesamtkirche aus.

Dieser Seinsgrund des Papstes und des Kollegiums in der Gesamtkirche – das Wohl des ganzen mystischen Leibes – ist es also, was unter dem Beistand des Heiligen Geistes die institutionellen Ausformungen seines Wesenskernes bestimmt, die von den Urformen des Petrusamtes und des Dienstes der Apostel, wie sie im Neuen Testament bezeugt werden, bis zu den komplexen Formen reichen, die das moderne Kirchenrecht regelt. Tatsächlich ist der Übergang von der kleinen Gemeinde in Jerusalem zu dieser riesigen *congregatio fidelium* und *communio Ecclesiarum*, welche die Katholische Kirche heute darstellt, das Ergebnis einer Entwicklung, in

---

11) *Lumen Gentium*, Art. 23, Abs. 3.
12) *Lumen Gentium*, Art. 23, Abs. 2.

deren Verlauf es unter Beibehaltung der verfassungsmäßigen Identität der Kirche (*ius divinum*) zu den entsprechenden juristischen Ausformungen gekommen ist (*ius ecclesiasticum*): a) sowohl hinsichtlich der verfassungsmäßigen Elemente: man denke an die Bestimmungen, welche die Akte des Kollegiums regeln, an die Wahlordnung für den Nachfolger Petri usw.; b) als auch hinsichtlich der abgeleiteten „organisatorischen" Dimensionen: so etwa die Einrichtung der Bischofssynode als Ausdruck der kollegialen Verbundenheit zwischen dem Haupt und den Gliedern des Kollegiums oder die Organisation der Dikasterien der römischen Kurie, „die ihr Amt im Namen des Papstes und mit seiner Vollmacht zum Wohle der Kirche und als Dienst, den sie den geweihten Hirten leisten, versehen"[13].

Diese historische Entwicklung, die nicht auf den alten Codex zurückgeht, sondern auf den konziliaren Überlegungen basiert, faßt can. 334 ins Auge, wenn er von den Personen und Einrichtungen spricht, deren sich der Bischof von Rom bedient *„in eius munere exercendo"*.

3. Das theologische Wesen der Personalprälaturen

Gerade in dieser Entfaltung der in der höchsten Autorität der Gesamtkirche angesiedelten Formen der *sollicitudo omnium Ecclesiarum* kommt m.E. die hierarchische *exousia* zum Ausdruck, welche letztlich die Grundlage für die neuen Prälaturen bildet, d.h. die Vollmacht, die erforderlich ist, um den für jede Prälatur konstitutiven *coetus fidelium* zu versammeln und zu leiten.

Die Personalprälaturen des II. Vatikanischen Konzils und des Codex von 1983 sind tatsächlich im Grunde genommen *coetus fidelium*, den der Apostolische Stuhl innerhalb der *communio Ecclesiarum* in Anbetracht spezifischer seelsorglicher Erfordernisse herausbildet. Um die entsprechenden *peculiaria opera pastoralia* durchzuführen, verleiht der Papst dem zuvor definierten *coetus fidelium* eine hierarchische Struktur, d.h. er wandelt ihn um zur Prälatur, indem er diese Gläubigen der Jurisdiktion eines Prälaten unterstellt und verfügt, daß Priester und Diakone sich für den

---

[13] *Christus Dominus*, Art. 9, Abs. 1.

Dienst an der Prälatur, d.h. an dem *coetus* und ihren besonderen Erfordernissen, ihr inkardinieren oder anschließen können. Das Charakteristische an diesem Phänomen ist, daß die auf diese Weise entstehende Prälatur – *Praelatura personalis ad peculiaria opera pastoralia perficiendo* – nicht eine neue Teilkirche ist. Sie ist nicht eine *portio Populi Dei*, die den bereits bestehenden hinzugefügt würde, sondern sie ist eine neue Form, Gläubige von Teilkirchen in hierarchische Institutionen zusammenzufassen. Ihr Prälat ist mit einer Jurisdiktion ausgestattet, die auf der Jurisdiktion des Papstes für die Weltkirche fußt und folglich eine Erscheinungsform des Dienstes der höchsten Autorität der Kirche am *corpus Ecclesiarum* ist.

Diese neuen *coetus fidelium* bzw. *corpora ecclesialia*, die der Apostolische Stuhl bestimmt und hierarchisch strukturiert, stellen tatsächlich eine den vielfältigen Wirklichkeiten der heutigen Welt und der in ihr auftretenden pastoralen Erfordernisse gemäße Art und Weise dar, diesen Dienst an der Gesamtkirche und der Teilkirchen auszuüben, der ja gerade die Daseinsberechtigung für die höchste Autorität der Kirche ist. Der für die neuen Einrichtungen grundlegende Konzilstext sagt dies ausdrücklich: es handelt sich um Einrichtungen, die der Apostolische Stuhl „ratione apostolatus in bonum commune totius Ecclesiae“ errichtet[14].

Bei den Personalprälaturen handelt es sich also um Einrichtungen mit hierarchischer Dimension; sie gehören demgemäß zur historischen und konkreten Organisationsform der hierarchischen Verfassung der Kirche. Von den Teilkirchen unterscheiden sie sich allein schon deshalb, weil sie in ihrer hierarchischen Dimension Ausdruck der Erscheinungsformen der *exousia* sind, die in der *höchsten Autorität der Gesamtkirche* gegenwärtig sind, und folglich an deren Formalgrund teilhaben: sie stehen im Dienst an der Gemeinschaft aller Kirchen, und zwar gerade mit dem Zweck, ihnen bei der Erfüllung ihrer Sendung behilflich zu sein, indem – als *congregatio fidelium* – die Gläubigen nicht aus den Teilkirchen herausgezogen werden, sondern sie sich um den Prälaten und unter seiner Jurisdiktion allein für die Verwirklichung apostolischer Werke überdi-

---

14) *Presbyterorum Ordinis*, Art. 10, Abs. 2.

özesanen Charakters versammeln, unter vollkommener Wahrung und Beachtung der Vollmacht des Bischofs über seine Kirche.

Dieser Formalgrund kann je nach den pastoralen Anliegen und je nach Beurteilung des Apostolischen Stuhls zur Errichtung von Prälaturen führen, die in ihren jurisdiktionellen Dimensionen sehr unterschiedlich sind. Denn innerhalb der neuen Rechtsfigur finden Militärvikariate und Prälaturen zur Betreuung von Auswanderern ebenso ihren Platz wie auch Einrichtungen zur wirklichen Mobilisierung von Priestern und Laien, durch welche pastorale Phänomene weltweiter Ausbreitung ins Leben gerufen werden. Jedenfalls aber entsprechen die Personalprälaturen der universalen Sendung des Bischofskollegiums und seines Hauptes – weshalb es höchst zweckmäßig erscheint, daß der Prälat die Bischofsweihe empfängt –; gleichzeitig setzen sie ihr seelsorgliches Werk in den Teilkirchen in die Wirklichkeit um, wobei sie nicht nur deren theologische und rechtliche Integrität achten, sondern das seelsorgliche Tun des Diözesanbischofs durch die Tätigkeiten der Prälatur unterstützen und auf diese Weise dazu beitragen, daß die Lebenswirklichkeit der Teilkirchen tatsächlich *ad imaginem* der Gesamtkirche gestaltet ist.

Das juristisch Neue an den Personalprälaturen, im Gegensatz zu den anderen, bereits zitierten Einrichtungen der Gesamtkirche (Synode, Römische Kurie usw.) liegt darin, daß die Prälaturen *Teilmomente* der strukurellen *exousia* der Gesamtkirche darstellen. Damit sollen zwei Dinge gesagt sein: zum einen, daß die dem Prälaten anvertraute Vollmacht eine Ausformung und Teilhabe an jener *sacra potestas* zur Wahrnehmung *konkreter* pastoraler Aufgaben darstellt; zum anderen, daß sie nicht alle Gläubigen betrifft, sondern nur diejenigen, die gemäß den Statuten einer jeden Prälatur zu dem besonderen *coetus fidelium* gehören. Sie sind also Ausdruck jener *sollicitudo omnium ecclesiarum*, institutionalisierte Impulse der universalen Verantwortung für die Verkündigung des Evangeliums, die für einen besseren Dienst der Gesamtpastoral der Kirche eine hierarchische Jurisdiktionsstruktur haben.

Jene anderen Organisationsstrukturen der höchsten Autorität nehmen ihr universales *munus* im Namen des Papstes oder als Ausdruck der Kollegialität des *Corpus Episcoporum* wahr. In diesem Sinne treten sie gegenüber den Teilkirchen als „Organe“ der höchsten Autorität auf. Ganz offensichtlich geschieht dies im Zuständigkeitsbereich eines jeden Organs, doch wird dabei immer auch in gewisser Weise der Papst bzw. das Bischofskollegium in Ausübung der ihnen zukommenden Autorität vertreten. Die materiellen Inhalte der Handlungen dieser Organe, die von dem oben genannten Formalgrund her vollzogen werden, „verpflichten" sozusagen die Teilkirchen.

Ganz anders liegt der Fall bei den Personalprälaturen und ihrer Art der Teilhabe an der *exousia* der höchsten Autorität. Diese läßt nämlich die Prälaturen auf völlig andere – und zwar zweifache – Weise entstehen: erstens, indem sie kraft ihrer Primatialgewalt die Prälatur errichtet und den Prälaten als eigenberechtigten Ordinarius einsetzt, d.h. ihn durch die *missio canonica* mit der Jurisdiktionsgewalt ausstattet, die erforderlich ist, um die ihm anvertrauten seelsorglichen Aufgaben (materielle Inhalte) *ad intra* zu strukturieren; zweitens, indem sie diese pastorale Aufgabe und diese Jurisdiktion unter den Formalgrund der universalen *exousia* stellt, d.h. sie zum Dienst an der Kirche bestimmt, sowohl der Gesamtkirche als auch der Teilkirche, „ad bonum totius mystici Corporis, quod est etiam corpus Ecclesiarum"[15]. Deshalb ist eine Personalprälatur naturgemäß kein „Organ", dessen sich die höchste Autorität bedienen könnte, um ihre Gewalt in den Teilkirchen auszuüben, sondern ein hierarchisch strukturierter *coetus fidelium*, der seinen Ursprung gerade dieser Ausübung verdankt, die – innerhalb der Dynamik der Kirche – ein Angebot pastoraler und apostolischer Dienste darstellt, welches die höchste Autorität der Gesamtkirche den Teilkirchen anbietet.

Da diese Prälaturen theologisch und kanonistisch gesehen ihren Ursprung in der universalen Teilhabe an der *exousia* Christi haben, handelt es sich bei ihnen um pastorale Strukturen mit hierarchischer Dimension. Aus demselben Grund sind sie auch vollkommen vereinbar sowohl mit der *exousia*, die den Bischöfen im Wege der Teilhabe für ihre Diözesen zukommt, als auch mit der Fülle kirchlichen Lebens, zu dem die Teilkirchen kraft ihrer göttlichen Institution berufen sind.

Diese den neuen Prälaturen innewohnende theologische Logik findet

---

[15] *Lumen Gentium*, Art. 23, Abs. 2

juristisch ihren Ausdruck in ihrer Errichtung[16], die zwar dem Apostolischen Stuhl zusteht, die dieser aber nicht ohne vorheriges Anhören der Bischofskonferenzen vornimmt, mit deren pastoralem Bereich die zu errichtende Prälatur in Berührung kommen wird; vor allem aber zeigt sich diese Logik in den Statuten der Prälaturen[17], welche den *coetus christifidelium* genau umschreiben, der aufgrund des besonderen apostolischen Werkes, das der Prälatur anvertraut ist, konstitutiv für diese Prälatur ist, und welche daher unter anderem die Beziehungen jeder Prälatur zu den Ortsbischöfen ordnen, die ja die Erlaubnis dafür erteilen müssen, ehe eine solche Prälatur die Durchführung ihrer pastoralen Arbeit in der betreffenden Ortskirche aufnehmen darf. So sind die Dimensionen der *exousia*, welche Fundament der Personalprälaturen ist, nämlich die des Hauptes und die des Kollegiums, sauber aufeinander abgestimmt, und gleichzeitig ist ihr Charakter als „Dienststrukturen" für die Teilkirchen gewährleistet, wobei dieser Dienst schon aufgrund seiner Natur nur in vollkommener pastoraler Einheit mit dem Papst und dem Bischof einer jeden Kirche geleistet werden kann.

Zusammenfassend läßt sich sagen:

a) die Personalprälaturen bedeuten *iure ecclesiastico* eine organisatorische Weiterentwicklung der „konstitutionellen" Struktur, die *iure divino* in der Kirche vorhanden ist; d.h. diese neuen *Organisationen des Volkes Gottes* stellen eine Selbstsetzung der Kirche dar, welche diese aus einer neuen geschichtlichen Möglichkeit im Rahmen der ihr eigenen Struktur verwirklicht;

b) die hierarchische Dimension, welche die Jurisdiktion dieser Prälaturen besitzt, tritt als *Teilmoment* der hierarchischen *exousia* in Erscheinung, welche der *Gesamtkirche* zukommt;

c) der Seinsgrund für diese neuen *corpora ecclesialia* liegt folglich im Dienst an den Teilkirchen, *in quibus et ex quibus* die eine und einzige Kir-

---

16) Vgl. can. 294.

17) Vgl. can. 297.

che Christi besteht und in deren Pastoral sie sich mit ihrem spezifischen apostolischen Beitrag organisch einfügen;

d) als theologisches Phänomen *unterscheiden* sich die Personalprälaturen also in Ursprung und Wesen von den Teilkirchen, wenn auch aufgrund ihrer hierarchischen Dimension Bestandteile in ihnen vorhanden sind, welche eine gewisse Gleichbehandlung zulassen. Dieser Punkt bedarf jedoch noch eigener Erörterungen.

4. Rückblick auf die Beratungen zum Codex

Aus dieser theologischen Sichtweise wird ein tieferes Verständnis der unterschiedlichen kanonistischen Positionen möglich, die im Verlauf der Erarbeitung des kodikarischen Wortlautes mit ihren Schwächen und Stärken zum Vorschein kamen.

a) Die Frage der Gleichbehandlung „in iure“

Die Konsultoren des *coetus studiorum* und die Mitglieder der Kommission waren einmütig der Überzeugung, daß die Personalprälaturen theologisch gesehen *keine* Teilkirchen *sind*. Die bisher in dieser Arbeit vorgelegten Analysen beweisen zur Genüge, wie gut begründet diese Haltung ist. Gleichzeitig herrschte aber auch die allgemeine Überzeugung, daß es sich bei ihnen um autonome Jurisdiktionseinheiten handelt, die zur hierarchischen Struktur der Kirche gehören. Die theologischen Überlegungen zu diesem Thema standen noch ziemlich am Anfang – schließlich handelte es sich ja auch um eine geschichtlich völlig neue Fragestellung – und die Mehrheit vertrat die Auffassung, die mit dieser ganzen Problematik verbundenen Schwierigkeiten ließen sich bewältigen, indem man auf das technische Hilfsmittel der Gleichbehandlung *in iure* zurückgreife.

Die Berechtigung eines solchen Vorschlages leuchtet bei der Betrachtung des kodikarischen *iter* ein. An dieser Stelle soll aus der Perspektive des Theologen die Frage behandelt werden. Die Frage lautet, was denn *theologisch gesehen* diese Gleichbehandlung *in iure* bedeute und was denn *theologisch gesehen* das Wesen dessen sei, was auf diese Weise mit rechtlicher Wirkung gleichbehandelt wird. In der Antwort auf diese wichtigen Fragen spielen die je eigenen Methoden und Ausgangspunkte der Theologie und der Kanonistik mit ihren jeweiligen Erkenntnisbereichen eine entscheidende Rolle. Die Kirchenrechtler sind nicht gewohnt, auf derartige Fragen zu antworten, vielleicht in erster Linie deshalb, weil solche Fragestellungen nicht zu den üblichen Beschäftigungen ihres Metiers gehören. Die Art und Weise des Verständnisses des Kirchenrechtes, die aus der Ekklesiologie des II. Vatikanischen Konzils und aus den ausdrücklichen Hinweisen des Lehramtes folgt, führt aber meines Erachtens notwendigerweise zur ausdrücklichen Formulierung solcher Fragen; und dies schon zu Beginn des juristisch-kanonistischen Diskurses, wenn man davon ausgehen darf, daß nur im *wissenschaftlichen Dialog* mit der Theologie die Kanonistik ihre Fragen und den Versuch einer Antwort darauf angemessen formulieren kann, was eigentlich selbstverständlich sein müßte, *re ipsa perpensa*. Nur wenn über das theologische Wesen der in Frage stehenden Rechtsfigur Klarheit herrscht – und das heißt, nur wenn feststeht, daß diese Rechtsfigur mit Wesen und Sendung der Kirche voll im Einklang steht und sie innerhalb der fundamentalen Struktur des Volkes Gottes (und von dieser her), so wie sie aus der göttlichen Offenbarung hervorgeht, richtig eingeordnet ist – nur dann, wie gesagt, kann mit Sicherheit und Gewinn der Schritt getan werden, in Fragen rechtstechnischer Art einzutreten, welche diese Gleichbehandlung aufwirft. Neben diesen theologischen Vorfragen zur Legitimität der Rechtsfigur der Personalprälaturen sind aber außerdem vorab noch die Reichweite und die zulässigen Grenzen dieser Gleichbehandlung abzustecken, ehe sich die Kanonisten unter sich weiteren Detailfragen zuwenden können.

Die vorangehenden Seiten sollten ein Beitrag dazu sein, zu umschreiben, was denn nun eigentlich das theologische Wesen der Personalprälaturen ist. Diese Unterscheidung genügt jedoch dem Theologen nicht. Eine interdisziplinäre Reflexion zu Fragen der kirchlichen Struktur wie im vorliegenden Falle fordert von sich aus, daß auch der Jurist zu Wort kommt, um den Fragen auch wirklich und praktisch auf den Grund zu kommen. Aus dem Gesagten wird offensichtlich, daß die Frage nach dem *theologischen* Wesen dieser kirchenrechtlichen Figuren ein Gegenstand ist, der naturgemäß in den Bereich der Theologie fällt; es ist aber auch wahr, daß der Theologe in der Bestimmung dieses Wesens nicht rein abstrakt und deduktiv ans Werk gehen kann – dies würde unausweichlich zu falscher Dogmatisierung führen. Vielmehr ist zu berücksichtigen, daß es sich um *lebendige* Wirklichkeiten der *lebendigen* Kirche handelt, welche die *Klugheit* des Juristen und – in einer anderen Erkenntnisordnung – die Weisheit des Hirten in ihrem Wesen zu erfassen und richtig einzuordnen trachten müssen. Der Theologe darf sich nicht zum Schiedsrichter, geschweige denn zum Diktator über ekklesiale Wirklichkeiten und ihre juristischen Ausdrucksformen erheben, vielmehr hat er ihnen zu dienen. Kurz gesagt: die richtige theologische Beurteilung dieser Wirklichkeiten und ihrer Erscheinungsformen ist *methodisch gesehen* unentbehrliche Voraussetzung für ihre sachgerechte juristische Einordnung in der Kirche. Für den Theologen wiederum ist das Wissen um die juristischen Grundbegriffe und um die pastoralen Inhalte, die mit diesen Wirklichkeiten verbunden sind, von entscheidender Bedeutung, wenn ihm wirklich daran gelegen ist, daß seine Theologie nicht an den pastoralen Realitäten vorbeigeht.

All diese Gedanken sind im Zusammenhang mit den kodikarischen Beratungen über die Gleichbehandlung der Personalprälaturen mit den Teilkirchen zu sehen.

Jeder in der Rechtswissenschaft wirklich versierte Jurist weiß, daß bei der Regelung von Rechtsfiguren, die eine gewisse Analogie zu einer übergeordneten Rechtsfigur mit ähnlicher juristischer Substanz aufweisen, der Grundsatz gilt, nach dem der Gesetzgeber sich „legislativer Sparsamkeit" befleißigen soll, d.h. der Gesetzgeber hat darum bemüht zu sein, eine Rechtsmaterie in aller Klarheit, Kürze und Übersichtlichkeit ohne unnötige Wiederholungen zu regeln. Eines der wirksamsten Hilfsmittel, deren sich der Gesetzgeber zur Einhaltung dieses Grundsatzes bedienen kann, ist gerade der Rückgriff auf die Gleichbehandlung. Äußerer Ausdruck für die innere Struktur der Gleichbehandlung sind also Klauseln wie „nisi ex rei natura aut iuris praescripto aliud appareat": sie setzen einen substantiellen juristischen Unterschied zwischen den betreffenden Rechtsfiguren voraus und zeigen die Grenzen auf, innerhalb derer die Gleichbehandlung statthaft ist. Auf diese Weise wird deutlich gemacht, daß die Regelung der (übergeordneten) Hauptfigur nur *partiell* auf die neue Rechtsfigur angewendet werden kann, da jene Vorschriften nicht anwendbar sind, welche die Elemente betreffen, in denen sich beide Rechtsfiguren unterscheiden.

Bei der kirchenrechtlichen Figur der Personalprälaturen nun ergab sich angesichts der *theologischen* und nicht nur kirchenrechtlichen Neuheit dieser neuen Einrichtungen für einige Konsultoren der CIC-Reformkommission eine besondere Problematik, als es darum ging, auf das erwähnte gesetzestechnische Hilfsmittel zurückzugreifen. Dies führte für diese Konsultoren während der letzten redaktionellen Phase zu Schwierigkeiten, die alle um den entscheidenden Punkt kreisten, in welchem Verhältnis für die Gesetzestechnik die rechtliche Substanz der Rechtsfiguren und das theologische Wesen zueinander stehen sollten. Die Gleichbehandlung bewegt sich naturgemäß zwischen den ersten beiden Größen: sie behandelt juristische Substanzen, die unterschiedlich, aber mit mehr oder weniger analogen Elementen ausgestattet sind, hinsichtlich der Rechtswirkungen im Wege der „legislativen Sparsamkeit" gleich. Die Grundlage für diese Analogie liegt im vorliegenden Falle in dem, was die *theologisch Substanz* der Teilkirchen und der Personalprälaturen an Gemeinsamkeiten aufweist. Diese Gemeinsamkeiten ergeben sich daraus, daß beide die *gemeinsame Eigenschaft* besitzen, *hierarchische Einrichtungen der Kirche zu sein, die auf dem dualen Verhältnis ‚clerus-plebs' beruhen*. Das technische Hilfsmittel der Gleichbehandlung erweist sich also zweifelsohne als nützlich: die Analogie zu den charakteristischen Elementen der Teilkirche – Hirte, Presbyterium und Gläubige – bietet *congrua congruis referendo* mit Fug und Recht die Möglichkeit, eine kirchenrechtlich-pastorale Erfahrung, die so alt wie die Kirche selbst ist, auf die Regelung der Personalprälaturen zu übertragen, was gesetzesökonomisch von erheblichem Vorteil ist, was auch in besonderem Maße aufgrund der Tatsache angezeigt ist, daß es sich um eine kodikarische Gesetzgebung handelte, bei der es immer einer besonderen Anstrengung bedarf, um das Gesetzeswerk so knapp wie möglich zu halten.

In einer ekklesialen Materie derart weitreichender Bedeutung bedarf die *rechtliche* Gleichbehandlung vorab der Klärung des *theologischen* Wesens dieser Prälaturen und einer *positiv* formulierten theologischen Abgrenzung von den Teilkirchen: d.h. es ist danach zu fragen, was sie sind, und nicht nur, was sie nicht sind. Andernfalls würde es darauf hinauslaufen, die rechtliche Gleichbehandlung so zu betrachten, als beruhe sie auf der *totalen* Identität der theologischen Substanz, was offensichtlich die Bedeutung und die pastoralen Konsequenzen der Analogie zwischen Personalprälaturen und Teilkirchen verfälschen würde. Deshalb entscheidet sich der endgültige Wortlaut des Codex, die wesentlichen Grundzüge dieser neuen Rechtsfiguren zusammenfassend aufzuzählen, und sieht davon ab, formal und ausdrücklich eine Gleichbehandlung von Personalprälaturen und Teilkirchen vorzunehmen. Dies ist auch verständlich, wenn berücksichtigt wird, daß der neue Codex in seinem normativen Tenor für zahlreiche theologische Dimensionen der in seinen verschiedenen Büchern behandelten Tatbestände offen bleibt und deshalb dafür Sorge tragen muß, daß unter diesem Gesichtspunkt keine Mißverständnisse aufkommen.

Die schließlich vom Codex angenommene Option beweist trotz allem – obwohl die den Prälaturen gewidmeten Canones dies inhaltlich wieder wettmachen -, daß formal gesehen das theologisch-kanonistische Verständnis der neuen Rechtsfiguren in nur unvollkommener Weise vertieft und stringent durchgehalten wurde. Dieser Umstand steht in merkwürdigem Gegensatz dazu, daß es im Kapitel über die Teilkirchen dank des Instituts der Gleichbehandlung doch gelungen war, die Rechtsfiguren einer einheitlichen Behandlung zu unterziehen, die im Codex von 1917 an verschiedenen Stellen zerstreut untergebracht und auf sehr komplexe Weise geregelt worden waren. Die Redigierung von can. 368, die oben näher untersucht worden ist[18], macht deutlich, daß es hinsichtlich der verschiedenen Rechtsfiguren der Teilkirche doch gelang, das Thema sachgerecht in den Griff zu bekommen. Die vom Codex gefundene Lösung läßt sich wie folgt zusammenfassen:

a) Diözesen, Gebietsprälaturen, Apostolische Vikariate und Präfekturen sowie Apostolische Administraturen sind von der *theologischen Substanz* her Teilkirchen, aber sie sind kanonistisch unterschiedliche Rechtsfiguren, d.h. in der *juristischen Substanz* sind sie unterschiedlich;

b) die Diözese, welche *sensu pleno* Teilkirche ist, wird als übergeordnete Rechtsfigur einer ausführlichen Regelung unterzogen, und diese Regelung wird im Wege der Gleichbehandlung auf die anderen Rechtsfi-

---

18) S. o. S. 152-157.

guren übertragen, obwohl man sich der andersartigen juristischen Substanz durchaus bewußt war;

c) Grundlage für die Gleichbehandlung mit der Diözese ist die gemeinsame theologische Substanz aller dieser Rechtsfiguren: sie *sind* Teilkirchen.

Eine solche innere Logik wurde im Fall der Personalprälaturen nicht erreicht; ihre Regelung geht im Codex kaum über das hinaus, was bereits Inhalt des Motu proprio *Ecclesiae Sanctae* war. Der abschließenden Option des Gesetzgebers, wonach die Personalprälaturen eines Mindestmaßes an eigener inhaltlicher Regelung bedurften, ist durchaus beizupflichten. Ihre „organische" Einbindung in die Rechtssystematik des Gesetzgebers hätte aber meines Erachtens verlangt, daß ihr Wesen als hierarchische Einrichtung tiefer durchdrungen worden wäre; dies hätte dazu geführt, daß die sachgerechte systematische Einordnung und das Prinzip der Gleichbehandlung mit den Teilkirchen gründlicher behandelt worden wären. In Anlehnung an das zu can. 368 Gesagte entspräche das Statut einer solchen Gleichbehandlung ungefähr folgendem Bild:

a) den Teilkirchen (d.h. den Rechtsfiguren von can. 368) und den Personalprälaturen ist gemeinsam die *theologische Substanz* als hierarchische Seelsorgeeinrichtungen auf der Grundlage der inneren Beziehung zwischen Klerus und Laien; sie sind aber kanonische Rechtsfiguren unterschiedlicher Art;

b) bestimmte Elemente der *rechtlichen Regelung* der Teilkirchen werden im Wege der Gleichbehandlung auf die Personalprälaturen angewandt und bilden so einen wesentlichen Bestandteil der inhaltlichen Vorschriften über diese Personalprälaturen;

c) Grundlage dieser Gleichbehandlung ist nicht, daß die Personalprälaturen Teilkirchen wären, sondern ihre gemeinsame theologische Substanz als hierarchische Einrichtungen der Kirche.

Dieses theologisch-kanonistische Gedankenschema ist meines Erachtens in der Lage, eine gediegene Hermeneutik für den Text des Codex zu liefern, da es den grundlegenden Kriterien des II. Vatikanischen Konzils und der inneren Dynamik der redaktionellen Entscheidungen des kodikarischen Werdegangs entspricht. In der Tat, wenn erst einmal das theologische Wesen der Personalprälaturen und ihre theologisch-pastorale Beziehung zu den Teilkirchen richtig begriffen sind, dann drängen sich bestimmte Linien einer Gleichbehandlung *in iure* mit den Teilkirchen von alleine auf. Es sei noch einmal wiederholt, daß das theologische Fundament hierfür nicht darin liegt, daß die Personalprälaturen von ihrer Substanz her Teilkirchen wären, sondern darin, daß es sich bei ihnen, wie gesagt, um besondere und *partikuläre* Dimensionen der hierarchischen Struktur der Gesamtkirche handelt. In diesem Sinne ist die Teilkirche (ecclesia *particularis*) als Prototyp der kirchlichen Einrichtung mit *partikulärer* Hierarchie das naturgegebene *analogatum* für diese neuen hierarchischen Einrichtungen, in denen sich das Volk Gottes in Übereinstimmung mit dem besonderen theologischen Wesen, das hier darzustellen versucht wurde, zur Wahrnehmung bestimmter pastoraler Dienste organisiert. Die Gleichbehandlung erfolgt in diesem Falle nicht zwischen einer Rechtsfigur und einer anderen (der Prälatur und der Kirche), vielmehr erfolgt sie je nach Lage der Dinge zwischen einem Bestandteil und dem anderen in den jeweiligen Strukturen. Diese Vorgehensweise bereitet weder theologisch noch juristisch die geringste Schwierigkeit. Der Codex selbst bedient sich in den cann. 265 ff. dieses technischen Hilfsmittels, um Inkardinierung und Exkardinierung bei Teilkirchen und bei Prälaturen zu regeln[19]. Dies jedoch führt bereits dazu, zur Analyse der anderen Position im Laufe der Beratungen überzugehen.

b) Kirchliche Zweckverbände?

Der Vorschlag, die Personalprälaturen im Vereinigungsrecht zu regeln, war eine Alternative, die nicht zur theologischen und juristischen Realität dieser Gebilde paßte. Während der Vorschlag der Gleichbehandlung (mit der Teilkirche) trotz der ihm eigenen Problematik die Eigenart der neuen Einrichtungen als hierarchische Jurisdiktionsstrukturen aufrecht erhielt, entging diesem (vereinigungsrechtlichen) Gegenvorschlag völlig, daß es sich hier um eine theologische Neuheit handelte. Diese Einstellung krankt meines Erachtens an einem gewissen theologisch-juristischen „Deduktionismus". Die analytische Achse dieser Position ist darauf zentriert, daß die

---

[19] S. o. S. 110.

Personalprälaturen konkreten, spezifischen Zwecken dienen und daß sich ihre Mitglieder ihnen kraft einer freien Willensentscheidung anschließen. Also – so lautet die Schlußfolgerung – muß es sich um Vereinigungen handeln, denn die Zweckorientierung der Institution und die freiwillige Bindung ihrer Mitglieder sind charakteristische Eigenschaften für Vereinigungen. Diese Argumentation hat sicherlich dazu beigetragen, mit Nachdruck zu betonen, daß es sich bei ihnen nicht um Teilkirchen handelt. Die Schlußfolgerung, den Personalprälaturen die Rechtsnatur von ekklesialen *Vereinigungen* zuzuschreiben, ist ein Indiz dafür, daß man nur ungenügend über die Problematik der Sache selbst – Vereinigung oder Prälatur – und über das Wesen und die Dynamik der Verfassungsstruktur der Kirche nachgedacht hat.

In der Tat hat die theologisch-kanonistische Argumentation derer, welche diese Option vertraten, zu keinem Zeitpunkt hieb- und stichfeste Gründe dafür angeführt, nach denen es ausgeschlossen ist, daß die *exousia* der Gesamtkirche Einrichtungen mit besonderen pastoralen Zwecken (den *peculiaria opera pastoralia* des Konzilsdekretes) begründet und errichtet. Auf den vorangehenden Seiten dürfte jedoch hinreichend der Beweis dafür erbracht worden sein, daß sich jene *sollicitudo omnium ecclesiarum*, die den Strukturen der Gesamtkirche eigentümlich ist, sich durchaus in dieser Organisationform Ausdruck verschaffen kann, wobei sie mit dem Wesen dieser *exousia* völlig im Einklang steht. Die Komplexität der Gesellschaften und Kulturen in der Welt von heute veranlaßt vielfältige Phänomene überregionaler und internationaler Prägung, welche auf der Ebene der Gesamtkirche nach einer Antwort verlangen. Die Antwort muß notwendigerweise eine „besondere“ und nicht eine „allgemeine“ sein. Wenn diese Phänomene die richtigen Merkmale aufweisen, wird die Antwort darin bestehen können, daß der Apostolische Stuhl eine entsprechende Personalprälatur schafft. Dies nachzuvollziehen setzt voraus, daß man die Vorstellung überwindet, der zu Folge spezifische Zwecke automatisch mit kirchlichen Verbänden gleichgesetzt werden und die sich daher der Einsicht verschließt, daß die *sacra potestas* des Papstes in Wahrnehmung ihrer einigenden und anregenden Aufgaben auch darin Niederschlag finden kann, daß sie neue Institutionen der pastoralen und hierarchischen Organisation der Gesamtkirche ins Leben ruft.

Andererseits gehört es zum Wesenskern derart konzipierter Prälaturen, daß die ihnen angehörigen Laien sich ihnen in einer freien Willensentscheidung anschließen. Dies gilt nicht nur für jene Prälaturen, deren *coetus fidelium* durch *conventiones* oder Verträge gebildet wird, sondern dies gilt ganz allgemein selbst dann, wenn es sich um eine Personalprälatur handelt, deren Gläubige *a iure* nach objektiven Kriterien – Auswanderer, Flüchtlinge, Militärs usw. – bestimmt werden. Immer bleibt die Tatsache bestehen, daß die Personalprälatur – oder die Zugehörigkeit zu ihr – nicht *aufgezwungen* sondern *angeboten* wird: Wäre z.B. eine Prälatur eingerichtet, welche sich der Spanier annehmen sollte, die in andere europäische Länder ausgewandert sind, so bliebe es doch einigen konkreten Auswanderern völlig unbenommen, sich nicht dieser Prälatur einzugliedern, weil sie der Ansicht sind, ihr christliches Leben verlaufe in guten Bahnen im Rahmen der Diözesanstruktur, der sie kraft ihres Wohnortes verbunden sind. Es kommt immer ganz entscheidend auf die Ausübung der Freiheit *in Ecclesia* an. Es kann auch gar nicht anders sein, da es sich bei der Personalprälatur um eine Institution handelt, die immer dazu da ist, eine *besondere* apostolische Aufgabe wahrzunehmen. Der eigentliche Unterschied zum Verband liegt nicht in dem freien Willensakt, kraft dessen sich die Laien eingliedern: dieser freie Willensakt ist sowohl für Prälaturen als auch für Verbände nötig. Der Unterschied liegt letztlich – und das sei noch einmal betont – darin, daß der Verband sich als solcher durch die freien Willensakte der einzelnen konstituiert; der Autorität kommt es nur zu, ihn „anzuerkennen“ und zu „regeln“[20], die Personalprälatur dagegen – und das hat sie mit allen Prälaturen und ganz allgemein mit allen hierarchischen Institutionenen gemein – entsteht *ex novo* aus dem Gründungsakt der höchsten Autorität. Diesen Vorgang versuchte ich mit dem Begriff „Selbstsetzung“ auszudrükken; damit ist gemeint, daß die Kirche eine neue Möglichkeit der Entwicklung ihrer eigenen pastoralen Organisation (*de iure ecclesiastico*) wahrnimmt, die in der universalen hierarchischen *exousia* (*de iure divino*) verankert ist. Wenn das pastorale Phänomen, das zur Schaffung der Personalprä-

---

[20] Dies gilt sogar für öffentliche Vereine, die ihren wesentlichen Charakter als Vereine behalten, obwohl sie von der zuständigen kirchlichen Autorität errichtet werden (can. 312).

latur führt, vorab vereinigungsrechtliche Formen hat, so ist in dem Akt des Apostolischen Stuhls eine *Umwandlung* des früheren Phänomens in eine Personalprälatur zu erblicken. Es handelt sich dann nämlich nicht darum, im Interesse einer Vereinigung eine Prälatur zu errichten, sondern darum, eine Vereinigung in ein Prälatur umzuwandeln. Der hierarchische Akt des Nachfolgers Petri führt zu einem qualitativen Wandel im kanonischen Bereich.

Im Rahmen der vereinigungsrechtlichen Option für die Personalprälaturen zeigt sich dasselbe ungenügende Verständnis für das theologisch Neue an diesen Phänomenen, wenn einige der Auffassung sind, das *analogatum* für die Personalprälaturen sei in den Orden gegeben. Abgesehen von den gewaltigen substantiellen Unterschieden (bei den Priestern der Personalprälaturen handelt es sich um Weltpriester, der Prälat wird mit einem kirchlichen Amt betraut, die Laien bleiben gewöhnliche Diözesangläubige, es gibt keine heiligen Bindungen usw.), ändert die Tatsache, daß in den Instituten des geweihten Lebens kirchliche Leitungsgewalt ausgeübt wird, nichts daran, daß es sich um grundlegend verschiedene Phänomene handelt. Sie sind nach wie vor vom Recht geregelte charismatische Ausdrucksformen der Nachfolge Christi in Befolgung der evangelischen Räte; ihre innere Struktur nimmt die rechtliche Form einer Vereinigung an, die im Gelübde des Gehorsams ihre Grundlage hat, kraft dessen sie den Papst als höchsten Oberen haben[21]. Die Jurisdiktionsgewalt der Oberen klerikaler Institute päpstlichen Rechtes ist ein rechtliches „Mehr" gegenüber der traditionell sogenannten *potestas dominativa*, nicht ein Ersatz für diese. Sie ist eine Konsequenz daraus, daß auch Priester Mitglieder dieser Institute sein können, und besteht im Hinblick auf die von ihnen wahrgenommene pastorale Aufgabe. Die theologische und juristische Natur dieser Institute bleibt hierdurch also unberührt. In den Personalprälaturen dagegen sind *alle* Bindungen zwischen ihren Gliedern und dem Prälaten, technisch gesprochen, *jurisdiktioneller*, nicht dominativer Art. Andererseits ist der „Umfang" dieser Jurisdiktion nicht die Kernfrage – in beiden Fällen muß diese Jurisdiktion die Rechte der Diözesanbischöfe achten –, vielmehr ist

---

21) Vgl. can. 590 § 2.

dies ihr *Ursprung* und ihr theologisches *Wesen*, die in beiden Fällen gänzlich verschieden sind.

Dasselbe gilt für den überdiözesanen, ja sogar den weltweiten Charakter dieser Institute, der nur zur Einheit und *communio* unter den Teilkirchen beitragen kann. Dies ist aber nicht ihr Formalgrund, sondern lediglich eine Folge von allem, was wahrhaft christlich und katholisch ist; in diesem Falle ein Ausfluß der Nachfolge Christi durch die überlieferten drei Gelübde. Als kirchenrechtliche Gebilde sind die Orden „zwar nicht Teil der hierarchischen Struktur der Kirche" wie die Konstitution *Lumen Gentium* sagt, sie gehören „aber unerschütterlich (*inconcusse*) zu ihrem Leben und ihrer Heiligkeit"[22]. Anders liegt, wie bereits gezeigt wurde, der Fall bei den Personalprälaturen.

Nach dem Studium der ganzen komplexen Frage drängt sich der Eindruck auf, daß jene, welche die Auffassung vertraten, die Personalprälaturen sollten im Rahmen des Vereinigungsrechtes geregelt werden, ihre Erörterungen von einer Ekklesiologie her durchführten, die zwar das Geheimnis der Immanenz der Gesamtkirche in der Teilkirche (mit der Dimension *in quibus*) sehr gut erfaßt, aber die Dimension *ex quibus* nicht zum Gegenstand einer vertieften Reflexion gemacht hat, um den *Teil*-Charakter der Teilkirche in Hinsicht auf die Gesamtkirche und somit das Dynamische der hierarchischen Elemente der Struktur der Gesamtkirche stärker herauszuarbeiten. Es ist selbstverständlich theologisch korrekt, wenn sie die Notwendigkeit einer universalen *sacra potestas* im Dienst an der *communio ecclesiarum* behaupten: Papst und Bischofskollegium sind gewiß Repräsentation der Kirchen, aber vor allem bedeuten sie die *exousia* Christi gegenüber den Kirchen. Dennoch haben sie sich nicht mit dem Thema auseinandergesetzt, in welchen Formen, Arten und Weisen diese Organe der Gesamtkirche (göttlichen Rechtes) institutionelle Weiterentwicklungen kirchlichen Rechts hervorrufen können, die immer – und dies ist Voraussetzung ihres Formalgrundes – im Dienst an der Gemeinschaft der Kirchen stehen. Dies ist, wie bereits betont, meines Erachtens der Grund, warum ihnen die Substanz der Personalprälaturen verborgen bleibt.

---

[22] *Lumen Gentium*, Art. 44, Abs. 4.

Vielleicht hatte die Furcht vor „Einmischungen" in die Autonomie der Teilkirche und die Furcht vor Jurisdiktionskonflikten und vor Privilegien für Eliten einen Einfluß darauf, daß dieser legitimen Entwicklung derart geringes Augenmerk gewidmet wurde. Indem sich aber die Reflexion in diese Richtung bewegte, ließ sie eigenartiger Weise den Ausgangspunkt für die gerade aufgenommenen Überlegungen außer acht – nämlich die Teilkirche in ihrem sakramentalen Geheimnis; statt dessen nähern sie sich unbewußt der Beziehung Gesamtkirche – Teilkirche in den „legalistischen" Termini veralteter Provenienz: als Spannungen kirchlicher „Macht", als Überschneidungen von Zuständigkeiten, und nicht etwa als Dimensionen der einen und einzigen *exousia* Christi. In diesem Sinne sollte meines Erachtens der Weg zu einem fruchtbaren Dialog zu unserer Fragestellung damit beginnen, daß der Ausgangspunkt wieder in den Mittelpunkt der Aufmerksamkeit gerückt wird: das sakramentale Geheimnis der Kirche, von dem aus sich in vollkommener Einheit das Verständnis der zwei Dimensionen der Teilkirche und der Gesamtkirche erschließt – jene besondere Art von „circuminsessio", von der Yves Congar gesprochen hat[23] – und von dem aus die legitime Entwicklung der „Strukturen der *communio*" im Dienst des Evangeliums an allen Kirchen ausgemacht werden kann.

Der Weg zur richtigen Einordnung der unbestreitbaren Neuheit der Personalprälaturen führt also nicht über die Alternative, ob es sich bei ihnen um Teilkirchen oder um kirchliche Vereinigungen handelt; vielmehr wird dieser Weg von einer theologischen Reflexion über die Verfassung der Kirche selbst und über ihre geschichtliche Dynamik vorgezeichnet, in der ganz konkret darüber nachgedacht wird, inwieweit es der *exousia* Christi möglich ist, seine Kirche als Sakrament der Erlösung zu konstituieren.

5. Teilkirchen und Personalprälaturen

Der zuvor beschriebene theologische Ansatz erleichtert das Verständnis des Wesens und der wechselseitigen Beziehungen von Teilkirchen

---

[23] Y. CONGAR, in *Mysterium salutis*, IV/1: *La Iglesia*, Madrid 1973, S. 376.

und Personalprälaturen. Dieser Punkt verdient noch weitere Aufmerksamkeit.

Die theologisch-kanonistische Unterscheidung zwischen Teilkirchen und Personalprälaturen wurde in ihrem substantiellen Kern dadurch eindeutig herausgestellt, daß die *Relatio* von 1981 vorschlug, in der Definition der Personalprälaturen nicht von einer *portio Populi Dei* zu sprechen sondern von einem *christifidelium coetus*[24]. Mit dieser Terminologie versuchte man den theologischen Hintergrund zu erhellen, der in den Eingaben der Mitglieder der Kommission zutage trat. In der Tat ist die Teilkirche die hierarchisch verfaßte *portio Populi Dei*; die Personalprälatur dagegen ist ein hierarchisch verfaßter *coetus christifidelium*, der einen Dienst der Gesamtkirche an den Teilkirchen darstellt. Auf diese Weise wird der Sinn der juristischen Gleichbehandlung theologisch klarer. Denn eine Teilkirche, z.B. eine Diözese, und eine Personalprälatur unterscheiden sich nicht – in der Terminologie der Scholastik ausgedrückt – *sicut aliud et aliud*, d.h. wie ein Teil sich vom anderen Teil unterscheidet also wie zwei *gleichrangige* Realitäten, die sich von einander unterscheiden. Diese Art Unterschied liegt vor, wenn eine Diözese mit einer anderen verglichen wird oder eine Diözese mit einer Gebietsprälatur, nicht aber, wenn es um eine Teilkirche einerseits und eine Personalprälatur andererseits geht. Beide sind zwar unterschiedliche hierarchische Strukturen mit ihrer je eigenen Autonomie, aber sie bedingen einander wie die Gesamtkirche und die Teilkirchen einander bedingen.

In diesem Sinne gibt es in der Kirche, verstanden als *communio ecclesiarum*, streng genommen keine anderen *portiones* als die Teilkirchen, *ex quibus una et unica Ecclesia exsistit*: gerade deshalb heißen sie ja auch *Teil*-Kirchen, weil sie die Teile sind, aus denen die Gesamtkirche besteht. Die Eigentümlichkeit dieser Teile – darauf ist hier wiederholt hingewiesen worden, und darin besteht ihr Geheimnis – ist nun, daß sich in ihnen (*in quibus*) die einzige Kirche des Herrn ereignet und verwirklicht: sie sind das Ganze im Teil, die sakramentale *Fülle* in der *portio*.

Da es sich bei den Personalprälaturen jedoch um Einrichtungen zum Dienst an der *communio* und der Sendung der Kirchen handelt, verhalten

---

24) *Communicationes* 14 (1982) 202.

diese sich zu den Diözesen nicht wie ein Teil zum anderen; vielmehr leben sie und verwirklichen sie sich *in* den Teilkirchen, innerhalb ihres sakramentalen Geheimnisses kraft des Formalgrundes ihres Ursprungs und dank ihrer pastoralen Wirklichkeit, wobei die konkrete Art der Koordinierung vom Apostolischen Stuhl in den Statuten jeder Prälatur festgelegt wird. So arbeiten die Priester der Personalprälaturen – während sie in Übereinstimmung mit den Bedürfnissen und der internen Disziplin der Prälatur die ihnen vom eigenen Prälaten anvertraute kanonische Sendung erfüllen – in jeder Teilkirche innerhalb der sakramentalen Brüderlichkeit des Presbyteriums, indem sie ihr spezifisches Charisma einbringen und eins mit den seelsorglichen Richtlinien des Bischofs dieser Kirche sind. Die Gläubigen ihrerseits, die als Laien in den Prälaturen eingegliedert sind, sind und bleiben gewöhnliche Gläubige ihrer Diözese. Entsprechend den konkreten und vom Partikularrecht der Prälatur in jedem Fall sanktionierten Modalitäten unterstehen sie der *communis et ordinaria cura pastoralis*[25] des Diözesanbischofs. In Ausübung ihrer christlichen Freiheit – *in Spiritu Christi* tätig – sind sie die direkten Empfänger der *peculiaria opera pastoralia* der Prälatur. Sie können auch organisch mit der Prälatur und mit ihren apostolischen Unternehmungen zusammenarbeiten. Es gibt also an und für sich in den Personalprälaturen keine *portio Populi Dei*, die sich von den Teilkirchen unterscheidend absetzte. In der Tat ist es für die neuen Prälaturen charakteristisch, daß sie trotz ihrer hierarchischen Eigenart die Bindung ihrer Gläubigen, die Laien sind, an ihre Diözesen im wesentlichen unangetastet lassen[26]. Deshalb steht dem Diözesanbischof – mit den even-

---

[25] Der Ausdruck ist can. 771 § 1 entnommen.

[26] Mit Fug und Recht kann man sagen, daß die Eingliederung von Gläubigen in diesen Prälaturen ihre Bindung an den Diözesanbischof im wesentlichen unberührt läßt. In dem Fall, daß ein Personalprälat uneingeschränkte oder nur teilweise Vollmachten der *ordinaria cura animarum* hat, handelte es sich bei diesen Vollmachten immer um solche, die kumulativ neben den Vollmachten des Diözesanbischofs stehen – s. o. S. 81 und 125 –; d.h., der Diözesanbischof erleidet keinerlei Beeinträchtigung seiner Vollmachten, die ihm als Hirt seiner *portio Populi Dei* zukommen, und andererseits geht der Gläubige durch Aufrechterhaltung seiner Bindung an den Ortsordinarius nicht der Rechte verlustig, die sich auf seine seelsorgliche Betreuung beziehen und die er immer frei ausüben kann.

tuell in den Statuten zu präzisierenden Modalitäten – die *cura ordinaria* für diese Laien zu. Von hier aus wird es verständlich, daß in den Entwürfen zum Codex die latente Ungenauigkeit vorhanden war, durch welche die Vorstellung genährt wurde, durch die Schaffung der Figur von Personalprälaturen *cum proprio populo* werde die Möglichkeit eröffnet, daß Gläubige sich Personalprälaturen eingliedern können. Msgr. Alvaro del Portillo, Prälat des Opus Dei – der ersten und bisher einzigen vom Apostolischen Stuhl errichteten Personalprälatur – hat es als „glücklich" bezeichnet, daß diese Terminologe verschwunden ist[27]. Die Gründe hierfür wurden bereits erörtert.

Von beiden Strukturen könnte man bzgl. ihres jeweiligen theologischen Wesens folgendes sagen:

a) Die Teilkirchen sind die Gesamtkirche, die sich örtlich verwirklicht und existentiell darstellt: das Ganze im Teil, wie wir bereits sagten. Von daher sind sie auch potentiell in der Lage, in ihrem Leben die ganze qualitative Bandbreite von Charismen und Diensten zu integrieren: die Teilkirche ist *ad imaginem* der Gesamtkirche.

b) Die Personalprälaturen dagegen sind Einrichtungen der Gesamtkirche besonderer Ausprägung: ein hierarchisch organisierter *coetus fidelium*, der sich von der *exousia* her aufbaut, welcher in den höchsten Instanzen der Gesamtkirche vorhanden ist. Sie haben daher Anteil an der zweifachen Art von Beziehung zwischen der Gesamtkirche und den Teilkirchen. Als *Einrichtung* der Gesamtkirche erschließen sie sich dem theologischen Verständnis nur von ihrem konstitutionellen Formalgrund her, d.h. als „Strukturen der *communio*", die sich zwar von den Teilkirchen unterscheiden, ihnen aber dienen. Sofern sie aber unter dem Aspekt der *materiellen Inhalte* ihrer Seelsorge und christlichen Existenz betrachtet werden, sind sie identisch mit dem *Geheimnis* der Ortskirche, in der sich diese Inhalte immer in Verbundenheit mit dem Ortsbischof vollziehen. Der Grund liegt auf der Hand: die Gesamtkirche – deren hierarchische Dimension das Fundament für die Personalprälaturen ist – *exsistit* in jeder Teilkirche.

---

[27] Erklärungen von Msgr. Alvaro del Portillo in *ABC* (Madrid), vom 29.11.1982, wiedergegeben in *El Opus Dei, Prelatura personal*, Madrid 1983, S. 69.

c) Betrachtet man dieselbe Wirklichkeit unter dem Gesichtspunkt der sie strukturierenden *sacra potestas*, so könnte man sagen, dem Bischof, der einer Teilkirche vorsteht, wird eine *portio Populi Dei* anvertraut (*concreditur*), damit er sie weide und zur Kirche mache; dem Prälaten, der einer Personalprälatur vorsteht, wird eine besondere seelsorgliche Aufgabe und die entsprechende Leitungsgewalt übertragen, damit er Priester und Laien zur Verwirklichung dieser Aufgabe im Dienst an der *communio Ecclesiarum* beruft. Diese Priester und Laien bilden einen hierarchisch gegliederten *coetus fidelium*, der in den verschiedenen Teilen des Gottesvolkes lebt und arbeitet.

Unter diesem Gesichtpunkt der *communio* der Teilkirchen und des Geheimnisses der Kirche erscheint in neuem Licht, was oben über die theologische Notwendigkeit gesagt wurde, daß das Oberhirtenamt einer jeden Teilkirche einem Bischof vorbehalten bleiben muß: der Bischof gehört zum *esse* der Teilkirche – nicht nur etwa der Diözese –, wenn diese in ihrer ganzen wesenhaften Tiefe recht verstanden wird. Was die *portiones Populi Dei* sind, das sind sie aufgrund des Oberhirtenamtes des Bischofs. Wie aber Dupuy bereits vor dem Konzil bemerkte, erschöpft sich die Bedeutung des Bischofs in der Kirche nicht darin, daß er einer Teilkirche vorsteht: der Bischof „ist auch und vor allem Glied eines Kollegiums, eines *Ordo*“[28]. Gerade weil er in sakramentaler Weise in das Bischofskollegium eingebunden ist, ist es möglich, daß die *portio ei concredita ad imaginem* der Gesamtkirche ist und in Verbundenheit mit allen Kirchen lebt.

Es ist ganz in der Linie solcher Überlegungen, wenn die Frage nach der oberhirtlichen Gewalt in den Personalprälaturen aufkommt. Die Untersuchung des theologisch-kanonistischen Wesens dieser Prälaturen hat hervorgehoben, daß sie ihren Ursprung in der Entwicklung der hierarchischen

---

[28] „Il est d'abord le membre d'un collège, d'un *ordo*; il a été constitué gardien de l'Evangile, responsable de la croissance de l'Eglise. Cette perspective est première et précède toute consideration d'église locale ou d'église universelle“ (B. D. DUPUY, *Vers une théologie de l'Episcopat*, in Y. CONGAR – B. D. DUPUY. *L'Episcopat et l'Eglise universelle*, Paris 1964, S. 22). „Dabei ist die Bischofsweihe, wie von der Kollegialität des Episkopats her evident ist, zuerst die Einfügung in die Gemeinschaft des bischöflichen Dienstes“ (K. LEHMANN, *Der Bischof in der Lehre des Zweiten Vatikanischen Konzils*, in „Kanon“ 7 (1985), S. 17).

Strukturen im Dienst an der *communio fidelium* und somit im Dienst an den Teilkirchen haben. Die bischöfliche Oberhirtengewalt der Personalprälaturen gehört im Gegensatz zu derjenigen der Teilkirchen nicht *sensu stricto* zum *esse* dieser Prälaturen. Aber der Prälat jeder Personalprälatur vereint in sich die Jurisdiktion, auf der die Prälatur als hierarchische Struktur beruht, und personifiziert die Gemeinschaft der Prälatur mit dem Papst und dem Bischofskollegium, gleichzeitig und untrennbar damit verbunden die *sollicitudo* des Papstes und des Bischofskollegiums um den Dienst an der Gemeinschaft der Teilkirchen im Rahmen der einer jeden Prälatur anvertrauten seelsorglichen Aufgabe. Deshalb ist es auch theologisch durchaus zweckmäßig und entspricht innerlich dem Wesen dieser neuen hierarchischen Strukturen, wenn der Prälat die Bischofsweihe empfängt. Es wurde bereits darauf hingewiesen,daß die erstrangige Wirkung dieser Weihe darin liegt, daß der Geweihte auf sakramentale Weise in das spezifische Organ des Kollegiums, der „communio hierarchica Pastorum", wie das Bischofskollegium auch genannt wird, eingegliedert ist. Die Prälatur tritt so in ihrem Haupt als Struktur zum Dienst an der *communio Ecclesiae et ecclesiarum*[29] in Erscheinung und der Prälat fügt sich in die sakramentale Beziehung der *communio* mit den Diözesanbischöfen der Teilkirchen ein, für welche die Prälatur ihren Dienst leistet.

Im Rahmen der vielfältigen Arten von Personalprälaturen, die innerhalb dieser neuen hierarchischen Rechtsfigur denkbar sind, ist die Zweckmäßigkeit der Bischofsweihe für den Prälaten in verschiedenen Abstufungen vorstellbar: sie ist offenkundiger bei Prälaturen, die ihren eigenen inkardinierten Klerus und zahlreiche, der Prälatur angehörende Laien haben, die sich vollständig der Verfolgung ihrer Ziele widmen und den spezifischen seelsorglichen Beistand seitens des Klerus der Prälatur empfangen. Dasselbe gilt auch für Prälaturen, die möglicherweise errichtet werden – mit einem inkardinierten oder *addictus* Klerus – für einen nach bestimmten Kriterien definierten *coetus fidelium*, wie dies z.B. bei den Militärvikariaten der Fall ist. Ganz besonders offenkundig wird eine solche Zweckmäßigkeit in den Fällen, in welchen der Prälat ein Internationales Seminar der Prälatur

---

[29] Der Ausdruck geht zurück auf E. CORECCO, *Sinodalità...*, S. 1484.

errichtet und die Alumnen zu den heiligen Weihen führt und zum Dienst für die Personalprälatur inkardiniert. Die Weihe der Priester durch den jeweiligen Prälaten würde die innere Struktur der *communio sacramentalis* veranschaulichen, die der hierarchischen Jurisdiktion zugrunde liegt, die er ja über den seine Prälatur konstituierenden *coetus fidelium* ausübt. Die *communio* mit dem universalen Haupt der Kirche, die *communio* mit dem Prälaten, welcher die kanonische Sendung erteilt, und die *communio* mit dem Bischof der Teilkirche, in der diese Priester ihre seelsorgliche Arbeit einbringen – diese *communio* in ihren drei Dimensionen würde auf diese Weise dem innersten Kern des *ministerium* besagter Priester *sacramentaliter* als Siegel eingeprägt.

Nachwort

Vor allem der Theologe, der sich dem Zweig der Ekklesiologie widmet, weiß genau, daß der Traktat über die Kirche nicht eine „historische", „begriffliche" oder „systematische" Frage ist; er weiß vielmehr, daß diese Abhandlung eine unmittelbare Beziehung zu etwas impliziert, mit dem er selbst verflochten ist: eine lebendige Realität, die aus Männern und Frauen besteht und sich Tag für Tag vom Wort und den Sakramenten her als das Volk Gottes und der Leib Christi vollzieht. Wenn aber dieser theologische Diskurs von der *lex canonica* hervorgerufen wird, dann ist die Betrachtung der charakteristischen Merkmale von Anfang an unentbehrlich; dies gilt um so mehr, wenn es darum geht, theologisch die Schaffung neuer Einrichtungen, neuer pastoraler Phänomene und die ersten Schritte ihrer gesetzlichen Regelung zu begründen[1]. In diesem Fall strebt die theologische Argumentation, ohne deshalb aufzuhören, Kontemplation, *fides quaerens intellectum*, zu sein, danach, in erster Linie *diakonia*, Dienst an der Kirche, zu sein, diese Funktion, die untrennbar mit der Theologie als Wissenschaft verbunden ist, wie Papst Johannes Paul II. unermüdlich in Erinnerung ruft und betont[2].

In diesen Rahmen ordnen sich die Seiten dieses Buches ein. Im Vorwort wurde erwähnt, welche Begleitumstände Anlaß zu dieser Untersuchung waren. Im Laufe dieser Arbeit wurde mir erst klar, welche Beurteilungszusammenhänge und -bestandteile mit angeschnitten werden müssen, wenn man theologisch die Rechtsfigur der Personalprälaturen, ihre Bedeutung

---

[1] „Dal punto di vista giuridico, siamo, con le Prelature personali, di fronte ad una delle novità più rilevanti e significative nel nuovo Codice di Diritto Canonico: è infatti una nuova struttura che sorge e prende vita nel complesso delle strutture ecclesiali. Anche qui però siamo nella linea del Concilio Vaticano II, e non in un arbitrario procedere istituzionale da parte della Suprema Autorità" (P. G. MARCUZZI, *Le Prelature personali nel nuovo Codice...*, S. 129).

[2] Ssb. JOHANNES PAUL II., *Ansprache an die spanischen Theologen*, Salamanca 1.11.1982, Nr. 4. Ferner L. F. MATEO-SECO, *La función del teólogo en la España de hoy*, in P. RODRIGUEZ (Hrsg.), „Juan Pablo II en España: un reto para el futuro", Pamplona 1984, S. 97-113.

und ihren Auftrag begreifen will. Gleichzeitig hat die Geschichte des Problems deutlich gemacht, wie wichtig es für den *theologischen* Diskurs über eine *kanonische* Wirklichkeit ist, die Bedeutung der Rechtssprache zu verstehen und sich somit einen Zugang zum Verständnis der Ausdrucksweise zu erschließen, wie sie der *lex* und den Juristen eigentümlich sind, um sich auszudrücken. Erst wenn dies in seinem gesamten Umfang richtig erfaßt wird, ist die Voraussetzung dafür geschaffen, das, was an Rechtsvorschriften vorgefunden wird, theologisch kritisch zu prüfen und zu beurteilen. Nur so wird ein wirklich interdisziplinärer Dialog möglich; ein Dialog, der die wissenschaftliche Form der *communio* zwischen den Disziplinen der Theologie und des Kirchenrechtes ist.

Ich hoffe, es ist in dieser Arbeit gelungen zu zeigen, daß all dies im Falle der Personalprälaturen mit paradigmatischer Deutlichkeit auf dem Wege von ihrer gedanklichen Konzeption im II. Vatikanischen Konzil bis zu ihrer Regelung im jüngst promulgierten Codex klar geworden ist. So ist z.B. ein gediegenes Wissen darum, was in der kanonistischen und institutionellen Tradition der Kirche eine Prälatur und was eine Vereinigung von Gläubigen ist, nötig, um begreifen zu können, warum die Väter des II. Vatikanums, als sie von Personalprälaturen sprachen, nicht neue Vereinigungen sondern neue hierarchische Institutionen in der Kirche förderten. Es ging nämlich um Organisationen, die ihr Fundament in der ursprünglichen wechselseitigen Beziehung zwischen Amtspriestertum und gemeinsamem Priestertum der Gläubigen haben, und nicht um neue Vereinigungen. In dieser Option des Konzils ist implizit eine theologische Herausforderung enthalten, der auszuweichen nicht möglich ist. Es wäre aber ein solches Ausweichmanöver, wenn man die Personalprälaturen ohne weiteres als eine neue Erscheinungsform des Vereinigungsrechtes oder als eine neue Figur der Teilkirchen einzuordnen trachtete. Die theologischen und kanonistischen Wurzeln dieser Rechtsfigur sind, wie aufzuzeigen versucht wurde, völlig andere.

Gleichzeitig erscheinen die Personalprälaturen als ein Niederschlag des Formalgrundes der höchsten Autorität in der Kirche, nämlich ihrer *sollicitudo omnium ecclesiarum*, von der sie beredtes Zeugnis ablegen. Aus dem Blickwinkel der *potestas*, der sie erhält, betrachtet stellen sie Angebote von pastoralen Diensten dar, deren hierarchische Struktur sich von der *exousia* ableitet, die in der Gesamtkirche gegenwärtig ist. Hinsichtlich ihrer inneren Struktur – d.h. mit Blick auf die *peculiaria opera pastoralia*, zu deren Verwirklichung sie errichtet werden – stellen sie einen besonderen *coetus fidelium* dar, unter der Jurisdiktion des Prälaten hingeordnet auf die Verwirklichung einer konkreten apostolischen Aufgabe.

Bereits die Art und Weise, wie eine Personalprälatur errichtet wird, macht die kollegiale Dimension der Autorität in der Kirche deutlich, die so charakteristisch für die Ekklesiologie des II. Vatikanums ist. Obschon die Errichtung einer Prälatur ein Akt der Primatialgewalt ist, vollzieht der Papst diesen Schritt erst, nachdem er die pastoralen Aufgaben erwogen hat, die zu ihrer Errichtung nötig sind, und nachdem er die Meinung der unmittelbar betroffenen Bischöfe gehört hat. Auf diese Weise „wird die Personalprälatur, juristisch in die *communio Ecclesiarum* hineinverflochten, ‚geboren'"[3]. Andererseits steht die höchste Autorität der Kirche mittels der Statuten, die sie der Prälatur gibt, dafür ein, daß die Klausel „salvis semper iuribus Ordinariorum locorum", von der her die Väter des II. Vatikanums diese neuen Einrichtungen immer betrachtet haben, exakt eingehalten wird. In der Tat gehört zur prägenden Grundvorstellung von den Personalprälaturen ihre harmonische Einbettung in die Pastoral der Teilkirchen unter der Leitung der Diözesanbischöfe, deren Autorität sie nicht nur nicht beiseite schieben, sondern geradezu bestärken und potenzieren. Dies bewirken sie durch ihre apostolischen Tätigkeiten,die sie immer mit Zustimmung des Bischofs und in sakramentaler und pastoraler Verbundenheit mit ihm durchführen.

***

Es läßt sich nicht vorhersehen, welche Zukunft die neue Rechtsfigur der Personalprälaturen haben wird. Unter dem Gesichtspunkt jener Ekklesiologie, die im *sacramentum salutis* und in der *communio ecclesiarum* veran-

---

3) A. DE FUENMAYOR, *Primacial Power and Personal Prelatures...*, S. 11.

kert und in diesem Buch herausgeschält worden ist, scheint es auf der Hand zu liegen, daß sie eine enorme theologische Entfaltungskraft in sich birgt. Es wird Aufgabe der Kanonistik sein, in strikter Befolgung der ekklesiologischen Orientierung des II. Vatikanischen Konzils viele erst im Keim erkennbaren Elemente rechtstechnischer Art weiter zu entfalten und klarer herauszuarbeiten. In diesem Sinne erscheinen von besonderer Bedeutung das Studium der Art und Weise, wie die Struktur der *exousia* der Gesamtkirche in der Geschichte ausgeübt wurde; das Studium der Auswirkungen des zweifachen Aspektes, unter dem sich Gesamtkirche in den Teilkirchen ereignet (*in quibus et ex quibus*) also auf die *communio ecclesiarum*; das Studium der Analogie in der Entwicklung der pastoralen Strukturen der Teilkirche und der Gesamtkirche und des Rechtsinstitutes der Gleichbehandlung im Bereich des Kirchenrechtes; daneben natürlich das Studium der großen Frage nach dem Wesen der *sacra potestas* – d.h. die Frage nach der *exousia* Christi, insofern die Kirche an ihr teilhat –, in ihrer Beziehung zu den *tria munera* und der Unterscheidung zwischen Weihegewalt und Jurisdiktionsgewalt. Alle diese Themen bedürfen, *natura sua*, des interdisziplinären Dialogs mit der Theologie.

So wichtig im einzelnen die Weisheit der Hirten oder gar die Wissenschaft der Experten sein mögen, letzten Endes kommt es, wie bei allem, was die existentielle Verwirklichung des Ziels und der Sendung der Kirche betrifft, nicht auf diese, sondern auf das Haupt an, das Christus ist, der durch den Heiligen Geist „die Kirche in alle Wahrheit einführt, der sie in ihrer Gemeinschaft und in ihren Diensten eint, sie mit den verschiedenen hierarchischen und charismatischen Gaben ausrüstet und lenkt und sie mit seinen Früchten schmückt“[4].

---

[4] *Lumen Gentium*, Art. 4, Abs. 1.

ANHANG

Anhang I

SCHEMA DE DISTRIBUTIONE CLERI,*
10-XI-1961

SCHEMA PROPOSITUM
A COMMISSIONE DE DISCIPLINA CLERI ET POPULI CHRISTIANI

Christifideles in quibusdam orbis terrarum regionibus, ob parvum sacerdotum numerum, in periculo versantur deficiendi a morum honestate et a fide catholica, quia praedicatione verbi Dei et sacramentorum administratione carent. Ea de re solliciti sese[2] debent singuli fideles, utpote qui sint membra unius corporis Ecclesiae,[3] instanter rogantes Dominum messis «ut mittat operarios in messem suam» (Mt. IX, 38), itemque «unusquisque, sicut accepit gratiam, in alterutrum illam administrantes» (1 Petr. IV, 10). Qua profecto obligatione clerus praecipue tenetur, «qui sacerdotium et apostolatum Christi Domini, miro ipsius delectu ac concessu, participat»;[4] maxime vero Episcopi sentiant oportet penitus cum Romano Pontifice adstringi gravissimo officio «dilatandi Evangelii et toto terrarum orbe Ecclesiae condendae»[5].

Ab antiquitus quidem sollemne semper fuit ut qui ad sacros ordines promoverentur, determinatae ecclesiae stabiliter addicti seu incardinati essent; ad fidem tamen ad alias semper gentes propagandam clerici seu sacerdotes mitti consueverunt, sicut et monachi ac fratres mendicantes aliique religiosi quamplurimi.

Quare Patres huius Sacrosancti Concilii statuere decreverunt:

I. Episcopi, qua Apostolorum succesores, recolant sibi omnium ecclesiarum sollicitudinem cordi esse debere. Curent proinde auxi-

---

* Der Text ist entnommen *Acta et documenta Concilio Oecumenico Vaticano II apparando*, series II (praeparatoria), vol. II/1, S. 563-565.

2) Verbessere: esse.

3) Cf. 1 Cor 12, 25.27.

4) PIUS XI., Litt. Encycl. *Rerum Ecclesiae gestarum*, 28.2.1926.

5) PIUS XII., Litt. Encycl. *Fidei donum*, 21.4.1957.

lio iuvare illas dioeceses, in quibus, ob parvum sacerdotum numerum, integritas fidei et praxis vitae christianae in discrimen vertuntur.

II. Religionum clericalium Superiores maiores quoque, prae ceteris, dioecesibus auxilium libenter praebere satagant, sive in eis novas religiosas domus fundando, sive sacerdotes sibi subditos ad norman iuris designando, qui sacro ministerio pastorali exercendo aptiores et validiores sint.

III. Instituatur apud Sanctam Sedem peculiare Consilium, cuius erit ordinare ac moderari ea omnia, quae vocationes ecclesiasticas fovendas respiciunt, vel ad aptiorem cleri distributionem, pro ecclesiarum necessitatibus, attinent.

IV. In bonum omnium alicuius Nationis (vel alicuius Regionis, quae forte ex pluribus nationibus constet) dioecesium, constituantur, pro rerum adiunctis et locorum indigentia, Consociationes cleri saecularis —quales in aliquibus regionibus iam exstant ibique «Missiones nationales» nuncupantur— quae in Praelaturam, cum aut sine territorio, erectae, sub regimine sint certi Praelati, eiusdem Praelaturae Ordinarii.

Istius Praelati erit Seminarium nationale erigere ac dirigere, in quo alumni instituantur in servitium totius Nationis, vel Regionis.

Eidem Praelato ius sit alumnos ita institutos incardinandi, eosque ad Ordines promovendi «titulo Missionis Nationalis vel Regionalis».

Onus tandem sit Praelato providendi decorae sustentationi eorum, quos promoverit titulo praedicto.

V. Quantum fieri potest, erigantur, ubi adiuncta id suadeant, peculiaria Seminaria in adiutorium orbis regionum quae clero magis indigere videantur.

Apud ordinaria etiam Seminaria piae fundationes constituantur ad hoc ut nonnulli iuvenes ibidem ali et institui possint in praefatum laudabilem finem.

VI. Foveantur Seminaria pro vocationibus «serotinis», in quibus viri maturioris aetatis, vel qui studia in scholis «technicis», aliisve id genus, perfecerint, expeditiore curriculo studiorum ad sacerdotium putari possint.

VII. Vinculum caritatis, aptis conventionibus firmetur inter dioeceses, ita ut altera tanquam «matrina», altera tanquam «filia» habeatur, vel ambae uti «geminae» consocientur: unius dioecesis erit ad alteram sacerdotes mittere, sive ad certum tempus, sive in indefinitum.

VIII. Superiores Maiores Religionum clericalium se paratos praebeant, summa caritate ac libenti obsequentique animo, ad consentiendum ut locorum Ordinarii, iuris praescriptis servatis, eorum ecclesias in paroeciales erigant, aut —si magis opportunum visum fuerit— subsidiarias seu succursales paroecialium constituant.

Item, paroeciae saeculares Religiosis administrandae committantur, atque Religiosi instituantur cappellani vel adsistentes adsociationum fidelium.

IX. Aptentur iuris praescripta de incardinatione et excardinatione, ne a sola voluntate Ordinarii loci abhinc pendeat transitus clericorum ad aliam dioecesim. Itaque, salvis iis quae supra, ad IV–V, iam notata sunt, haec addantur ad normas de excardinatione-incardinatione in cann. 112 et seqq. C.I.C. contentas, videlicet:

a) Extra casum verae necessitatis, Ordinarius loci litteras excardinationis ne deneget clericis, qui mitti et incardinari postulaverint ad dioecesim alteram, gravi inopia cleri laborantem (cfr. cann. 116 et 117 C.I.C.).

b) Clericus, qui a sua dioecesi ad aliam, ad tempus indefinitum, *legitime* transmigraverit, huic dioecesi *ipso iure*, transacto quinquennio, incardinatur, nisi vel ipse contrariam antea voluntatem manifestaverit, vel Ordinarius dioecesis originis, aut Ordinarius dioecesis hospitis, consensum antea revocaverit.

X. Privilegium totalis exemptionis a iurisdictione Ordinarii loci, quod certis Religionibus clericalibus iure vigenti competit, accommodetur hodiernis, quae videntur societatis christianae exigentiis.

Textus definitive probatus in Sessione Generali habita diebus 16-21 ianuarii 1961.

Anhang II

SCHEMA DE CLERICIS*
22-IV-1963

EXHORTATIO
DE DISTRIBUTIONE CLERI

40. Sacrosancta haec Synodus, quae non solum fine suo praecipuo, sed sua etiam ipsius natura pastoralis est atque apostolica, cum item directe tendat ad Christi Evangelium inter omnes gentes, nationes et sociales ordines propagandum et ad Ecclesiam toto terrarum orbe condendam, facere non potest quin animadvertat quomodo sacerdotes, quorum ministerio fides extenditur,[1] servatur ac robora tur, non pari numero adsint in singulis regionibus, ita quidem ut Christifideles haud pauci in gravi periculo versentur a fide catholica deficiendi, quippe qui Dei verbi praedicatione et sacramentorum administratione penitus careant. Insuper innumeri homines Christi Evangelium nondum noverunt.

Attamen feliciter in dies crescens conspicitur spiritus caritatis et mutuae necessitudinis, denuo per recentiora incepta lucide patens, quo omnes Christifideles, sed praesertim sacerdotes illarum nationum vel dioecesium ubi maior vocationum copia adest, suaviter et efficaciter moventur ad sollicitudinem circa problemata et pastorales necessitates tum aliarum regionum quae cleri penuria laborant, tum aliorum personarum coetuum cuiuslibet orbis regionis quorum membra vel in infima sociali condicione sunt constituta vel omni cultura ac debita efformatione carent.

Quapropter, ut hic spiritus fraternae necessitudinis mutuae novaque haec apostolica incepta magis ac magis in bonum anima-

---

* Der Text ist entnommen *Acta synodalia S. Concilii Oecumenici Vaticani II*, vol. III/4, S. 843-845.

1) Cf. Rom 10, 17.

rum augeantur, Sacrosancta haec Synodus omnes Christifideles hortatur ut illud Sancti Ioannis Chrysostomi considerent ac meditentur: «Mementote fratres: quod non de vestra tantummodo vita, sed de universo orbe, a vobis ratio reddenda est»,[2] ideoque de iis quae sequuntur monet:

41. Sacerdotes, qui Christi Domini sacerdotium et apostolatum miro ipsius delectu ac concessu participant, et cooperatores sunt Episcoporum eorumque muneris universalis socii, recolant omnium ecclesiarum sollicitudinem sibi cordi esse debere. Itaque sacerdotes illarum dioecesium quae maiori vocationum copia ditantur libenter se paratos praebeant, permittente et exhortante proprio Ordinario, ad suum ministerium in aliis dioecesibus, regionibus vel operibus, penuria laborantibus vocationum, exercendum, si id opus fuerit.[3]

42. Laici omnes, qui membra cum sint Corporis Christi Mystici, agnoscere semper debent sibi «pro sua quisque parte, officium esse impense diligenterque adlaborandi ad aedificationem et incrementum eiusdem Corporis»,[4] intime persentiant cum Romano Pontifice, cum Collegio Episcoporum et sacerdotibus —sit iis enim «cor unum et anima una»[5]— necessitatem et officium collaborandi propriis orationibus, eleemosynis ac pecuniis collectis incremento laboris pastoralis illis in locis ubi sacerdotes desunt.[6] Hoc enim aptissima erit manifestatio illius curae pro Ecclesiae bono communi, qua moti omnes Deum exoramus «pro Ecclesia tua sancta catholica, quam pacificare, custodire, adunare et regere digneris toto orbe terrarum»[7].

---

2) *Homilia XV in Matth.*; haec verba Concilii Patribus in mentem nuper revocata sunt a Ioanne XXIII fel. regn.: cfr. *Epistula ad singulos Catholicae Ecclesiae Episcopos ceterosque Patres Concilii Oecumenici Vaticani II in Epiphania Domini 1963*: AAS 55 (1963) 157.

3) Sacerdotes tamen nunquam singuli mittantur, si fieri potest, sed saltem bini vel terni. Si in solitudine enim manent, damna haud parva ipsis oriri possunt, praesertim primis temporibus si forte linguam et mores novae regionis nondum bene cognoscunt. Pariter expedit sollicitam curam adhibere de eorum vita supernaturali necnon de eorum valetudine mentis et corporis.

4) PIUS XII., Litt. Encycl. *Mystici Corporis*, 29.6.1943: AAS 35 (1943) 241.

5) Act 4, 32.

6) Foveatur praesertim adiutorium pro operibus ad vocationes promovendas, pro novis aedificandis Seminariis et scholis ubi catechistae instituuntur, aliisque id genus.

7) *Canon Missae*.

43. Pariter optat Sacrosancta Synodus ut Commissio ad Codicem Iuris Canonici recognoscendum ita normas de incardinatione et excardinatione reficiat, ut, firmo semper manente pervetere hoc instituto, hodiernis pastoralibus adiunctis atque necessitatibus aptius ipsae normae respondeant, itemque commendat ut praefata Commissio formulas iuridicas sanciat —exemplo usa recentium inceptorum[8]— quae distributionem cleri saecularis atque specialia quaedam opera pastoralia faciliora reddant.

---

8) Exempli gratia, Seminaria nationalia vel internationalia, quorum alumni instruuntur ut dioeceses adeant cleri penuria laborantes; Praelaturae cum vel sine territorio Sancta Sede constitutae, quarum sacerdotes, specificam praeparationem consecuti, totis viribus se dent ad animarum bonum promovendum earum dioecesium in qualibet orbis regione, ubi sacerdotes desiderantur specialibus qualitatibus ornati, qui peculiares apostolatus sociales, vel intellectuales vel etiam penetrationis in diversos societatis ordines exsequi valeant.

Anhang III

DECR. «PRESBYTERORUM ORDINIS»*

7-XII-1965

10. Donum spirituale, quod Presbyteri in ordinatione acceperunt, illos non ad limitatam quandam et coarctatam missionem praeparat, sed ad amplissimam et universalem missionem salutis «usque ad ultimum terrae» (*Act.* 1.8), nam quodlibet sacerdotale ministerium participat ipsam universalem amplitudinem missionis a Christo Apostolis concreditae. Christi enim Sacerdotium, cuius Presbyteri vere participes facti sunt, ad omnes populos et ad omnia tempora necessario dirigitur, neque ullis limitibus sanguinis, nationis vel aetatis coarctatur, ut iam in figura Melchisedech arcano modo praefiguratur.[59] Meminerint igitur Presbyteri omnium ecclesiarum sollicitudinem sibi cordi esse debere. Quapropter Presbyteri illarum dioecesium, quae maiore vocationum copia ditantur, libenter se paratos praebeant, permittente vel exhortante proprio Ordinario, ad suum ministerium in regionibus, missionibus vel operibus cleri penuria laborantibus exercendum.

Normae praeterea de incardinatione et excardinatione ita recognoscantur ut, pervetere hoc instituto firmo manente, ipsum tamen hodiernis pastoralibus necessitatibus melius respondeat. Ubi vero ratio apostolatus postulaverit, facilora reddantur non solum apta Presbyterorum distributio, sed etiam peculiaria opera pastoralia pro diversis coetibus socialibus, quae in aliqua regione, vel natione aut in quacumque terrarum orbis parte perficienda sunt. Ad hoc ergo quaedam seminaria internationalia, peculiares dioeceses vel praelaturae personales et alia huiusmodi utiliter constitui possunt, quibus, modis pro singulis inceptis statuendis et salvis semper iuribus Ordinariorum locorum, Presbyteri addici vel incardinari queant in bonum commune totius Ecclesiae.

---

* Der Text ist entnommen AAS 58 (1966) 1007-1008.
59) Cf. Hebr 7, 3.

Ad novam tamen regionem, praesertim si illius linguam et mores nondum bene cognoverint, in quantum fieri potest, Presbyteri ne mittantur singuli, sed, ad exemplum Christi discipulorum,[60] saltem bini vel terni, ut ita mutuo sibi sint adiutorio. Pariter expedit sollicitam curam adhibere de eorum vita spirituali, necnon de eorum valetudine mentis et corporis; et, quatenus id fieri possit, loca et condiciones laboris pro ipsis praeparentur iuxta uniuscuisque adiuncta personalia. Magnopere expedit simul ut, qui novam nationem petunt, apte cognoscere curent non solum linguam illius loci, sed etiam peculiarem indolem psychologicam et socialem illius populi cui in humilitate servire volunt quam perfectissime cum eodem communicantes, ita ut exemplum sequantur Pauli Apostoli, qui de se ipso dicere potuit: «Nam cum liber essem ex omnibus, omnium me servum feci, ut plures lucrifacerem. Et factus sum Iudaeis tamquam Iudaeus, ut Iudaeos lucrarer...» (*1 Cor.* 9, 19-20).

Anhang IV

DECR. «AD GENTES»*
7-XII-1965

20. Cum Ecclesia particularis universalem Ecclesiam quam perfectissime repraesentare teneatur, probe noscat se ad eos quoque qui in Christum non credentes cum ipsa in eodem territorio commorantur esse missam ut, testimonio vitae singulorum fidelium et totius communitatis, signum sit Christum eis indicans.

Requiritur insuper ministerium verbi, ut Evangelium ad omnes perveniat. Episcopus imprimis fidei praeco sit oportet, qui novos discipulos ad Christum adducat.[3] Quod eximium munus ut rite adimpleat, penitus percipiat tum condiciones sui gregis tum intimas suorum concivium de Deo opiniones, sedulo quoque habita ratione illarum mutationum, quas urbanizationes uti dicunt, migrationes et indifferentismus religiosus introduxerint.

Presbyteri locales in novellis Ecclesiis opus evangelizationis ardenter aggrediantur, communem operam instituendo cum missionariis exteris, quibuscum unum efforment presbyterium, adunatum sub auctoritate Episcopi, non solum ad fideles pascendos et ad divinum cultum celebrandum, sed etiam ad Evangelium praedicandum iis qui foris sunt. Promptos se praebeant et, occasione data, alacri animo Episcopo suo sese offerant ad opus missionarium in dissitis et derelictis regionibus propriae dioeceseos vel in aliis dioecesibus incipiendum.

Eodem zelo fervescant religiosi et religiosae itemque laici erga

---

* Der Text ist entnommen AAS 58 (1966) 970-972 und 978-979.

3) Cf. Conc. Vat. II, Const. dogm. de Ecclesia, *Lumen Gentium*, n. 25: AAS 57 (1965) 29.

suos concives, praesertim pauperiores.

Curent Conferentiae Episcopales ut statis temporibus cursus renovationis biblicae, theologicae, spiritualis et pastoralis instituantur eo consilio, ut inter rerum varietates et mutationes clerus pleniorem cognitionem scientiae theologicae et methodorum pastoralium acquirat.

De caetero, sancte serventur ea quae ab hoc Concilio, praesertim in Decreto de Presbyterorum ministerio et vita sancita sunt.

Ut hoc opus missionale Ecclesiae particularis perfici possit, requiruntur ministri idonei, tempestive parandi modo condicionibus uniuscuisque Ecclesiae congruenti. Cum autem homines magis magisque in coetus coalescant, maxime convenit Conferentias Episcopales communia consilia inire de dialogo cum his coetibus instituendo. Si autem in quibusdam regionibus coetus hominum inveniuntur, qui a fide catholica amplectenda eo arceantur, quod formae peculiari quam Ecclesia ibi induerit sese accommodare nequeant, in voto est ut tali condicioni speciali modo[4] provideatur, donec omnes christiani in unam communitatem congregari possint. Missionarios vero, si quos Apostolica Sedes ad hunc finem praesto habuerit, singuli Episcopi in suas dioeceses vocent vel libenter recipiant eorumque incepta efficaciter promoveant.

Ut hic zelus missionarius apud domesticos patriae florescat, valde convenit ut Ecclesiae novellae quam primum Missioni universali Ecclesiae opere participent, mittendo et ipsae missionarios qui Evangelium ubique terrarum annuntient, etsi penuria cleri laborent. Communio enim cum Ecclesia universali quodammodo cosummabitur cum et ipsae navitatem missionalem ad alias Gentes actuose participabunt.

* * *

27. Quae omnia, quamvis unicuique ad gentes missio omnino

---

4) Cf. Conc. Vat. II, Decr. de Presbyterorum ministerio et vita, *Presbyterorum Ordinis*, n. 10, ubi ad peculiaria opera pastoralia pro diversis coetibus socialibus faciliora reddenda, praevidetur constitutio Praelaturarum personalium, in quantum ratio apostolatus recte exercendi id postulaverit: AAS 58 (1966), 1007 (in hoc fasciculo).

necessaria sint, ab individuis vix reapse attingi possunt. Cum etiam ipsum opus missionale, experientia teste, a singulis impleri nequeat, communis vocatio singulos ad Instituta congregavit, in quibus, collatis viribus, apte formarentur et illud opus nomine Ecclesiae et ad nutum hierarchicae auctoritatis exsequerentur. Quae Instituta multis abhinc saeculis pondus diei et aestus portaverunt, sive integre labori missionali sese devoverunt sive ex parte. Saepe vasta territoria illis evangelizanda a Sancta Sede commissa sunt, in quibus Deo novum populum coadunaverunt, Ecclesiam localem propriis pastoribus adhaerentem. Ecclesiis suo sudore, imo et sanguine suo fundatis, zelo atque experientia in servitium erunt fraterna cooperatione vel curam animarum gerendo vel munera specialia ad bonum commune persolvendo.

Aliquando pro toto alicuius regionis ambitu urgentiores quosdam labores in se sument, ex. gr. evangelizationem coetum vel populorum qui forsan nuntium evangelicum peculiares rationes nondum acceperunt vel ei hucusque restiterunt.[28]

Si opus est, illos qui activitati missionali ad tempus se devovent, experientia sua efformare et adiuvare praesto sint.

His de causis, et cum multae adhuc exstent gentes ad Christum adducendae, Instituta apprime necessaria manent.

---

28) Cf. Conc. Vat. II, Decr. de Presbyterorum ministerio et vita, *Presbyterorum Ordinis*, n. 10, ubi de Dioecesibus et Praelaturis personalibus et aliis huiusmodi sermo fit: AAS 58 (1966) 1007.

Anhang V

MOTU PR. «ECCLESIAE SANCTAE»*

6-VIII-1966

I
NORMAE AD EXSEQUENDA DECRETA SS. CONCILII VATICANI II «CHRISTUS DOMINUS» ET «PRESBYTERORUM ORDINIS»

Episcopale officium, quod Sacrosanctum Concilium Vaticanum II in Constitutione dogmatica *Lumen gentium* et in Decreto *Christus Dominus* in clariore luce posuit, in aedificationem Mystici Corporis Christi, quod est Ecclesia, divinitus institutum est.

Huius rei causa Sacri Pastores munus suum docendi, sanctificandi atque pascendi Populum Dei diuturna cura adimplere tenentur tum sollicitudinem omnium Ecclesiarum generose cum Romano Pontifice participantes, tum recto dioecesium sibi commissarum regimini impensius providentes, tum denique in commune plurium Ecclesiarum bonum actuose una operantes.

In regimine autem dioecesium sibi commissarum Episcopi necessarios adiutores et consiliarios habent in primis Presbyteros, quos ideo libenter audire, immo consulere velint, firma semper in omnibus eorumdem Episcoporum potestate libere agendi, rationes et normas statuendi legesque ferendi iuxta officii sui conscientiam atque regiminis Ecclesiae principia (cfr. Const. dogm. *Lumen gentium*, N. 27).

Quo facilius igitur et aptius Episcopi suum pastorale munus exercere valeant atque efficacius ad effectum deducantur principia, quae sive in Decreto *Christus Dominus* sive in Decreto *Presbyterorum Ordinis* a Sacrosancto Concilio sollemniter adprobata sunt, hae quae sequuntur normae statuuntur

* Der Text ist entnommen AAS 58 (1966) 758-761.

CLERI DISTRIBUTIO ET SUBSIDIA DIOECESIBUS PRAESTANDA

(N. 6 Decr. *Christus Dominus* et N. 10 Decr. *Presbyterorum Ordinis*)

1. Instituetur, si opportunum videatur, apud Sedem Apostolicam peculiare Consilium, cuius erit generalia tradere principia, quibus regatur aptior, attentis variarum Ecclesiarum necessitatibus, cleri distributio.

2. Synodorum Patriarchalium et Episcopalium Conferentiarum erit, attentis Apostolicae Sedis praescriptis, ordinationes statuere et normas pro Episcopis edere, ut apta obtineatur cleri, tum proprii territorii, tum ex aliis regionibus advenientis, distributio, qua nempe necessitatibus omnium dioecesium proprii territorii provideatur, atque etiam bono Ecclesiarum in terris Missionum et in Nationibus cleri penuria laborantibus prospiciatur. Apud quamlibet Episcoporum Conferentiam igitur constituatur Commissio, cuius erit necessitates variarum dioecesium territorii atque etiam earum possibilitates de proprio clero cedendi aliis Ecclesiis indagare, ad exsecutionem adducere conclusiones a Conferentiis definitas et probatas easque ad Episcopos territorii perferre, cleri distributionem respicientes.

3. Ut transitus clericorum ab una ad aliam dioecesim facilior reddatur, —firmo manente incardinationis et excardinationis instituto, utique novis adiunctis aptando— haec servanda statuuntur:

§ 1. Clerici in Seminariis ita instituantur, ut non tantum dioecesis, in cuius servitium ordinantur, sed universae Ecclesiae quoque sollicitudinem habeant, utque, de licentia proprii Episcopi, paratos se exhibeant qui Ecclesiis particularibus, quarum gravis urget necessitas, sese devoveant;

§ 2. Extra casum verae necessitatis propriae dioecesis, Ordinarii seu Hierarchae ne denegent licentiam emigrandi clericis, quos paratos sciant atque aptos aestiment qui regiones petant gravi cleri inopia laborantes, ibidem sacrum ministerium peracturi; curent vero, ut per conventionem scriptam cum Ordinario loci quem petunt iura et officia eorum clericorum stabiliantur;

§ 3. Curent autem iidem Ordinarii, ut clerici a propria dioecesi ad dioecesim alterius nationis transmigrare intendentes apte praeparentur ad ibidem sacrum ministerium exercendum; ut scilicet et linguae regionis scientiam acquirant, et eiusdem institutorum, condicionum socialium, usuum et consuetudinum intellegentiam habeant;

§ 4. Ordinarii licentiam ad aliam dioecesim transmigrandi concedere possunt suis clericis, ad tempus praefinitum, etiam pluries renovandum, ita tamen ut iidem clerici in propria dioecesi incardinati maneant, atque in eandem redeuntes omnibus iuribus gaudeant, quae haberent si in ea sacro ministerio addicti fuissent;

§ 5. Clericus autem qui a propria dioecesi in aliam legitime transmigraverit, huic dioecesi, transacto quinquennio, ipso iure incardinatur, si talem voluntatem in scriptis manifestaverit tum Ordinario dioecesis hospitis tum Ordinario proprio, nec horum alteruter ipsi contrariam scripto mentem intra quattuor menses significaverit.

4. Praeterea, ad peculiaria opera pastoralia vel missionaria perficienda pro variis regionibus aut coetibus socialibus, qui speciali indigent adiutorio, possunt ab Apostolica Sede utiliter erigi Praelaturae, quae constent presbyteris cleri saecularis, peculiari formatione donatis, quaeque sunt sub regimine proprii Praelati et propriis gaudent statutis.

Huius Praelati erit nationale aut internationale erigere ac dirigere Seminarium, in quo alumni apte instituantur. Eidem Praelato ius est eosdem alumnos incardinandi, eosque titulo servitii Praelaturae ad Ordines promovendi.

Praelatus prospicere debet vitae spirituali illorum, quos titulo praedicto promoverit, necnon peculiari eorum formationi continuo perficiendae, eorumque peculiari ministerio, initis conventionibus cum Ordinariis locorum ad quos sacerdotes mittuntur. Item providere debet ipsorum decorae sustentationi, cui quidem consulendum est per easdem conventiones, vel bonis ipsius Praelaturae propriis, vel aliis subsidiis idoneis. Similiter prospicere debet iis qui ob infirmam valetudinem aut alias ob causas munus sibi commissum relinquere debent.

Nihil impedit quominus laici, sive caelibes sive matrimonio iuncti, conventionibus cum Praelatura initis, huius operum et inceptorum servitio, sua peritia professionali, sese dedicent.

Tales Praelaturae non eriguntur, nisi auditis Conferentiis Episcoporum territorii, in quo operam suam praestabunt. In qua exercenda sedulo caveatur, ut iura Ordinariorum locorum serventur et cum iisdem Conferentiis Episcoporum arctae rationes continuo habeantur.

5. Synodis Patriarchalibus et Episcoporum Conferentiis tandem etiam competit eas de usu bonorum eclesiasticorum opportunas statuere ordinationes, quibus, attentis quidem imprimis ipsarum dioecesium territorii necessitatibus, dioecesibus subsidia quaedam imponuntur solvenda in favorem sive operum apostolatus vel caritatis, sive Ecclesiarum quae parvis opibus sunt praeditae aut ob peculiaria adiuncta in egestate versantur.

Anhang VI

CONS. APOST. «REGIMINI ECCLESIAE UNIVERSAE»*
15-VIII-1967

49. § 1. Ad Congregationem pro Episcopis spectat, in locis et pro personis non obnosiis Congregationi pro Ecclesiis Orientalibus vel pro Gentium Evangelizatione, novas dioeceses, provincias, regiones constituere, easdem constitutas dividere, unire, recognoscere, tum Conferentiis Episcopalibus —quarum intersit— proponentibus,[14] tum iisdem, si casus ferat, auditis; Vicariatus Castrenses erigere necnon, auditis Conferentiis Episcoporum territorii, Praelaturas ad peculiaria opera pastoralia perficienda pro variis regionibus aut coetibus socialibus speciali adiutorio indigentibus;[15] agit praeterea quae attingunt Episcopos, Administratores Apostolicos, Coadiutores et Auxiliares Episcoporum, Vicarios Castrenses ceterosque Vicarios seu Praelatos iurisdictione personali fruentes, nominandos.

§ 2. Quoties vero de erectione, divisione, provisione dioecesium agendum est cum Civilibus Guberniis, acta tractantur a S. Consilio pro Publicis Ecclesiae negotiis,[16] salva peculiari condicione pro aliqua Civitate;[17] sed in utroque casu Dicasteria pro Episcopis et pro Publicis Ecclesiae negotiis collatis consiliis procedent, regulariter negotium deferendo Coetui mixto Cardinalium, praevia mutua actorum communicatione; firma semper manente norma definiendi concorditer rationes quibus agenda sint consimilia, quae intra limites suae competentiae cognoscuntur a pluribus

---

* Der Text ist entnommen AAS 59 (1967) 901-902.

14) Conc. Vat. II. Decr. *Christus Dominus*, nn. 22-24; 39-40: AAS 58 (1966) 683, sq.; 694.

15) Ibid., n. 42; Decr. *Presbyterorum Ordinis*, n. 10: AAS 58 (1966) 1007; Motu Proprio *Ecclesiae Sanctae*, 6.8.1966, I, 4: AAS 58 (1966) 760.

16) Can. 255, C.I.C.

17) Cf. Litt. Pii PP. XI, diei 5 iulii 1925; cf. etiam Rescriptum ex Audientia SS.mi, diei 7 martii 1930, pro Italia.

Romanae Curiae Dicasteriis.

§ 3. Congregationis autem pro Episcopis est, in omnibus casibus, edere decretum erectionis, divisionis, provisionis dioecesium.

§ 4. Eiusdem Congregationis est omnia cognoscere quae respiciunt Episcopos, sive quoad personas, sive quoad munera, sive quoad actionem pastoralem; itemque iisdem a munere cessantibus consulere.[18] Quare ipsa videt ea quae attinent ad statum dioecesium necnon ad mensas episcopales; recipit et perpendit quae ab Episcopis de statu et progressu dioecesium scripto relata sint; communi sententia cum Dicasteriis, quorum interest, indicit visitationes apostolicas easque examinat quae fuerint absolutae, transmissis in utroque casu singulis Dicasteriis iis quae ad ea peculiariter pertinent.

§ 5. Videt praeterea quae respiciunt Primates et Metropolitas; curat quae concessionem sacrorum palliorum respiciunt; parat agenda in Consistoriis.

---

18) Conc. Vat. II, Decr. *Christus Dominus*, n. 21: AAS 58 (1966) 683.

Anhang VII

SCHEMA CANONUM LIBRI II: DE POPULO DEI*, 1977

CAPUT II

DE ECCLESIIS PARTICULARIBUS ET DE AUCTORITATE IN IISDEM CONSTITUTA

Art. I

DE ECCLESIIS PARTICULARIBUS

Can. 217 — § 1. Ecclesiae particulaes sunt certae Dei populi portiones, in quibus et ex quibus una et unica Ecclesia Christi exsistit, videlicet Dioecesis, cui, nisi aliud constet, assimilatur Praelatura et Abbatia cum proprio populo christiano, Vicariatus Apostolicus et Praefectura Apostolica atque Administratio Apostolica stabiliter erecta.

§ 2. Ecclesiis particularibus in iure aequiparatur, nisi ex rei natura aut iuris praescripto aliud appareat, Praelatura personalis cui quidem competit clericos sibi incardinare qui mittantur ad servitium sacrum praestandum in aliqua Ecclesia particulari cleri inopia laborante aut destinentur ad peculiaria opera pastoralia vel missionalia perficienda pro variis regionibus aut coetibus socialibus, qui speciali indigent adiutorio.

Can. 218 — Dioecesis est populi Dei portio, quae Episcopo cum cooperatione presbyterii pascenda concreditur, ita ut, pastori suo adhaerens ab eoque per Evangelium et Eucharistiam in Spiritu Sancto congregata, Ecclesiam particularem constituat, in qua vere

---

* Der Text ist entnommen Pontificia Commissio Codici Iuris Canonici Recognoscendo, *Schema canonum libri II: De Populi Dei*, Typis Poliglottis Vaticanis 1977.

inest et operatur Una Sancta Catholica et Apostolica Christi Ecclesia.

Can. 219 — § 1.Dioecesi assimilantur Praelatura et Abbatia cum proprio populo, territorialiter quidem circumscripto, cuius cura, specialia ob adiuncta, committitur alicui Praelato aut Abbati, qui eum, ad instar Episcopi diocesani, tanquam proprius eius pastor regat.

§ 2. Praelatura tamen cum proprio populo item haberi potest cum portio populi Dei, Praelati curae commissa, indolem habeat personalem, complectens nempe solos fideles speciali quadam ratione devinctos; huiusmodi sunt Praelaturae castrenses, quae Vicariatus castrenses quoque appellantur.

Can. 220 — § 1. Vicariatus Apostolicus et Praefectura Apostolica est certa populi Dei portio quae, ob peculiaria adiuncta, in dioecesim nondum est constituta quaeque pascenda committitur Vicario Apostolico aut Praefecto Apostolico, ut eam nomine Summi Pontificis regat.

§ 2. Administratio Apostolica est certa populi Dei portio, quae ob speciales et graves omnino rationes a Summo Pontifice in dioecesim non erigitur, et cuius cura pastoralis committitur Administratori Apostolico, qui eam nomine Summi Pontificis regat.

Can. 221 — § 1. Pro regula habeatur ut portio populi Dei quae Dioecesim aliamve Ecclesiam particularem constituat, certo territorio circumscribatur, ita ut omnes comprehendat fideles in territorio habitantes.

§ 2. Attamen, ubi de iudicio supremae Ecclesiae auctoritatis, auditis quarum interest Episcoporum Conferentiis, utilitas id suadeat, in eodem territorio erigi valent Ecclesiae particulares ratione ritus fidelium distinctae; item, ubi animarum cura id requirat, constitui valent Dioeceses vel Praelaturae complectentes omnes et solos fideles alia ratione quam ritu determinata devinctos in certo territorio habitantes, immo vel Praelaturae personales, nullo quidem territorio definitae.

Anhang VIII

SCHEMA CODICIS IURIS CANONICI* 1980

TITULUS II
DE ECCLESIIS PARTICULARIBUS ET DE AUCTORITATE IN IISDEM CONSTITUTA

CAPUT I
DE ECCLESIIS PARTICULARIBUS

Can. 335 — § 1. Ecclesiae particulares sunt certae Dei populi portiones, in quibus et ex quibus una et unica Ecclesia Christi exsistit, videlicet Dioecesis, cui, nisi aliud constet, assimilantur Praelatura territorialis et Abbatia, Vicariatus Apostolicus et Praefectura Apostolica atque Administratio Apostolica stabiliter erecta.

§ 2. Ecclesiae particulari in iure aequiparatur, nisi ex rei natura aut iuris praescripto aliud appareat, et iuxta statuta a Sede Apostolica condita, Praelatura personalis.

Can. 336 — Dioecesis est populi Dei portio, quae Episcopo cum cooperatione presbyterii pascenda concreditur, ita ut, pastori suo adhaerens ab eoque per Evangelium et Eucharistiam in Spiritu Sancto congregata, Ecclesiam particularem constituat, in qua vere inest et operatur Una Sancta Catholica et Apostolica Christi Ecclesia.

Can. 337 — § 1. Praelatura territorialis aut Abbatia est certa populi Dei portio, territorialiter quidem circumscripta, cuius cura, specialia ob adiuncta, committitur alicui Praelato aut Abbati, qui eam, ad instar Episcopi dioecesani, tanquam proprius eius pastor regat.

---

* Der Text ist entnommen Pontificia Commissio Codici Iuris Canonici Recognoscendo, *Schema Codicis Iuris Canonici recognitum*, Liberia Editrice Vaticana, 1980.

§ 2. Praelatura personalis, etiam ad peculiaria opera pastoralia vel missionalia perficienda, habetur cum portio populi Dei, Praelati curae commissa, indolem habeat personalem, complectens nempe solos fideles speciali quadam ratione devinctos; huiusmodi sunt Praelaturae castrenses, quae Vicariatus castrenses quoque appellantur.

Can. 338 — § 1. Vicariatus Apostolicus vel Praefectura Apostolica est certa populi Dei portio quae, ob peculiaria adiuncta, in dioecesim nondum est constituta quaeque pascenda committitur Vicario Apostolico aut Praefecto Apostolico, ut eam nomine Summi Pontificis regat.

§ 2. Administratio Apostolica est certa populi Dei portio, quae ob speciales et graves omnino rationes a Summo Pontifice in dioecesim non erigitur, et cuius cura pastoralis committitur Administratori Apostolico, qui eam nomine Summi Pontificis regat.

Can. 339 — § 1. Pro regula habeatur ut portio populi Dei quae Dioecesim aliamve Ecclesiam particularem constituat, certo territorio circumscribatur, ita ut omnes comprehendat fideles in territorio habitantes.

§ 2. Attamen, ubi de iudicio supremae Ecclesiae auctoritatis, auditis quarum interest Episcoporum Conferentiis, utilitas id suadeat, in eodem territorio erigi valent Ecclesiae particulares ratione ritus fidelium distinctae; item, ubi animarum cura id requirat, salvis iuribus Ordinariorum locorum, constitui valent Dioeceses vel Praelaturae complectentes omnes et solos fideles alia ratione quam ritu determinata devinctos in certo territorio habitantes, immo vel Praelaturae personales, nullo quidem territorio definitae.

Can. 340 — Unius Supremae auctoritatis est Ecclesias particulares erigere; quae legitime erectae, ipso iure, personalitate iuridica gaudent.

Can. 341 — § 1. Quaelibet Dioecesis aliave Ecclesia particularis dividatur in distinctas partes seu paroecias.

§ 2. Ad curam pastoralem per communem actionem fovendam plures paroeciae viciniores coniungi possunt in peculiares coetus uti sunt Vicariati foranei.

Anhang IX

SCHEMA LEGIS ECCLESIAE FUNDAMENTALIS*

24-IV-1980

TITULUS I
DE ECCLESIA

Can. 1 — Unica est Christi Ecclesia, quam in Symbolo unam, sanctam, catholicam et apostolicam profitemur[1], quam salvator noster, post resurrectionem suam Petro pascendam tradidit[2] ceterisque Apostoli diffundendam et regendam committens[3]. Haec Christi Ecclesia, quae est novus Dei populus a Spiritu Sancto congregatus, in catholica Ecclesia subsistit[4].

1) Cf. Conc. Vat. II, Const. dogm. *Lumen Gentium*, n. 8.
2) Cf. Io 21, 17.
3) Cf. Mt 28, 18 ss.
4) Cf. Conc. Vat. II, Const. dogm. *Lumen Gentium*, n. 8.

Can. 2 — § 1. Ecclesia Christi universa in particularibus Ecclesiis et ex iisdem exsistit, ita ut sit etiam Corpus Ecclesiarum, quae singulae sunt portio populi Dei, sub Episcopo proprio una cum presbyterio per Evangelium et Eucharistiam in Spiritu Sancto congregata, in qua vere inest, operatur et crescit una, sancta, catholica et apostolica Ecclesia[1].

§ 2. Variae Ecclesiae particulares in plures coniunguntur coetus organice constitutos, quorum quidem praecipui sunt Ecclesiae sui iuris secundum ritum; disciplinam atque propriam, infra supre-

1) Cf. Conc. Vat. II, Const. dogm. *Lumen Gentium*, n. 23; Decr. *Christus Dominus*, n. 11; Decr. *Unitatis redintegratio*, n. 15; Decr. *Ad gentes*, n. 19.

---

* Der Text ist entnommen Pontificia Commissio Codici Iuris Canonici Recognoscendo, *Lex Ecclesiae fundamentalis seu Ecclesiae Catholicae universae lex canonica fundamentalis*, Romae, die 24 Aprilis 1980 (pro manuscripto).

mam Ecclesiae auctoritatem, hierarchicam ordinationem praesertim inter se distinctae. Quae omnes, salva quidem fidei unitate et unica divina constitutione Ecclesiae universae, propria gaudent disciplina, proprio liturgico usu atque proprio theologico spiritualique patrimonio[2].

§ 3. Diversae quae in variis Ecclesiis ritualibus sui iuris habentur Ecclesiae particulares coniunguntur in provincias ecclesiasticas; quae provinciae ecclesiasticae et ipsae in regiones ecclesiasticas coniungi possunt, ad normam iuris[3].

§ 4. Ecclesia Christi hac in terra peregrinans, cum humanae condicionis sit consors, perennem persequi debet sui reformatio nem, qua fidelitatem erga suam vocationem semper augeat; ideoque, omnes 'ut unum sint', Ecclesiae quoque particulares coetusque ex iisdem constituti, servando legitimas in moribus, in ecclesiastica disciplina, immo et in unius doctrinae enuntiandae ratione varietates, omni ope satagant ut unitatem in fide et caritate Christi semper servent eamque, si quaedam minus vera et accurata irrepserint, restituant[4].

---

2) Cf. Conc. Vat. II, Const. dogm. *Lumen Gentium*, n. 23.
3) Cf. Conc. Vat. II, Decr. *Christus Dominus*, n. 40.
4) Cf. Conc. Vat. II, Const. dogm. *Lumen Gentium*, n. 8; Decr. *Unitatis redintegratio*, n. 6.

Anhang X

CODEX IURIS CANONICI, SCHEMA NOVISSIMUM*

25-III-1982

SECTIO II

DE ECCLESIIS PARTICULARIBUS DEQUE EARUNDEM COETIBUS

TITULUS I

DE ECCLESIIS PARTICULARIBUS ET DE AUCTORITATE IN IISDEM CONSTITUTA

CAPUT I

DE ECCLESIIS PARTICULARIBUS

Can. 368 — Ecclesia particularis est certa Dei populi portio, in qua et ex qua una et unica Ecclesia Christi exsistit, videlicet dioecesis, cui, nisi aliud constet, assimilantur praelatura territorialis et abbatia territorialis, vicariatus apostolicus et praefectura apostolica necnon administratio apostolica stabiliter erecta.

Can. 369 — Dioecesis est populi Dei portio, quae Episcopo cum cooperatione presbyterii pascenda concreditur, ita ut, pastori suo adhaerens ab eoque per Evangelium et Eucharistiam in Spiritu Sancto congregata, Ecclesiam particularem constituat, in qua vere inest et operatur una sancta catholica et apostolica Christi Ecclesia.

Can. 370 — Praelatura territorialis aut abbatia territorialis est certa populi Dei portio, territorialiter quidem circumscripta, cuius cura, specialia ob adiuncta, committitur alicui Praelato aut Abbati,

---

* Der Text ist entnommen Pontificia Commissio Codici Iuris Canonici Recognoscendo, *Codex Iuris Canonici, Schema Novissimum*, E Civitate Vaticana, 25.3.1982.

qui eam, ad instar Episcopi dioecesani, tamquam proprius eius pastor regat.

Can. 371 — § 1. Vicariatus apostolicus vel praefectura apostolica est certa populi Dei portio quae, ob peculiaria adiuncta, in dioecesim nondum est constituta, quaeque pascenda committitur Vicario apostolico aut Praefecto apostolico, qui eam nomine Summi Pontificis regant.

§ 2. Administratio apostolica est certa populi Dei portio, quae ob speciales et graves omnino rationes a Summo Pontifice in dioecesim non erigitur, et cuius cura pastoralis committitur Administratori apostolico, qui eam nomine Summi Pontificis regat.

Can. 372 — § 1. Pro regula habeatur ut portio populi Dei quae Dioecesim aliamve Ecclesiam particularem constituat, certo territorio circumscribatur, ita ut omnes comprehendat fideles in territorio habitantes.

§ 2. Attamen, ubi de iudicio supremae Ecclesiae auctoritatis, auditis Episcoporum conferentiis quarum interest, utilitas id suadeat, in eodem territorio erigi possunt Ecclesiae particulares ratione ritus fidelium distinctae.

Can. 373 — Unius supremae auctoritatis est Ecclesias particulares erigere; quae legitime erectae, ipso iure personalitate iuridica gaudent.

Can. 374 — § 1. Quaelibet dioecesis aliave Ecclesia particularis dividatur in distinctas partes seu paroecias.

§ 2. Ad curam pastoralem per communem actionem fovendam plures paroeciae viciniores coniungi possunt in peculiares coetus, uti sunt vicariatus foranei.

TITULUS IV

DE PRAELATURIS PERSONALIBUS

Can. 573 — Ad aptam presbyterorum distributionem promovendam aut ad peculiaria opera pastoralia vel missionalia pro variis regionibus aut diversis coetibus socialibus perficienda, praelaturae personales ab Apostolica Sede erigi possunt quae presbyteris et diaconis cleri saecularis constent.

Can. 574 — § 1. Praelatura personalis regitur statutis ab Apostolica Sede conditis, eique praeficitur Praelatus ut Ordinarius proprius, cui ius est nationale vel internationale seminarium erigere necnon alumnos incardinare, eosque titulo servitii praelaturae ad ordines promovere.

§ 2. Praelatus prospicere debet sive spirituali institutioni illorum, quos titulo praedicto promoverat, sive eorundem decorae sustentationi.

Can. 575 — Conventionibus cum praelatura initis, laici operibus apostolicis praelaturae personalis sese dedicare possunt; modus vero huius incorporationis atque praecipua officia et iura ex illa provenientia in statutis apte determinentur.

Can. 576 — Statuta pariter definiant rationes praelaturae personalis cum Ordinariis locorum, in quorum Ecclesiis particularibus ipsa praelatura sua opera pastoralia vel missionalia, praevio consensu Episcopi dioecesani, exercet vel exercere desiderat.

Anhang XI

CODEX IURIS CANONICI*

25-I-1983

PARS I
DE CHRISTIFIDELIBUS

TITULUS IV
DE PRAELATURIS PERSONALIBUS

Can. 294 — Ad aptam presbyterorum distributionem promovendam aut ad peculiaria opera pastoralia vel missionalia pro variis regionibus aut diversis coetibus socialibus perficienda, praelaturae personales quae presbyteris et diaconis cleri saecularis constent, ab Apostolica Sede, auditis quarum interest Episcoporum conferentiis, erigi possunt.

Can. 295 — § 1. Praelatura personalis regitur statutis ab Apostolica Sede conditis, eique praeficitur Praelatus ut Ordinarius proprius, cui ius est nationale vel internationale seminarium erigere necnon alumnos incardinare, eosque titulo servitii praelaturae ad ordines promovere.

§ 2. Praelatus prospicere debet sive spirituali institutioni illorum, quos titulo praedicto promoverat, sive eorundem decorae sustentationi.

Can. 296 — Conventionibus cum praelatura initis, laici operibus apostolicis praelaturae personalis sese dedicare possunt; modus vero huius organicae cooperationis atque praecipua officia et iura cum illa coniuncta in statutis apte determinentur.

Can. 297 — Statuta pariter definiant rationes praelaturae personalis cum Ordinariis locorum, in quorum Ecclesiis particularibus ipsa praelatura sua opera pastoralia vel missionalia, praevio consensu Episcopi diocesani, exercet vel exercere desiderat.

---

* Der Text ist entnommen AAS 75 (1983) 50 und 66-67.

PARS II

DE ECCLESIAE CONSTITUTIONE HIERARCHICA

SECTIO II

DE ECCLESIIS PARTICULARIBUS
DEQUE EARUNDEM COETIBUS

TITULUS I

DE ECCLESIIS PARTICULARIBUS
ET DE AUCTORITATE IN IISDEM CONSTITUTA

CAPUT I

DE ECCLESIIS PARTICULARIBUS

Can. 368 — Ecclesiae particulares, in quibus et ex quibus una et unica Ecclesia catholica exsistit, sunt imprimis dioeceses, quibus, nisi aliud constet, assimilantur praelatura territorialis et abbatia territorialis, vicariatus apostolicus et praefectura apostolica necnon administratio apostolica stabiliter erecta.

Can. 369 — Dioecesis est populi Dei portio, quae Episcopo cum cooperatione presbyterii pascenda concreditur, ita ut, pastori suo adhaerens ab eoque per Evangelium et Eucharistiam in Spiritu Sancto congregata, Ecclesiam particularem constituat, in qua vere inest et operatur una sancta catholica et apostolica Christi Ecclesia.

Can. 370 — Praelatura territorialis aut abbatia territorialis est certa populi Dei portio, territorialiter quidem circumscripta, cuius cura, specialia ob adiuncta, committitur alicui Praelato aut Abbati, qui eam, ad instar Episcopi dioecesani, tamquam proprius eius pastor regat.

Can. 371 — § 1. Vicariatus apostolicus vel praefectura apostolica est certa populi Dei portio quae, ob peculiaria adiuncta, in dioecesim nondum est constituta, quaeque pascenda committitur Vicario apostolico aut Praefecto apostolico, qui eam nomine Summi Pontificis regant.

§ 2. Administratio apostolica est certa populi Dei portio, quae ob speciales et graves omnino rationes a Summo Pontifice in dioecesim non erigitur, et cuius cura pastoralis committitur Administratori apostolico, qui eam nomine Summi Pontificis regat.

Can. 372 — § 1. Pro regula habeatur ut portio populi Dei quae

Dioecesim aliamve Ecclesiam particularem constituat, certo territorio circumscribatur, ita ut omnes comprehendat fideles in territorio habitantes.

§ 2. Attamen, ubi de iudicio supremae Ecclesiae auctoritatis, auditis Episcoporum conferentiis quarum interest, utilitas id suadeat, in eodem territorio erigi possunt Ecclesiae particulares ritu fidelium aliave simili ratione distinctae.

Can. 373 — Unius supremae auctoritate est Ecclesias particulares erigere; quae legitime erectae, ipso iure personalitate iuridica gaudent.

Can. 374 — § 1. Quaelibet dioecesis aliave Ecclesia particularis dividatur in distinctas partes seu paroecias.

§ 2. Ad curam pastoralem per communem actionem fovendam plures paroeciae viciniores coniungi possunt in peculiares coetus, uti sunt vicariatus foranei.

Anhang XII

CONST. APOST. «UT SIT»*
28-XI-1982

CONSTITUTO APOSTOLICA

SANCTAE CRUCIS ET OPERIS DEI

Opus Dei in Praelaturam personalem ambitus internationalis erigitur.

IOANNES PAULUS EPISCOPUS

SERVUS SERVORUM DEI

AD PERPETUAM REI MEMORIAM

Ut sit validum et efficax instrumentum suae ipsius salvificae missionis pro mundi vita, Ecclesia maternas curas cogitationesque suas maxima cum spe confert in Opus Dei, quod Servus Dei Ioseph Maria Escrivá de Balaguer divina ductus inspiratione die II Octobris anno MCMXXVIII Matriti inivit. Haec sane Institutio inde a suis primordiis sategit missionem laicorum in Ecclesia et in humana societate non modo illuminare sed etiam ad effectum adducere necnon doctrinam de universali vocatione ad sanctitatem re exprimere atque sanctificationem in labore et per laborem professionalem in quolibet sociali coetu promovere. Idem pariter efficiendum curavit per Societatem Sacerdotalem Sanctae Crucis quoad sacerdotes dioecesibus incardinatos in sacri ministerii exercitio. Cum Opus Dei divina opitulante gratia adeo crevisset ut in pluribus orbis terrarum dioecesibus exstaret atque operaretur quasi apostolica compages quae sacerdotibus et laicis sive viris sive mulieribus constabat eratque simul organica et indivisa, una scilicet spiritu fine regimine et spirituali institutione, necesse fuit aptam formam iuridicam ipsi tribui quae peculiaribus eius notis responderet. Idemque Operis Dei Conditor, anno MCMLXII, a Sancta

---

* Der Text ist entnommen AAS 75 (1983) 423-425.

Sede humili cum fiducia suppliciter postulavit ut, natura theologica et primigenia Institutionis perspecta eiusque maiore apostolica efficacia considerata, consentanea configuratio ei inveniretur. Ex quo autem tempore Concilium Oecumenicum Vaticanum Secundum, Decreto *Presbyterorum Ordinis*, n. 10 per Litteras «motu proprio» datas *Ecclesiae Santae*, I, n. 4 rite in actum deducto, in ordinationem Ecclesiae figuram Praelaturae personalis ad peculiaria opera pastoralia perficienda induxit, visa est ea ipsa Operi Dei apprime aptari. Quapropter anno MCMLXIX Decessor Noster felicissimae recordationis Paulus Sextus petitioni Servi Dei Ioseph Mariae Escrivá de Balaguer benigne annuens potestatem illi dedit Congressum generalem specialem convocandi, cui cura esset, ipso duce, ut studium iniretur de Operis Dei transformatione, eius ipsius indoli et Concilii Vaticani Secundi normis magis consentanea. Quod omnino studium explicate iussimus Nos ipsi continuari atque anno MCMLXXIX Sacrae Congregationi pro Episcopis, ad quam res suapte pertinebat natura, mandatum dedimus ut, cunctis elementis sive iuris sive facti attente consideratis, formalem petitionem ab Opere Dei exhibitam examini subiceret. Profecto eadem Congregatio huic negotio vacans quaestionem sibi propositam accurate investigavit ratione cum historica tum iuridica et pastorali ita ut, quolibet sublato dubio circa fundamentum possibilitatem et concretam rationem postulationi obsecundandi, plane pateret opportunitas atque utilitas optatae transformationis Operis Dei in Praelaturam personalem. Idcirco Nos de apostolicae plenitudine potestatis Nostrae, adsensi interea consilio, Nobis dato, Venerabilis Fratris Nostri S.R.E. Cardinalis Praefecti Sacrae Congregationis pro Episcopis ac suppleto, quatenus necessarium sit, eorum consensu quorum interest vel qui sua interesse existimaverint, haec quae sequuntur decernimus fierique volumus.

I. Opus Dei in Praelaturam personalem ambitus internationalis erigitur sub nomine Sanctae Crucis et Operis Dei, breviato autem nomine Operis Dei. Simul vero erigitur Societas sacerdotalis Sanctae Crucis qua Adsociatio Clericorum Praelaturae instrinsecus coniuncta. II. Praelatura regitur normis iuris generalis et huius Constitutionis necnon propriis Statutis, quae «Codex iuris particularis Operis Dei» nuncupantur. III. Praelaturae iurisdictio personalis efficit clericos incardinatos necnon, tantum quoad peculiarium obligationum adimpletionem quas ipsi sumpserunt vinculo iuridico, ope Conventionis cum Praelatura initae, laicos qui operibus apostolicis Praelaturae sese dedicant, qui omnes ad operam pastoralem Praelaturae perficiendam sub auctoritate Praelati exstant iuxta praescripta articuli praecedentis. IV. Praelaturae Operis Dei Ordinarius proprius est eius Praelatus cuius electio iuxta praescripta iuris generalis et particularis facta Romani Pontificis confirmatione eget. V. Praelatura a Sacra Congregatione pro Episcopis dependet et pro rei diversitate quaestiones per tractabit cum ceteris Romanae Curiae Dicasteriis. VI. Praelatus singulis quinqueniis per Sacram Congregationem pro Episcopis relationem Romano Pontifici exhibebit de Praelaturae statu deque modo quo eius apostolatus procedit. VII. Praelaturae sedes gubernii centralis in Urbe posita est. In ecclesiam praelatitiam erigitur oratorium Sanctae Mariae de Pace apud sedem centralem Praelaturae. Praeterea Reverendissimus Alvarus del Portillo, die XV mensis Septembris anno MCMLXXV Praeses Generalis Operis Dei rite electus, confirmatur atque nominatur Praelatus erectae Praelaturae personalis Sanctae Crucis et Operis Dei. Denique ad haec omnia convenienter exsequenda destinamus Nos Venerabilem Fratrem Romulum Carboni, Archiepiscopum titulo Sidoniensem et in Italia Apostolicum Nuntium, dum necessarias ei atque opportunas tribuimus facultates, etiam subdelegandi ad effectum de quo agitur quemlibet virum in ecclesiastica dignitate constitutum, onere imposito ad Sacram Congregationem pro Episcopis quam primum remittendi verum exemplar actus ita impletae exsecutionis. Contrariis quibusvis rebus minime obstantibus.

Datum Romae, apud S. Petrum, die XXVIII mensis Novembris, anno MCMLXXXII, Pontificatus Nostri quinto.

AUGUSTINUS Card. CASAROLI
a publicis Ecclesiae negotiis

† SEBASTIANUS Card. BAGGIO
S. Congr. pro Episc. Praefectus

Iosephus Del Ton. *Proton. Apost.*

Marcellus Rossetti, *Proton. Apost.*

Loco † Plumbi
In Secret. Status tab., n. 101486.

Anhang XIII

DECL. «PRAELATURAE PERSONALES»*
23-VIII-1982

DECLARATIO
De Praelatura Sanctae Crucis et Operis Dei

Praelaturae personales, quas ad «peculiaria opera pastoralia» perficienda Concilium Vaticanum II voluit (Decr. *Presbyterorum Ordinis*, n. 10 § 2) quaeque dein iuridicam obtinuerunt ordinationem in legibus pontificiis ad exsequenda eiusdem Concilii Decreta latis (cfr. Motu pr. *Ecclesiae Sanctae*, Pars I, n. 4), aliud constituunt signum ac testimonium sollicitae illius curae qua peculiaribus nostri temporis necessitatibus in re pastorali atque in suo evangelizationis munere exercendo Ecclesia respondet. Quamobrem pontificia decisio qua «Opus Dei» in Praelaturam personalem, sub nomine «Sanctae Crucis et Operis Dei», erigendum est, apostolicae operositatis Ecclesiae efficacitatem directe et imprimis respicit; qua ratione ad effectum re et opere adducitur novum instrumentum pastorale, hactenus in iure quidem desideratum ac praevisum, idque fit per institutionem quae probatas exhibet cautiones quoad doctrinam, disciplinam et apostolicum vigorem.

Simul vero, huiusmodi decisio «Operi Dei» confert ecclesialem ordinationem suo ipsius charismati fundationali atque germanae naturae sociali plene accommodatam, ita ut, dum problema eius institutionale apte solvit, harmonicam insertionem huius institutionis in actionem pastoralem organicam Ecclesiae universalis et Ecclesiarum localium apprime compleat efficacisque eius servitium reddat.

Ut clare patet ex normis Sanctae Sedis istiusmodi Praelaturae structuram atque apostolicam operositatem regentibus —congrua

---

* Die Erklärung wurde von der Kongregation für die Bischöfe erlassen. Der Text ist entnommen AAS 75 (1983) 464-468.

quidem servata observantia legitimo Episcoporum dioecesanorum iure debita—, notae praecipue quibus constituta Praelatura insignitur hae sunt:

I. *Quod ad eius structuram attinet:*

a) Praelatura «Opus Dei» ambitu internationalis est habenda; Praelatus, qui est eius Ordinarius proprius, sedem centralem cum suis Consiliis Romae habet;

b) Praelaturae clerus, eidem incardinatus, ex laicis provenit ipsi incorporatis: nullus proinde candidatus ad sacerdotium, diaconus vel presbyter Ecclesiis localibus subrahitur;

c) illi laici —cum viri tum mulieres, sive caelibes sive matrimonio iuncti, ex qualibet professione vel condicione sociali— qui servitio finis apostolici Praelaturae proprii sese dedicant, graves et qualificatas obligationes ad hoc assumentes, id efficiunt non vi votorum, sed vinculi contractualis iure definiti.

II. *Praelatura «Opus Dei» est structura iurisdictionalis saecularis, et ideo:*

a) clerici eidem incardinati quoad omnes effectus pertinent ad clerum saecularem, iuxta praescripta iuris generalis atque iuris Praelaturae proprii; arctas igitur relationes fovent unitatis cum sacerdotibus saecularibus Ecclesiarum localium et, quod ad constitutionem attinet Consiliorum presbyteralium, voce activa et passiva gaudent:

b) laici Praelaturae incorporati non mutant suam condicionem personalem, sive theologicam sive canonicam, communium fidelium laicorum, et qua tales in omnibus se gerunt ac, reapse, in exercitio sui apostolatus;

c) spiritus ac finis «Operis Dei» in lucem proferunt vim sanctificantem ordinarii laboris professionalis propriam, munus nempe sese in eo absolvendo labore sanctificandi, immo ipsum laborem sanctificandi eumque convertendi in apostolatus instrumentum; eorum ergo qui ad Praelaturam pertinent opera et apostolatus praecipue exercentur in locis, adiunctis atque structuris saecularis societatis propriis, attentis normis generalibus quae pro apostolatu laicorum dentur sive a Sancta Sede sive ab Episcopis dioecesanis;

d) quod ad optiones spectat in re professionali, sociali, politica, etc., laici fideles ad Praelaturam pertinentes, intra limites videlicet catholicae fidei et christianorum morum atque Ecclesiae disciplinae eadem gaudent libertate qua ceteri fruuntur catholici, quorum sunt concives: Praelatura igitur suorum membrorum labores professionales, sociales, politicos, oeconomicos, etc, suos omnino non facit.

III. *Relate ad Praelati potestatem:*

a) ipsa est potestas ordinaria regiminis seu iurisdictionis, ad id circumscripta quod finem respicit Praelaturae proprium, et ratione materiae substantialiter differt a iurisdictione quae, in ordinaria cura pastorali fidelium, Episcopis competit;

b) praeter regimen proprii cleri, generalem secum fert directionem tum institutionis doctrinalis tum peculiaris curae spiritualis et apostolicae quas laici «Operi Dei» incorporati recipiunt, quo impensius ad Ecclesiae servitium sese dedant;

c) simul cum iure incardinandi proprios candidatos ad sacerdotium, Praelatus obligatione tenetur curandi peculiarem eorum institutionem in Centris Praelaturae, iuxta normas a competenti Sacra Congregatione latas, necnon vitam spiritualem ac permanentem institutionem eorum sacerdotum quos ipse ad sacros Ordines promoverit, ac praeterea eorum congruam sustentationem atque convenientem assistentiam ob infirmam valetudinem, senectutem, etc.;

d) laici iurisdictioni Praelati obnoxii sunt in iis quae pertinent ad adimpletionem peculiarium obligationum, vitam spiritualem, doctrinalem institutionem atque apostolatus exercitium respicientium, quas ipsi libere sibi sumpserunt vinculo deditionis ad finem Praelaturae proprium.

IV. *Quoad dispositiones ecclesiasticas territoriales atque legitima Ordinariorum locorum iura:*

a) qui ad Praelaturam pertinent, iuxta iuris praescripta, normis territorialibus tenentur quae tum dispositiones generales respiciunt indolis doctrinalis, liturgicae ac pastoralis tum leges ordini publico consulentes; sacerdotes praeterea generalem cleri disciplinam servare debent;

b) Praelaturae sacerdotes facultates ministeriales petere debent, a competenti auctoritate territoriali concedendas, ut suum ministerium erga personas ad «Opus Dei» non pertinentes exercere possint;

c) laici Praelaturae «Operis Dei» incorporati fideles esse pergunt earum dioecesium in quibus domicilium vel quasi-domicilium habent, et subsunt igitur iurisdictioni Episcopi dioecesani in iis omnibus quae iure statuuntur quoad communes fideles.

V. *Quoad ad pastoralem praeterea attinet coordinationem cum locorum Ordinariis atque ad proficuam insertionem Praelaturae «Operis Dei» in Ecclesias locales, haec statuuntur:*

a) ad unumquodque Praelaturae Centrum erigendum, praevia semper requiritur venia sui cuiusque Episcopi dioecesani, cuius est praeterea ad normam iuris visitare huismodi Centra, de quorum actuositate regulariter certior fit;

b) relate ad paroecias vel templa, sive rectoralia sive non, aliquae officia ecclesiastica quae ipsi Praelaturae vel sacerdotibus eidem incardinatis a loci Ordinario concredita sint, fiet singulis in casibus conventio inter loci Ordinarium et Praelatum «Operis Dei» eiusve Vicarios;

c) omnibus in nationibus Praelatura debitas relationes servabit cum Praeside et organismis Conferentiae episcopalis, necnon frequenter cum Episcopis earum dioecesium in quibus ipsa operatur.

VI. Cum Praelatura inseparabiliter iungitur Societas Sacerdotalis Sanctae Crucis, ad quam illi sacerdotes e clero dioecesano pertinere possunt, qui sanctitatem in exercitio sui ministerii consequi desiderent, iuxta spiritum et praxim asceticam «Operis Dei». Vi tamen huius adscriptionis ipsi non efficiuntur membra cleri Praelaturae, sed quoad omnes effectus sub regimine manent proprii Ordinarii, quem, si id desideret, de praedicta adscriptione certiorem reddent.

VII. Praelatura dependet a Sacra Congregatione pro Episcopis (cfr. Const. Ap. *Regimini Ecclesiae universae*, n. 49 § 1) et, haud secus aque aliae iurisdictiones autonomae, capacitate gaudet ut, ttenta materia de qua singulis in casibus agatur, quaestiones tractet cum competentibus Sanctae Sedis Dicasteriis.

VIII. Per Sacram Congregationem pro Episcopis, singulis quinqueniis Praelatus Romano Pontifici subiiciet diligentem relationem de Praelaturae statu, sub respectu sive pastorali sive iuridico, deque eius specifici laboris apostolici exsecutione.

Declarationem hanc de Praelatura «Sanctae Crucis et Operis Dei» Summus Pontifex Ioannes Paulus divina Providentia Pp. II, in audientia concessa infrascripto Praefecto Sacrae Congregationis pro Episcopis, d. 5 m. augusti a. 1982, ratam habuit, confirmavit atque evulgari iussit.

Datum Romae, ex Aedibus Sacrae Congregationis pro Episcopis, d. 23 m. augusti a. 1982.

† SEBASTSIANUS Card. BAGGIO, *Praefectus*
† Lucas Moreira Neves, Archiep. tit. Feraditanus maior, *a Secretis.*

Autorenverzeichnis

Sachverzeichnis

Nicht einzeln aufgeführt werden die Stichworte: Gesamtkirche, Konzilsväter, Personalprälatur, Teilkirche und II. Vatikanum.

KANONISTISCHE STUDIEN UND TEXTE

Begründet von Prof. Dr. A. M. Koeniger †

1. GOTTLOB, Th. – Der abendländische Chorepiskopat. Bonn 1928. XVI, 149 pp. Leinen. Nachdruck Amsterdam 1963.

2. HAAS, A. – Das Interdikt nach geltenden Recht mit einem geschichtlichen Ueberblick. Bonn/Köln 1929. XII, 136 pp. Leinen. Nachdruck Amsterdam 1963.

3. AICHER, G. – Der Prozess Jesu. Bonn/Köln 1929. 102 pp. Leinen. Nachdruck Amsterdam 1963.

4. FUCHS, V. – Der Ordinationstitel von seiner Entstehung bis auf Innozenz III. Eine Untersuchung zur kirchlichen Rechtsgeschichte mit besonderer Berücksichtigung der Anschauungen Rudolph Sohms. Bonn/Köln 1930. XXIV, 291 pp. Leinen. Nachdruck Amsterdam 1963.

5/6. BARION, H. – Das fränkisch-deutsche Synodalrecht des Frühmittelalters. Bonn/Köln 1931. XVI, 407 pp. Leinen. Nachdruck Amsterdam 1963.

7. KOENIGER, A. M. – Die neuen deutschen Konkordate und Kirchenverträge mit der preussischen Zirkumskriptionsbulle. Bonn 1932. VIII, 263 pp. u. 1 Uebersichtskarte. Leinen. Nachdruck Amsterdam 1963.

8. STORZ, H. – Staat und katholische Kirche in Deutschland im Lichte der Würzburger Bischofsdenkschrift von 1848. Bonn 1934. XVI, 163 pp. Leinen. Nachdruck Amsterdam 1963.

9. GOTTLOB, Th. – Der kirchliche Amtseid der Bischöfe. Bonn 1936. XVII, 188 pp. Leinen. Nachdruck Amsterdam 1963.

10. SCHEBLER, A. – Die Reordinationen in der „altkatholischen" Kirche unter besonderer Berücksichtigung der Anschauungen Rudolph Sohms. Bonn 1936. XVI, 307 pp. Leinen. Nachdruck Amsterdam 1963.

11. KOENIGER, A. M. – Die Eheprozessordnung für die Diözesangerichte. Text mit Uebersetzung und Erläuterung. Bonn 1937. VIII, 194 pp. Leinen. Nachdruck Amsterdam 1964.

12. HECK, P. – Der Eheverteidiger im kanonischen Eheprozess. Eine rechtsgeschichtliche und rechtsdogmatische Studie. Bonn/Köln 1937. XVI, 120 pp. Leinen. Nachdruck Amsterdam 1964.

13. HOFMEISTER, P. – Der Ordensrat. Bonn 1937. X, 117 pp. Leinen. Nachdruck Amsterdam 1964.

14. LINDEN, P. – Der Tod des Benefiziaten in Rom. Eine Studie zu Geschichte und Recht der päpstlichen Reservationen. Bonn 1938. XVI, 284 pp. Leinen. Nachdruck Amsterdam 1964.

15. KOENIGER, A. M. – Die Erneuerung des Sendgerichts in der Diözese Fulda 1835. Ein Beitrag zur Geschichte des Verhältnisses zwischen Kirche und Staat. Bonn 1938. XI, 87 pp. Leinen. Nachdruck Amsterdam 1964.

16. WURM, H. – Studien und Texte zur Dekretalensammlung des Dionysius Exiguus. Bonn 1939. XX, 304 pp. Leinen. Nachdruck Amsterdam 1964.

17. KRADEPOHL, A. – Stellvertretung und kanonisches Eherecht. Bonn 1939. XVI, 186 pp. Leinen. Nachdruck Amsterdam 1964.

18/19. LINK, L. – Die Besetzung der kirchlichen Aemter in der Konkordaten Papst Pius' XI. Bonn 1942. XXVII, 624 pp. Leinen. Nachdruck Amsterdam 1964.

20. VOLK, P. – Urkunden zur Geschichte der Bursfelder Kongregation. Bonn 1951. XII, 182 pp. Leinen.

21. FLATTEN, H. – Der Häresieverdacht im Codex Iuris Canonici. 338 pp. Leinen. Amsterdam 1963.

22. ASTRATH, W. – Die Vita Communis der Weltpriester. Nach dem Codex Iuris Canonici. 262 pp. Leinen. Amsterdam 1967.

23. FROITZHEIM, D. – Staatskirchenrecht im ehemaligen Grossherzogtum Berg. 156 pp. Leinen. Amsterdam 1967.

24. HERRMANN, H. – Ecclesia Supplet. Das Rechtsinstitut der kirchlichen Suppletion nach c. 209 CIC. XLII, 362 pp. Leinen. Amsterdam 1968.

25. HEINRICHSMEIER, Cl. – Das kanonische Veräusserungsverbot im Recht der Bundesrepublik Deutschland. XXIV, 161 pp. Leinen. Amsterdam 1970.

26. HERRMANN, H. – Die Stellung unehelicher Kinder nach kanonischem Recht. XXII, 224 pp. Leinen. Amsterdam 1971.

27. MAY, G. – Seelsorge an Mischehen in der Diözese Mainz unter Bischof Ludwig Colmar. Ein Beitrag zum Kirchenrecht und Staatskirchenrecht im Rheinland unter französischer Herrschaft. 172 pp. Leinen. Amsterdam 1974.

28. MAY, G. – Mit Katholiken zu besetzende Professuren an der Universität Tübingen von 1817 bis 1945. Ein Beitrag zur Ausbildung der Studierenden katholischer Theologie, zur Verwirklichung der Parität an der württembergischen Landesuniversität und zur Katholischen Bewegung. 709 pp. Leinen. Amsterdam 1975.

29. MÜLLER, H. – Der Anteil der Laien an der Bischofswahl. Ein Beitrag zur Geschichte der Kanonistik von Gratian bis Gregor IX. XLII, 268 pp. Leinen. Amsterdam 1977.

30. MAY, G. – Interkonfessionalismus in der deutschen Militärseelsorge von 1933 bis 1945. LXXVIII, 529 pp. Leinen. Amsterdam 1978.

31. GEHLE, B. – Die Praemonstratenser in Köln und Dünnwald. XLIV, 173 pp. Leinen. Amsterdam 1978.

32. TAMMLER, U. – Tutela iurium personarum. Grundfragen des Verwaltungsrechtsschutzes in der katholischen Kirche in Vergangenheit und Gegenwart. XXXVII,219 pp. Leinen. Amsterdam 1981.

33. MAY, G. – Ludwig Kaas. Der Priester, der Politiker und der Gelehrte aus der Schule von Ulrich Stutz. Band 1. XCVI,707 pp. Leinen. Amsterdam 1981.

34. MAY, G. – Ludwig Kaas. Der Priester, der Politiker und der Gelehrte aus der Schule von Ulrich Stutz. Band 2. X,748 pp. Leinen. Amsterdam 1982.

35. MAY, G. – Ludwig Kaas. Der Priester, der Politiker und der Gelehrte aus der Schule von Ulrich Stutz. Band 3. XII,634 pp. Leinen. Amsterdam 1982.

VERLAG B.R. GRÜNER B.V.
P.O. Box 70020
Nieuwe Herengracht 31
AMSTERDAM